江南名鎮志

南翔鎮志

［清］張承先　著　［清］程攸熙　訂　朱瑞熙　標點

上海古籍出版社

圖書在版編目(CIP)數據

南翔鎮志 /（清）張承先著；朱瑞熙標點． —上海：
上海古籍出版社，2003.7
（江南名鎮志）
ISBN 7－5325－3434－0

Ⅰ. 南... Ⅱ. ①張... ②朱... Ⅲ. 鄉鎮—地方志—
上海市—古代 Ⅳ. K295.15

中國版本圖書館 CIP 數據核字（2003）第 032013 號

江南名鎮志

南翔鎮志

[清]張承先 著 [清]程攸熙 訂

朱瑞熙 標點

上海古籍出版社出版、發行
（上海瑞金二路 272 號 郵政編碼 200020）
（1）網址：www.guji.com.cn
（2）E－mail: gujil@guji.com.cn
新華書店上海發行所發行經銷 上海展望印刷廠印刷
開本 850×1156 1/32 印張 7.5 插頁 7 字數 146,000
2003 年 7 月第 1 版 2003 年 7 月第 1 次印刷
ISBN 7－5325－3434－0
K·478 定價：19.00 元

《南翔鎮志》書影

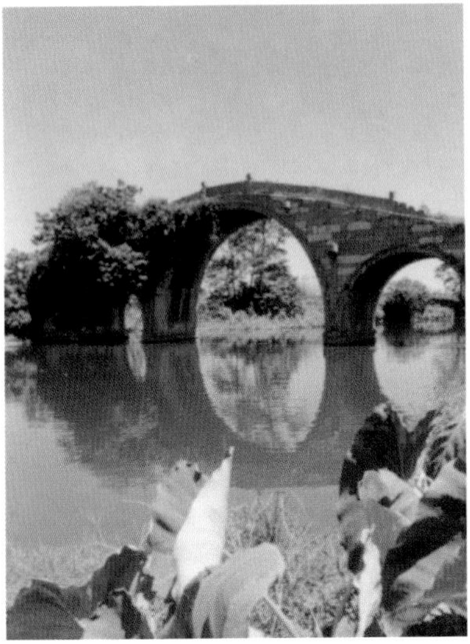

真聖堂橋（陳啓宇攝）

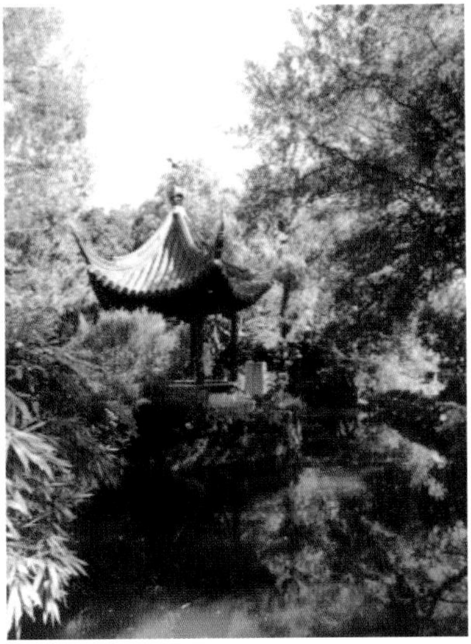

白鶴亭（陳啓宇攝）

五代磚塔（陳啓宇攝）

唐經幢（陳啓宇攝）

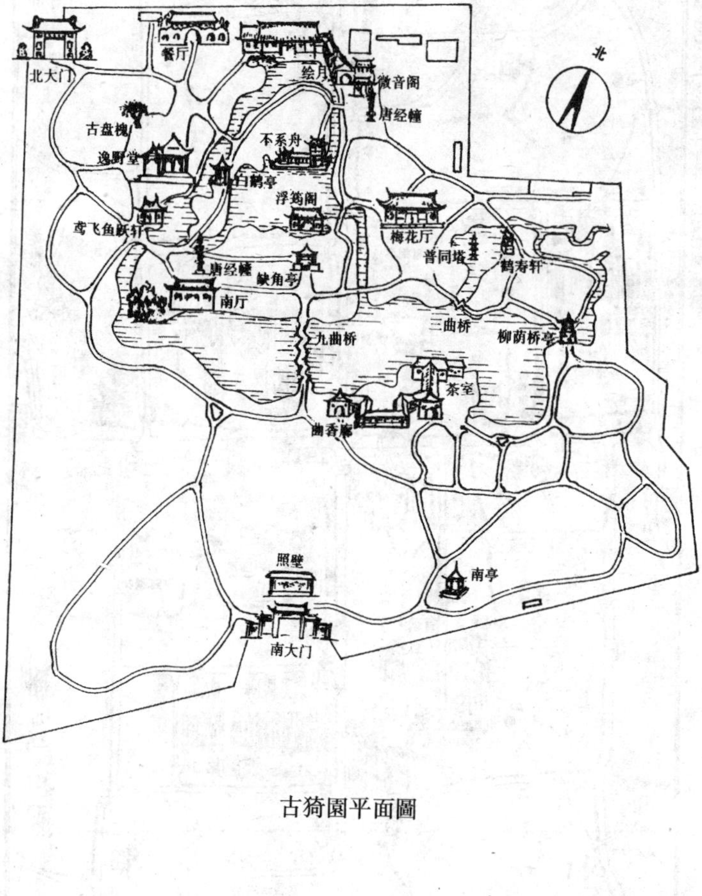
北大门
餐厅
绘月
微音阁
唐经幢
北
古盘槐
逸野堂
不系舟
白鹤亭
浮筠阁
鸢飞鱼跃轩
梅花厅
普同塔
鹤寿轩
唐经幢
缺角亭
南厅
九曲桥
三曲桥
柳荫桥亭
茶室
曲香廊
照壁
南亭
南大门

古猗園平面圖

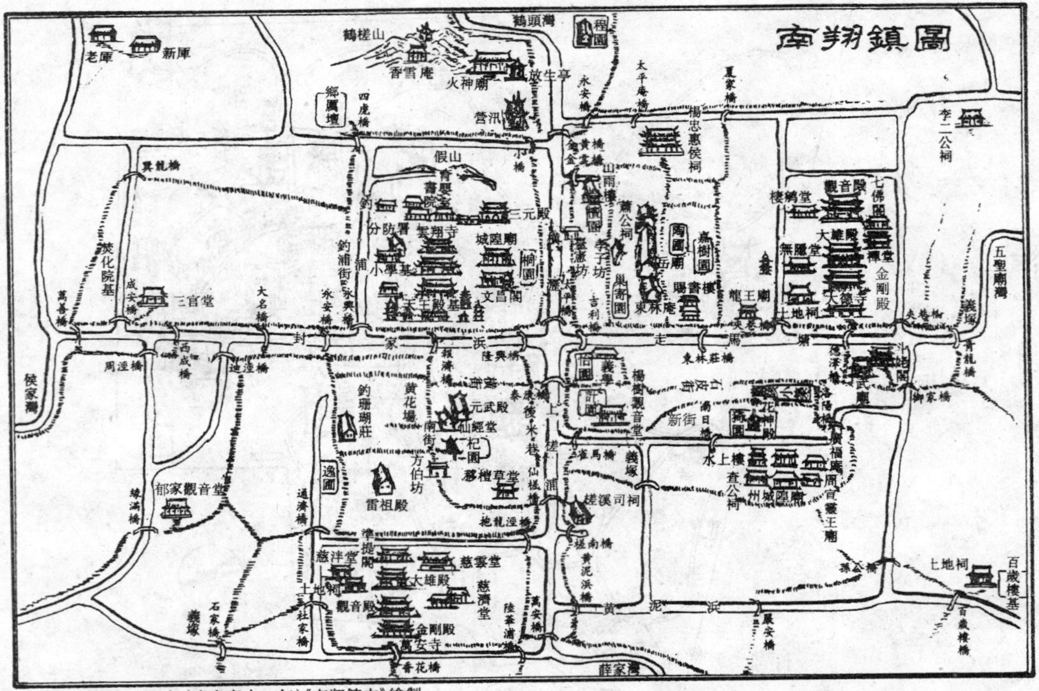

根據 1806 年(清嘉慶十一年)《南翔鎮志》繪製

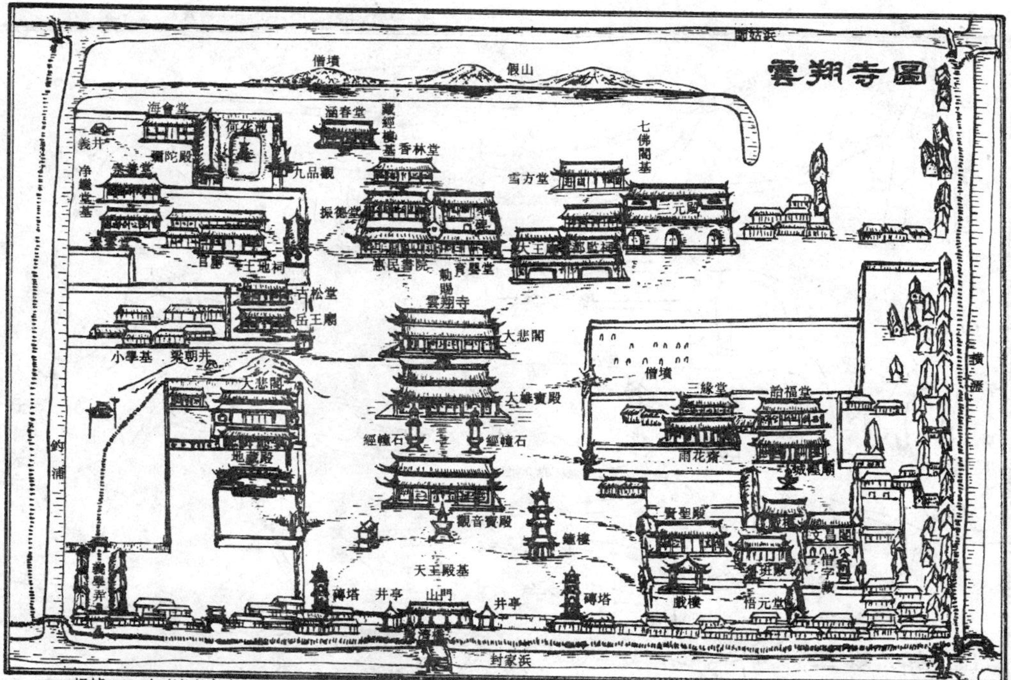

根據 1806 年(清嘉慶十一年)《南翔鎮志》繪製

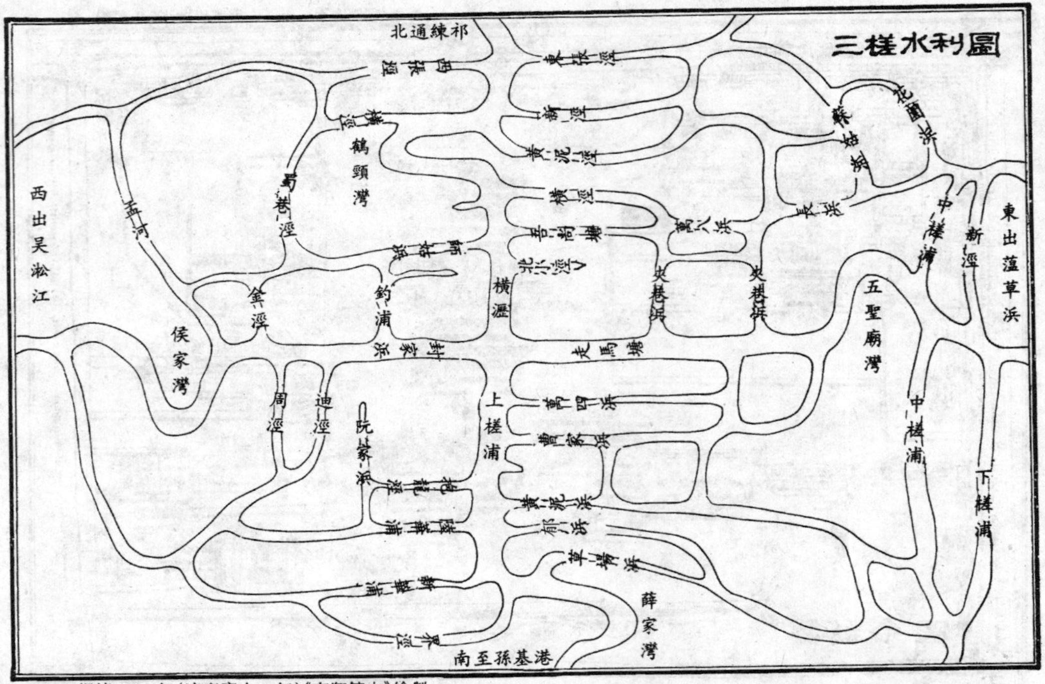

根據 1806 年(清嘉慶十一年)《南翔鎮志》繪製

前言

一

南翔鎮，現屬上海市嘉定區，地處上海市中心的西北、嘉定區東南。因其境内有上、中、下三道槎浦，而古稱槎溪。南朝梁武帝天監四年（五〇五），在此建白鶴南翔寺，因寺成鎮，並以寺得名。距今已近一千五百年，是中國歷史上著名的古鎮之一。

明、清時期，南翔的社會經濟和文化已經十分發達。這裏盛産一種刷線的棉布，稱爲「扣布」，質地「光潔而厚」，「製衣被耐久，遠方珍之」。鎮裏商鋪林立，各種字號的布店專售此布，布商們「鑒擇尤精」，在國内頗有名氣，清末曾獲南洋勸業會銀獎。清初，本鎮居民石氏發明鬱金香酒，「色、香、味俱佳，名馳京國」（《南翔鎮志》卷一）。工商業的繁榮，必然促進文化的發展。明、清兩代南翔人才輩出，湧現一批知名學者。如明代全鎮有進士十人、舉人十六人、貢生十四人，其中不乏名士名流：李流芳是著名的書法家和畫家，其作品「俱入神品」，至今仍爲各地博物館所珍藏。李流芳還是詩人，其「詩則信筆抒寫，天真爛然」，與其兄弟元芳和名芳「並名噪詞壇」。再如王圻，是一位文史專家，其著作《三才圖會》、《續文獻通考》、《古今考》等至今傳世，一再重印。李流芳的詩文集《檀園集》以及清代陸廷燦《續茶經》，王澍《竹雲題跋》和《淳化秘閣法帖考正》等著作，皆收入《四庫全書》。這些著作豐富了中國歷史文獻的寶藏，爲中國文化的發展作出了貢獻。

近代以來，南翔鎮更爲發展，成爲全國尤其是華東地區一個著名的城鎮。一九三二年初，日本侵略軍襲擊上海閘北，蔡廷鍇將軍率十九路軍奮起抵抗，總指揮部便設在南翔。南翔人民積極協助駐軍挖掘戰壕，修築公路，供應衣糧，救護傷員。一九四九年十月新中國成立後，南翔古鎮更是發生巨變。一九八三年，南翔鎮與南翔人民公社合併，實行以鎮管村。合併後的南翔鎮，總面積三十三·一六平方公里，其中集鎮面積一一·三平方公里。一九九二年，被列爲上海市歷史文化名鎮。二〇〇〇年，南翔鎮國内生産總值（增加值）二四六七六四萬元，其中三資産業佔比：第一産業二八〇〇萬元，佔百分之一·一；第二産業一六四〇四四萬元，佔百分之六六·五；第三産業七九九二〇萬元，佔百分之三二·四；勞均收入八四八二元，人均收入四五八一元。同年，全鎮總人口四六九六二人，人均國内生産總值（增加值）五二五四五·五元，合美元六三〇〇多元。同年，南翔鎮獲國家衛生鎮、上海市緑化示範鎮、全國學校藝術教育工作先進單位等榮譽稱號。此外，南翔還保留始建於五代的南翔寺塔，此塔是國内僅存的一對年代久遠的仿木結構樓閣式磚塔。鎮中還有頗具江南風格的明代古典園林古猗園，是上海市郊名園之一。

顯而易見，現代的南翔鎮有着深厚的歷史文化積澱，這些積澱也反映在清代嘉慶間（一七九六——一八二〇）編纂成書的《南翔鎮志》中。可以這樣説，這部《南翔鎮志》是南朝梁武帝時期到清代中葉南翔歷史的一個總彙。

二

《南翔鎮志》共十二卷，是清代乾隆、嘉慶年間南翔鎮人張承先編纂、程攸熙增訂的一部南翔鎮鎮志。

南翔鎮志最初名《槎溪志》或《槎溪里志》，共三卷，南翔鎮人楊志達編撰，康熙五十一年（一七一二）完稿，未曾刊刻流傳。約乾隆四十一年（一七七六），張承先據此續編，仍稱此名，也未刊印。至嘉慶十一年（一八〇六），程攸熙在張承先稿本的基礎上，删繁訂訛，並增補近三十年的史事，改名《南翔鎮志》，於次年由尋樂草堂付梓。民國十二年（一九二三），陳柟依據嘉慶木刻本和傳鈔本精心校勘，由鳳翥樓鉛印成書。該書設疆里和營建、小學、職官、選舉、人物、藝文、雜誌八門，卷首附《南翔鎮圖》和《三槎水利圖》、《雲翔寺圖》，另有嘉慶十一年嘉定知縣吴桓、嘉興知府李賡芸、增訂者程攸熙，及民國十三年（一九二四）陳栴所撰序各一篇。

楊志達和張承先的《槎溪志》或《槎溪里志》的兩種稿本，距今二百餘年，已經失傳。程攸熙的《南翔鎮志》十二卷本，如今亦甚罕見，據《上海圖書館地方志目録》（一九七九年編印），上海圖書館藏有尋樂草堂本和鈔本、民國十二年本各一套，日本東京内閣文庫收藏尋樂草堂本一套。對照尋樂草堂本和民國十二年本，發現民國十二年本内容詳備，校勘精當，確是較好的版本。今以民國十二年本爲底本，校以尋樂草堂本，此外，參校明代萬曆《嘉定縣志》和清代康熙《嘉定縣志》、《嘉定縣續志》，光緒《嘉定縣志》，以及其他有關史籍。書中出現的少量異體字，爲便於讀者閱讀，大都逕改正體。其餘個別明顯的錯字，則皆逕改，不出校記。

三

本書的編纂者先後有三位，他們是楊志達和張承先、程攸熙。此外，還有一些助手，負責校訂史實、繪圖等。現簡單介紹如下。

楊志達，字戴仁，號勷平，又號蒿廬。其父楊世平，國子生，「負才游秦中，佐某中丞幕」，曾注杜甫詩集。楊志達入學讀書後，「肆力於古，以著作自任」。《南翔鎮志》（以下簡稱「鎮志」）説他性格怪癖，編寫《槎溪志》時爲集中精力，「離家寓僧舍」。著作除《槎溪志》外，有《太上感應篇翼訓》、《艾深詩鈔》、《畫餅詩文集》若干卷，另有雍正六年（一七二八）撰《重建雲翔寺彌陀殿碑記》、《海會堂記》、《服膺堂記》以及《重修九品觀記》、《鶴跡石詩》等（《光緒嘉定縣志》卷二九《金石》、鎮志）。生卒年不詳，僅知其康熙五十一年和雍正六年的學術活動。

張承先，字誦芬，號史亭。諸生。其父曾任官「儀部」，「主試楚闈」（鎮志卷十一）。張承先諳熟明代掌故，凡官員賢否、政事得失，「各有論斷」；所撰古文「清矯拔俗」。尤其留心鄉土文獻，繼楊志達後完成《槎溪志》（《光緒嘉定縣志》卷十九《文學》）。生平詩文編成《釣珊瑚莊詩文鈔》六卷（同上，卷二七《别集類》）。生卒年不詳。據鎮志載，所撰《雲翔寺新建觀音閣記》、《萬壽寺心月樓銘》、《重建楊柳橋碑記》、《雙廟捐田記》、《培香遺稿序》等，皆在乾隆三十年以後完成；續編《槎溪志》則在乾隆四十一年完稿。由此可知，他的主要活動是在乾隆三、四十年間。

程攸熙，初名廷俞，字寶輝，又字謇堂。生於乾隆十七年（一七五二），病逝於嘉慶十五年（一八一〇），享年五十九歲。諸生。受業於王紳，「推演師説，著《四書尊聞編》」。

嘉慶九年（一八〇四）夏，南翔水災，米價騰踴，鄰境閉糴，他投牒縣衙，「詳請給票赴糴，民賴以安」（《光緒嘉定縣志》卷十九《文學》）。其著作除《槎溪志》、《四書尊聞編》外，有《吹影編》四卷、筆記四卷（同上，卷二六《雜家類》）。此處「筆記」，疑即《移檤雜説》，其所居名「移檤草堂」（鎮志卷十一）。另有嘉慶元年（一七九六）撰《重修雲翔寺海會堂記》、《仙經堂記》等（鎮志卷十）。

以上三位編纂者，都是清代的諸生，他們在科舉考試中並不得志，或者根本没有參加過科考，所以從未涉足官場。但他們都是飽學之士，能詩能文。楊志達生活的年代稍早，張承先和程攸熙均活躍在乾隆和嘉慶時期。乾嘉學派嚴謹的學風自然會對他們的治學産生影響。同時，張、程（包括他們的前輩楊志達）都熱衷於鄉土歷史的研究和著述，而張承先還對明代歷史有較深入的瞭解。所以，在編寫鎮志時，注重資料的搜集和整理，如張承先「蒐羅采訪，頗費苦心」（鎮志卷首李賡芸《序》），還派員實地調查所有河道和橋梁、道路、重要人物等，「綜核無遺」，而後「登之於簡」（同上，吴桓《序》）。經過他們不懈的努力，終於編成鎮志，爲後人留下了一筆彌足珍貴的文化遺産。

在編纂鎮志伊始，他們專門研究過體例，主要是爲避免與嘉定縣志内容重複。鎮志凡「賦役、户口、保甲、鄉約概不載」，賦役部分僅保留明代崇禎年間「嘉定漕糧永折」一事，因爲此事「係里人張徵君鴻磐首功」。有關風俗、歲時、占候、方言，因「吴俗大略相同」，縣志已載，鎮志便從略。詩文一類，只收前人的作品，考慮到數量太多，所以「時賢概從割愛」（以上見張承先撰《凡例》）。程攸熙在《增訂南翔鎮志凡例》中指出，增訂本的體例與張承先本有不同之處，如「沿革」部分，張志内容較簡，程志則參照縣志體例，增加了表，「似較詳備」；選舉部分，也依據縣志體例，另立「科貢表」；有關詩文，張志另列《文藝門》收録，程志則取消此門，將詩文分散繫在相關的「本事」即人物、官廨、書院、廟壇、書目、寺觀、園亭等後；其餘凡程志增補張志的内容，皆一一注明「熙增」云云。

爲保證鎮志成爲一部信史，張承先、程攸熙都聘請了一些學者和官員協助編纂。接受張承先邀請的有陸鏡和石藻、程本仁、蔣榮等四人。陸鏡，字明照，乾隆三十二年（一七六七）歲貢生，「詩古文詞，清老有法」，此次協助張「殫心商榷，斟酌去取」。石藻，太學生，「承家學，著書頗夥」。程本仁，字瑶山，「候選州同」，「喜談風雅」。石藻和程本仁協助張「博訪前輩詩文」。蔣榮，字鈞仲，太學生，「以書法稱」，此次協助張「校讐亥豕」。程攸熙還聘請了朱掄英和李賡芸等八人「參訂」，許國柄和范澄二人負責繪圖。朱掄英，字舜鄰，受學錢大昕，通經義，乾隆四十六年（一七八一）中進士，歷任太平府教授、翰林院典簿、實録館分校官、内廷宫史收掌官等，主講愛山、翁溪兩書院。一生「引掖後進，成就甚衆」。著有《紉蘭書屋文集》二卷、《慎餘齋詩》六卷、《三槎風雅》十六卷等（《光緒嘉定縣志》卷十九、二七、二八）。李賡芸，字生甫，又字許齋，受學錢大昕，「學有師法」，「通六書、《蒼雅》、三禮，明於歷代官制，文有根柢，詩有風骨」。乾隆五十五年（一七九〇）中進士。歷任嘉興知府、汀州知府等。著有《稻香館詩文稿》六卷、《炳燭編》四卷等。陸逸，著有《寄傲軒詩稿》。葉長春，著有《邗游小草》四卷。沈金臺，字崇輝，諸生，著有《惜芳居詩鈔》。汪元桐，字訒軒，著有《聽雨樓詩鈔》。諸玉衡，字星五，又字稼軒，嘉慶間恩貢，錢大昕門生，「博通經史」，「隨筆劄記」，「詩宗唐人」。著有《醉月西廬文稿》二卷、《詩稿》十二卷、《韻辨一隅》八卷、《經史劄記》十六卷、《槎溪四子詩選》等。李士棨，字黼廷，貢生，著有《自怡山房稿》。李景董，字學醇，又字桂巖，諸生，「文踔厲風發，沈博絶麗；詩含英咀華，駸駸入古」。著有《桂巖詩稿》二卷和《李仲子詩稿》。范澄，字霖川，又字笠巖，書法近黄庭堅，「尤邃於畫」，「兼通音律、醫卜」（《光緒嘉定縣志》卷十九、二八等）。張承先和程攸熙正是先後依靠南翔幾乎兩代十多位文壇精英的協助，才得以順利完成這部鎮志的，並且有力地保證書中的記事準確，文筆流麗，減少訛誤。

民國十二年鉛印本的校勘和出版者陳枏，字巽倩，清光緒二十一年（一八九五）進士，選庶吉士、散館授編修，因案革職。死於一九二八年。

四

《南翔鎮志》是一部内容較爲完備的鄉鎮史。記述了南翔的歷史沿革、盛衰起伏、人文習俗，具有較高的價值，是研究上海人文歷史的重要文獻之一。

首先，鎮志收録了宋代以後歷朝有關南翔的文獻，有許多詩文已經失佚，成爲絶無僅有的史料。諸如宋代康復古《（南翔寺）建山門並橋記》、張商英《南翔寺詩》，元代僧宏濟《南翔寺重興記》、虞集《槎溪泰定萬安寺碑記》、貫雲石《大德萬壽講寺記》、楊維楨《齊師鶴詩》等，均可補《全宋文》、《全宋詩》及虞集、楊維楨等人詩文集的不足。甚至連清代著名學者錢大昕的《重修敕賜雲翔寺大雄殿記》，既爲清代嘉慶間編《潛研堂文集》遺漏，又爲近年編印《嘉定錢大昕全集》（江蘇古籍出版社一九九七年版）所無。

其次，鎮志保存了明、清時期南翔地區社會經濟的許多史料。鎮志記載，明代初年嘉定「水利大興」，農作物呈現「十田五稻」狀態。但後來「大江忽爲平陸，支河遂已絶流，斥鹵沙積」，難以種植水稻，因而「僅種木棉一色」。但官府徵收田賦只收糧食，百姓「力不能支，幾議廢縣」。至成化（一四六五——一四八七）、弘治（一四八八——一五〇五）間，「人民逃亡，逋賦廿萬」。萬曆十一年（一五八三），經徐學謨倡議，朝廷准予一半的糧食改納白銀。二十一年，進一步准予「永行改折」。至明末即崇禎十四年（一六四一），因「軍事繁亟」，又改命「半兑本色」，即一半納糧，於是「百姓惶駭」，導致嘉定境内「野無青草，市寡炊煙」，城鄉都極其凋敝。這時，南翔徵士張鴻磐奮不顧身，上京請願，朝廷終於同意全部折納白銀，每米一石折銀二兩，「解往天津，就彼地買米輸納」。不久，明朝就壽終正寢了。到清代嘉慶十一年，即張承先編成鎮志那一年，南翔的民田仍分爲「科糧」三斗田、二斗五升田、二斗田、一斗五升田、一斗田共五等，其中絶大部分定爲三斗田。由此仍可看出明代田賦的影子（鎮志卷十二）。

第三，鎮志保存了明代末年南翔等地士人結社的情況。明末，江南士人自發結社，藉此結識知己，切磋時藝。天啓四年（一六二四），太倉張溥、張采、顧夢麟與常熟楊彝，嘉定朱之尚，南翔徐時勉等十一人組織「應社」。鎮志所載應社《序》，據吴昌時《七録齋集》卷一《廣應社序》記載，係出自吴昌時之手。吴後來覺得「應之爲名，有龍德焉」，組織應社的目的是發揚「龍德」，但應社《序》文字「多恢愕怪宕，不可究詰之辭」，「及今視之，益雜而弗舉矣」。所以，吴另撰一篇《廣應社序》，以宣傳應社的宗旨，擴大勢力。應社後來發展成復社（謝國楨《明清之際黨社運動考》）。此外，鎮志卷七張子愛傳還記載，張子愛從杭州致仕回南翔，「閉門避勢，長吏惟讀社一見」。所謂讀社即杭州讀書社，活動於崇禎年間（一六二八——一六四四），曾盛極一時，崇禎末年，加入復社。鎮志的這些記載雖然只是一鱗半爪，但仍能彌補其他文獻的不足。

第四，鎮志保存了明代末年「奴變」的史料。明代江南豪紳擁有衆多奴僕，平時，奴僕受盡豪紳的欺壓。明末，清軍南下，農民起義軍揭竿而起。崇禎十七年（一六四四），嘉定縣富紳的奴僕「皆起爲亂，什什伍伍，白晝持兵，迫脅主父，使出券以獻」（黄淳耀《陶菴集》卷二《送趙少府還郡詩序》）。南翔的富紳李氏，在這次「奴變」中幾乎全家被殺。鎮志卷六記載，李流芳之子杭之，「崇禎末，爲亂民所害」；李名芳之子宗之，「明末，攖觸群小死」。李名芳的另一子宜之，在順治「（甲）申、（乙）酉之際，鄉兵搆亂，三子被殲」。鎮志卷十二記載，李名芳的另一子繩之，也險遭家奴殺害。李先芳之孫李拱，因「難作」，「死於亂民之手」。還透露，李氏家族雖然「累世貴盛，文章譽望高天下」，但「鄉里傳聞，謂其以勢凌人，牽制官長，比諸土豪地棍」。這表達了普通百姓對於李氏家族的評價，較縣志所載更爲詳細和接近實際。

第五，透過鎮志，讀者可以知道南翔是非常富有文化底蕴的千年古鎮，從中可體悟其宗教文化、園林文化、飲食文化、商業文化等。市政規劃者可以從中領略它的橋梁、園林、河道、樓亭等的來龍去脈，制訂未來規劃的藍圖。

必須指出，鎮志的記載也有個别不够準確之處。卷九《書目》説，清初人王澍《南邨隨筆》、釋敏膺《香域内外集》、陸廷燦《藝菊志》、石球《性理提綱》和《有蘭書屋詩稿》五種書皆「采入《四庫全書》」。但據查，《四庫全書》其實並没有收入這些書。據乾隆五十五——五十九年（一七九〇——一七九四）刻印頒行的《四庫全書總目》，《南邨隨筆》、《香域内外集》、《藝菊志》、《有蘭書屋詩稿》四種書僅列入「存目」，而《性理提綱》連「存目」也未入。

鄙人承嘉定區地方志辦公室熱情相邀，負責整理點校本書。區志辦張振德、倪所安、陳啟宇先生還在百忙之中，多次光臨寒舍，送來有關版本的複印件及多種參考文獻，協助解决了一些疑難問題，謹此致謝。

鎮志標點中的不妥之處，敬希讀者不吝指正。

朱瑞熙

二〇〇二年六月

目録

序

邑莫不有志，或數十年一修，或百年一修，成書若此其難。及其告成之後，往往其間尚有遺略，又何論鄉曲之遠未易蒐羅者乎？嘐邑縣志而外，復有南翔、婁塘、淞南、外岡各志，秉筆者皆其鄉人，考核審而持論平，誠郡邑所不及也。諸志卷帙，惟南翔爲繁。今則程君簪堂所增訂，李君桐園所躬親采訪者也。簪堂著作等身富，余識之久，今宰是邑，而簪堂足跡不至門，其立品甚峻。桐園性樂善，凡在鎮義舉，力任其事，始終無倦。故是志也，簪堂既綜核無遺，謹嚴有法，而凡川途橋道、潛德幽光，桐園復一一確訪，而後登之於簡，洵可觀也。蓋翔之爲鎮也，其地自蕭梁以來，古跡昭著，其人如四先生輩，表表可紀。又其民居稠密，百貨輧闐，市聲浩浩，有如通都大邑，則夫陳跡遷流，允宜及時記載，以貽來者矣。抑是編所云，如河渠之待濬，小學之待興，以及講約之遺址尚在，余將謀諸鎮之紳耆，而次第舉行之。且將謀之婁塘、外岡諸紳耆，而咸舉行之。

嘉慶丙寅季秋朔，知嘉定縣事無爲吴桓撰並書。

南翔鎮志序

卅年前，張丈蒿廬撰鎮志，蒐羅採訪，頗費苦心。逝後乏嗣，其書僅存。近年程君謩堂得其副墨，重加釐正，又續其所未逮。邑大夫吴侯見而稱之，家桐園亦從事增益，遂以剞劂自任。而專使來禾，以書相示，且索弁言。賡芸先世爲按察楊氏館甥，自青浦之盤龍鎮來遷，迄今二百餘年，不可謂非土著。顧自乾隆丁卯，先奉政筮仕江西，至今閲一甲子。賡芸生於嶺北之信豐，五六歲時曾一歸。後庚寅歲，先奉政公見背，始返故里，宗族親串交游，每每不能識。逮丙午領鄉薦後，公車偕計，旋亦宦游於浙，計家居者才十餘年。此十餘年中，又飢驅之日多，寧處之日少，故於里中故事茫然無所見聞。今得是編讀之，奚啻暗行之得燭也。《詩》不云乎「維桑與梓，必恭敬止」，况以先大母之苦節，先奉政公之居官，咸獲表揚，則又賡芸之所感佩弗諼者已。因是推之，而知兩君著書之力，與桐園刊行之澤，闡幽顯微，不且永垂不朽也哉！若夫著書之義例、作志之體裁，取則先民，胥歸大雅，則不佞簿書多冗，學殖久蕪，蓋未敢妄參末議也。是爲敍。

嘉慶十有一年，歲次丙寅，秋九月，賜進士出身、朝議大夫、知浙江嘉興府事、里人李賡芸生甫氏敬序。

增訂南翔鎮志序

我邑古跡，莫先于蕭梁所建白鶴南翔寺，而鎮以是始焉。國朝重熙累洽，生齒日繁。聖祖仁皇帝御賜雲翔寺額，尤爲合邑寺觀獨被之殊恩也。里中故多文雅風流之士，皆李長蘅諸先生所沾溉，政績勳名，大中丞張公遺軌猶在，至於耆年碩德，誼篤桑梓，則又聞子石先生之風而興焉者矣。康熙間，勷平楊先生創爲里志。乾隆間，史亭張先生續爲之。二志皆未付剞劂。今年春，邑大夫粲齋吴公因公事至南翔，詢及里志，爰即史亭本删其繁，訂其訛，並增補二十餘年所未及者，繕呈鑒定，謬蒙許可。李君桐園愛素好古，蒐羅增益。書成，壽諸梨棗，有鎮以來千百年文獻，庶幾有徵矣。我儕幸生人文之藪，得覩天章，益砥礪言行，以追前賢遺躅，俾後之載筆者續傳不朽，庶不負賢邑宰學道之化云。

嘉慶十一年，歲在柔兆攝提格，冬十月，程攸熙序。

重印南翔鎮志序

余自弱冠，北游燕京幾二十載，而於故鄉文獻茫然無所聞知。逮乎旋返里門，欲求一覩里乘而不得者，又復十七年，殊自恨恨。詢諸里人，僉曰：「吾鎮藏有《南翔鎮志》者，如李君緝芙、朱君枚卿、李君子宣、王君穀生、姚君子檪、周君晉笙、吴君承三，諸家均可鴟借。」乃從而商之，一無存是書者，皆以友人攜去，及書篋糾紛，無從檢理爲辭。又聞甘君雨蒼有《南翔鎮志》兩部，遂向乞借其一，則渠又謂咸被借失，終未璧還。甚矣，是書之寶貴也，幾爲希世之珍矣！竊歎余也忝負文譽，海内詞壇豪俊頗不鄙棄之，今者年已垂暮，人而目中猶未經見是書，宜何如缺憾焉。再遲數十年，或數百年，一若《廣陵散》之絶響，人間不可復得矣。後之學者，將奚由而考證前事、知前事之可師耶？上自六朝，下迄清代，其流風餘韻，誰復能數典而徵之耶？同人頗有重修鎮志之議，姚君子檪獨曰：「修志一事，良匪易易，采訪考據，編纂參校，悉難其人。有人而無經費，又難於集事。不如先就原有之鎮志而保守之爲得也。」余聞其論之確當，則重印之責，其不可以已也夫。適聞某君藏有鎮志兩部，余乃與述明欲貸舊本重印，以供衆覽之意。彼謂俱在金陵校中，數與遇而數叩之，終未攜歸，吝而不予。乃從真聖塘沈君借得一部，印本也，有殘闕。又從封浜程君借得一部，鈔本也，有舛訛。就二者而合校之，以付印肆。癸亥之春，可工竣而書成矣，乃被某從中吞没工值銀幣一百枚。予又泉涸。事延歲餘，勉彊借款，以畢斯役。爰綴數語於簡端，並以識此中之多磨折也。甲子秋八月，里人陳栴序。

校定姓氏

參訂

秀堂朱掄英　香田李賡芸　拙庵陸　逸
桐園李鳳昌　芳林葉長春　竦然沈金臺
訒軒汪元桐　西堂楊　鉞　稼軒諸玉衡
靜庵李士棨　桂巖李景董　韞山朱秉鈺

繪圖

蓀坡許國柄　笠巖范　澄

凡例

一、郡縣俱有志，宋紹定間常棠著《澉浦志》，此里志之所權輿也。槎溪雖嘐邑一隅，文獻不可無徵，爰著《槎溪里志》。

一、《槎溪里志》創自康熙間楊勷平志達，曩嘗從其後裔借觀。今石君南標出所鈔本見示，互有異同，且人物志多闕佚，均非全書。兹編不敢蹈襲，另立體例，賢達、文學、孝義、隱逸諸傳，尤加意搜訪，較邑志頗詳。然非確有明證，不敢濫登，閱者鑒之。

一、博望槎雖無明證，然三槎浦現在，前人曾有題詠，非可等諸烏有。若南翔乃佛寺之名，兹所紀南盡三槎浦而止。

一、王學憲圻居王庵，張大參恆居江橋，其地臨槎浦。大參有詩云：「千古浮槎處，吾廬乃在兹。」二公實槎溪人也，録入鄉先賢傳中，並非借才異地。

一、賦役、户口、保甲、鄉約概不載，恐等於邑志也。惟明崇禎間，嘉定漕糧永折，係里人張徵君鴻磐首功，理當案實詳紀。

一、舊志有風俗、歲時、占候、方言四目，不知風俗行於上而成於下，非一里所能爲也。若歲時、占候、方言，吴俗大略相同，邑志及之，已不免贅，何况下里，概置不録。

一、貢生載恩、拔、副、歲，並及援例，考鄰邑志已然，不必謬以濫觴相譏。所載考職議敘職銜，亦同此例。熙案：例貢職銜，概入志書，究不免後人訾議，今删。

一、槎里素重名節，婦女完貞苦守以老，比户有之。朝廷憐其志，錫以旌典，烏頭綽楔，光榮鄉里。紀載者固樂於舉筆矣，其後裔有赤貧不能具呈，而致湮没者，亦悉心搜訪，年例已符，人言無間即録之，以俟采風。猶恐一人耳目未週，不免掛漏，同志君子如有見聞，祈示知，以便續補。

一、史家有專傳、合傳之體。《人物志》仿之，或專或合，總不没其人，蓋稱物平施，非有所軒輊也。至附見，或祖父附其前，或子孫附其後，亦本史法，非敢私心撰述。

一、詩文爲不朽盛業，然風雲月露之詞，於志何關？兹特采其可備文獻者，録入文苑，切於本里之人與事者，倣近時志乘例，細書分注於各條之下。又詩文頗繁，前人已美不勝收，時賢概從割愛。

一、誌墓之文，例不入志，而車駕、寺丞兩張公之誌，爲震川先生手筆，足增光一里，爲細書列於塚墓之下，庶幾通而不亂其例。熙案：原本兩張公塚墓下，兩誌俱失載。既云「例不入志」，今亦無庸增入。

一、前令程公玉亭，繼趙公雪崍後，纂輯邑志，簡嚴有法，但嫌其過嚴，且多翹前人之失，爲方家不滿。兹編多折衷程志，而損益去取，一秉虚公，不執己見，亦不敢徇人也。

一、雲莊李君留心文獻，嘗慨里中無志，每晤承先，必爲慫恿。是以忘其固陋，不憚纂輯，閲歲而成，多賴將伯之力。殫心商榷，斟酌去取者，盇磨陸丈。博訪前輩詩文，佐予不逮者，南標石君、瑶山程君。校讐亥豕者，鈞仲蔣子。並列卷首，以誌不忘。熙案：李雲莊，名潤，見《耆德傳》。陸盇磨，名鏡，見《文學傳》。石南標，名藻，太學生，文學球子，承家學，著書頗夥。程瑶山，名本仁，候選州同，鄉飲賓光海子，喜談風雅。蔣鈞仲，名榮，太學生，以書法稱。

增訂南翔鎮志凡例

一、舊本名《槎溪志》，然鎮以南翔名稱「槎溪」，猶《蘇州府志》之稱《姑蘇志》也。今更名《南翔鎮志》。

一、張志沿革，撮敘數語。今照邑志立表，似較詳備。

一、《選舉志》進士、舉人、貢生，原本分門直書。今照邑志，立《科貢表》，以符體例。

一、有原本所有而從節者，有原本在後而移於前者，有原本區爲二而併於一者，必標明原本在某處，不忘其朔。

一、凡事在張志未成之先，即增於原本内下旁書「某增」二字別之。其事在張志已成之後，則於前一行大書「某增」二字，庶幾時代不紊。附傳不在此例，軼事亦然。

一、原本詩文另列入文藝門。今案其本事，各繫於後；其無可繫者，從節。至有增入者，既變其例，不復書「某增」字。

一、楊勷平先生志在張志之前，頗資參考，並賴賢侯鑒定，同人校訂，始獲成書。其間或尚有舛謬之處，大雅君子有以教之。

里人程攸熙識。

南翔鎮志卷一

疆　里

鎮非州縣比也，不得稱疆域。然既有記載，則其地之廣袤自不得略，而里至、鄉都亦可考而知矣。至於水道以通地脈，物産以徵土宜，所關非細，宜詳考而備書之也。志疆里。

沿革

槎谿，古疁地，蕭梁時建白鶴南翔寺於此，因寺成鎮，遂以寺名。六朝迄唐、宋，屬婁，屬崑山。迨南宋，析崑山置嘉定，乃改隸焉。歷元、明至國朝，皆因之。其地在邑治之南，水脈分流，回環渟蓄，四郊有灣，東曰五聖廟灣，西曰侯家灣，南曰薛家灣，北曰鶴頸灣。形如卍字。商賈輻輳，民物殷繁，爲諸鎮之冠。别名「槎谿」者，因三槎浦在境内也。

宋、元時，惟西南爲鎮，萬安寺前至王家橋俱列肆。後以吴淞江多盜，西南受侵，居民漸漸東徙。明正、嘉間，倭寇疊至，鄉邨多被火，萬安寺南居民屋宇多燼。國朝生齒日繁，里舍日擴，鎮東新街南，黄花場北，金黄橋外，漸次成市。二百年休養生息，即於此徵云。

雍正三年，分置寶山縣，議者欲以横瀝爲界，析東鎮隸寶山。一鎮兩屬，大不便於民，里人杜懋爵等繪情環籲，兩臺查勘再四，乃析自鎮東花園浜，民情始安。

表（熙增）

		郡	縣	鎮
梁	揚州	吴郡	婁縣	疁城鄉南翔鎮秦建疁城，在南翔之北、馬陸西，今名桑園處，後城廢，嘉定統名疁城鄉。梁天監四年，敕建白鶴南翔寺，遂名其鎮曰南翔。
天監六年	揚州	信義郡	信義縣婁縣分置。	疁城鄉南翔鎮
大同二年	揚州	信義郡	崑山縣信義縣分置。	疁城鄉南翔鎮
陳		吴州	崑山縣	疁城鄉南翔鎮

（續表）

隋	開皇九年	揚州	蘇州	縣廢。	疁城鄉南翔鎮
	十八年	揚州	蘇州	崑山縣復置。	疁城鄉南翔鎮
	大業元年	揚州	吴州	崑山縣	疁城鄉南翔鎮
	三年	揚州	吴郡	崑山縣	疁城鄉南翔鎮
唐		江南道	蘇州	崑山縣	疁城鄉南翔鎮
五代	吴越		中吴軍	崑山縣	疁城鄉南翔鎮
宋		江南道兩浙路	蘇州	崑山縣	疁城鄉南翔鎮
	熙寧七年	浙西路	平江軍	崑山縣	臨江鄉南翔鎮崑山縣十四鄉之一，曰臨江鄉。
南宋		浙西路	平江府	崑山縣	臨江鄉南翔鎮
	嘉定十年	浙西路	平江府	嘉定縣析崑山縣東境。	依仁鄉南翔鎮嘉定縣五鄉之一，即臨江鄉，改名依仁鄉。

元	江浙行中書省江南浙西道	平江路	嘉定縣	依仁鄉南翔鎮
元貞二年	江南浙西道	平江路	嘉定州户口例陞。	依仁鄉南翔鎮
明洪武二年	直隸	蘇州府	嘉定縣	依仁鄉南翔鎮
國朝	江南江蘇布政使司	蘇州府	嘉定縣	依仁鄉南翔鎮
雍正三年	江南江蘇布政使司	太倉州改直隸州。	嘉定縣分置寶山縣。	依仁鄉南翔鎮依仁鄉割東北，分隸寶山縣外，南翔跨服禮鄉，共存六十二圖。詳見《鄉都》。

鄉都

依仁鄉原領都八，内七都、八都、九都、十都、十一都、北十一都，今全隸寶山縣，嘉定無存。

南十一都一區正、副二扇。縣東南境。舊領三十六里，今割正扇十八里、副扇十七里半，分隸寶邑外，嘉定計存副扇之半里。

副扇夜字號。凡半里，計圖一，領圩四。上區。 在鎮之東。 圖圩： 十三圖，半里，（岡）、（衣）、（福）、（慶）四圩。 田畝： 科糧三斗田九頃二十二畝七分二釐。

南十二都一區正、副二扇。縣東南境。 舊領二十二里，今割正扇之全三里、三半里、副扇之一里半，分隸寶邑外，嘉定計存全十四里、四半里。

正扇芥字號。凡五里、三半里，計圖八，領圩二十有二。上區。 內二十八圖，領圩一；二十九圖，領圩一，在鎮之東市，俱爲正圖。其餘鄉圖六，在鎮之東。 圖圩： 十八圖，半里，（黎）、（出）、（靡）、（陽）、（吕）、（雨）、（豈）七圩。十九圖，半里，（河）、（莫）、（淡）三圩。二十三圖，（壹）、（場）、（莊）三圩。二十四圖，（聲）、（岡）、（鳥）三圩。二十八圖，（白）一圩。二十九圖，（潔）一圩。三十圖，（翔）一圩。三十四圖，半里，（聽）、（發）二圩，（讚）半圩。田畝： 公占一十八畝五分五釐，科糧三斗田九十頃八十四畝五分五釐二毫。

副扇官字號。凡九里半，計圖九，領圩三十有三。上區。內二十七圖，領圩三，在鎮東南市。三十九圖，領圩三，在鎮西北市。四十圖，領圩一，在鎮中市。俱爲正圖。其餘鄉圖六，在鎮之東，歸南翔。其三十六圖，領圩三，歸廣福鎮。 圖圩： 二十圖，半里，（在）一圩。二十二圖，（覆）、（才）、（及）、（虞）、（服）五圩。二十五圖，（克）、（男）、（慕）、（字）、（裳）、（維）、（乃）七圩。二十六圖，（賓）、（必）、（弔）三圩。二十七圖，（鞠）、（虛）、（養）三圩。三十一圖，（量）、（時）、（悲）三圩。三十二圖，（此）、（女）、（位）、（大）四圩。三十九圖，（巨）、（善）、（菜）三圩。四十圖，（場）一圩。田畝： 公占一頃二十一畝四分四釐五毫，科糧三斗田一百五十四頃一十九畝七分三釐八毫，二斗五升田一畝五分四釐，一斗五升田二畝四釐，一斗田二畝。

北十二都一區正、副二扇。縣南境。 舊領十里，今割正扇之半里，分隸寶邑外，嘉定計存九里半。

正扇重字號。凡四里半，計圖五，領圩一十有八。上區。 在鎮之北，與馬陸接壤。今將北隅鄉圖

二、領圩五歸馬陸鎮，南翔計存鄉圖三，領圩十三。圖圩：四十一圖，（菜）、（毀）、（麟）三圩。四十二圖，（端）、（羽）、（詩）、（駒）、（師）五圩。四十四圖，（南食）、（北食）、（鳴）、（火）、（名）五圩。田畝：屯田一畝五釐，公占三十九畝八釐，科糧三斗田一百一十三頃九十三畝八分五釐。

副扇鳥字號。凡五里，計圖五，領圩一十有五。上區。在鎮之東北，與廣福接壤。今將東之北隅鄉圖三、領圩九歸廣福鎮，南翔計存鄉圖二、領圩六。圖圩：三十七圖，（海）、（首）、（率）、（賴）四圩。三十八圖，（翔）、（五）二圩。田畝：公占二十五畝四分五釐，科糧三斗田一百一十一頃五分五釐，二斗田三十一畝七分五釐，一斗五升田一十四畝五分六釐。

十三都一區正副二扇。縣南境。舊領二十八里，今割正扇之半里，分隸寶邑外，嘉定計存二十七里半。

正扇姜字號。凡十三里半，計圖十有四，領圩四十有五。上區。內十九圖，領圩一，在鎮西南市，爲正圖。其餘鄉圖十有三。領圩四十有四，在鎮之東南迤西南。圖圩：一圖，半里，（西露）、（北露）二圩。二圖，（姜）、（海）、（巨）三圩。三圖，（果）、（道）二圩。四圖，（餘）、（愛）二圩。五圖，（發）、（重）二圩。九圖，（生）、（麗）、（致）、（宿）、（黎）五圩。十八圖，（秋）、（霜）、（文）、（露）四圩。十九圖，（西伐）一圩。二十四圖，（大龍）、（小龍）、（章）、（皇）四圩。二十五圖，（帝）、（弔）、（育）、（潛）、（商）五圩。二十六圖，（平）、（藏）、（珍）三圩。西四圖，（劍）、（秋）、（水）三圩。西六圖，（字）、（衣）、（潛）、（騰）、（羽）五圩。西七圖，（藏）、（殷）、（河）、（闕）四圩。田畝：公占二畝六分八釐，科糧三斗田一百六十四頃二畝七分三釐三豪，二斗五升田八畝四分八釐，二斗田二畝九分一釐，一斗五升田一十四畝三釐，六升蕩五畝二分六釐。

副扇人字號。凡十四里，計圖十有四，領圩六十有七。上區。內二十圖，領圩三。二十一圖，領圩二。在鎮之南市，俱爲正圖。其餘鄉圖十有二，領圩六十有二，在鎮之南。圖圩：六圖，（南服）、（北服）、（裳）三圩。

七圖，(調陽)、(商)、(周雨)、(讓)、(鹹)五圩。八圖，(翔)、(位)、(稱)、(李)四圩。二十圖，(收)、(閏)、(東伐)三圩。二十一圖，(湯)、(推)二圩。二十二圖，(字)、(商)、(衣)三圩。二十三圖，(北鳥)、(南鳥)、(黄)、(唐)四圩。十圖，(虞)、(大李)、(小李)、(光)四圩。十二圖，(東陶)、(西陶)、(南陶)、(北陶)、(大奈)、(虞)、(小奈)、(暑)八圩。十三圖，(崑)、(稱)、(洪)、(雲)、(地)、(宙)六圩。十四圖，(東辰騰)、(西辰騰)、(南辰騰)、(北辰騰)四圩。十五圖，(月)、(東宇)、(西宇)、(西天)、(西元)、(東元)、(結)、(東天)、(小成)九圩。十六圖，(皇)、(潛)、(朝)、(東成)、(西成)、(來)、(歲)、(洪)、(衣)、(暑)十圩。十七圖，(朝)、(暑)二圩。田畝：公占五畝一分八釐，科糧三升(標點者按：依上下文，「二斗五升田」之上爲「三斗田」，疑「升」爲「斗」字之誤)田二百一十三頃七十七畝八分六釐，二斗五升田六十三畝二分五釐。

十四都一區正、副二扇縣西南境。計二十四里。

正扇海號、鹹號。凡十二里，計圖十有二，領圩四十有八。中區。海號，在鎮之西南，計圖六，領圩二十有八，全歸南翔。鹹號，在海號西南，與紀王鎮接壤。今將鹹號鄉圖五、領圩十有八歸紀王鎮，南翔計存鹹號鄉圖一、領圩二。海號圖圩：一圖，(宿)、(辰)、(宙)、(東地西地)四圩。二圖，(寒)、(盈昃)、(宇地)、(東荒)、(東洪)、(西洪)六圩。三圖，(東天)、(西天)、(西荒)、(日)、(月)、(谷)六圩。五圖，(大周)、(唐)、(小周)三圩。八圖，(珍)、(重)、(火)、(發)四圩。九圖，(列)、(大來)、(張)、(小來)、(朝)五圩。田畝：公占一十畝六釐，科糧三斗田一百二十三頃九十一畝八分九釐五豪，二斗五升田一頃二十八畝三分三釐，二斗田一頃七十三畝五分，一斗五升田九畝七釐，一斗田九分三釐，六升蕩八分六釐。鹹號圖圩：十圖，(瑞)、(夜)二圩。田畝：公占、科糧，南翔計存一圖，不及備載。

副扇皇字號，全屬紀王鎮，《南翔志》不録。

服禮鄉原領都五，今仍舊，附近南翔者一都。

二十一都一區正、副二扇縣西南境。計十四里。

正扇麗號、水號。凡七里，計圖七，領圩七十有四。中區。麗號，在鎮之西北，與黄渡鎮接壤。今將西北隅鄉圖三、領圩一十有八歸黄渡，南翔計存鄉圖三、領圩四十有五。水號，鄉圖一，領圩一十有二，在麗號之西，全歸黄渡鎮。《南翔志》不載。麗號，圖圩：十四圖，(民)、(出)、(淡)、(冬)、(雨)、(金)、(文)、(麗)、(巨)、(道)、(生)、(逐)、(稱)、(霜)一十四圩。十八圖，(菜)、(雲)、(致)、(光)、(麟)、(閏)、(柰)、(翔)、(拱)、(瑞)、(李)、(人)、(皇)、(騰)、(陶)、(弔)、(歲)、(月)一十八圩。十九圖，(律)、(陽)、(始)、(推)、(愛)、(爲)、(鳥)、(平)、(珠)、(調)、(虞)、(餘)、(成)一十三圩。水號，圖圩不載。田畝：屯田七十三畝五分，公占六十一畝六分八釐，嵌福泉縣田二十畝九二分九釐，科糧三斗田二百一頃五十三畝三分九釐八豪，二斗五升田四畝二分七釐，一斗五升田二畝四分三釐。

副扇光字號。凡七里，計圖七，領圩三十有六。中區。在鎮之西，附近黄渡。今將鄉圖六、領圩二十有七歸黄渡鎮，南翔計存鄉圖一、領圩九。圖圩：十五圖，(位)、(罔)、(師)、(吕)、(露)、(湯)、(服)、(結)、(問)九圩。田畝：屯田，公占，科糧，南翔計存一圖，不及備載。

熙案：張史亭承先志臚列二十餘圖，祇云某號、某圖，其鄉、都、圩皆闕。楊勷平志達志雖詳，然祇載民居九圖而已。李桐園鳳昌劇費搜擇，由鄉、都剖之以區、以扇、以圖、以圩，注明若者全爲南翔，若者與他鎮接壤，應析某圖某圩爲南翔，共六十二圖，瞭如指掌，靡有闕遺，不惟補予所未逮，勝於楊、張二志遠矣。

里至

東至寶山縣陳家行一十二里，至寶山縣治四十八里。

西至黄渡鎮十八里。

南至上海王庵十二里。

北至馬陸邨十二里，至本縣縣治二十四里，本州州治六十里。

東南至寶山大場鎮二十四里。

東北至寶山廣福鎮一十八里。

西南至紀王廟鎮一十二里。

西北至方泰鎮二十里，至蘇州府城一百六十四里。

水道

横瀝，貫市之南北。南受吴淞江之水，合上槎浦北流，由馬陸邨經城中，抵婁塘，入劉家河。

上槎浦，南通孫基港，北達南横瀝。張錫懌《槎谿夜泊》：「薄暮停橈傍曲河，茂林修行近如何？到來古屋煙光暝，望去平橋月色多。漁艇乍歸紅葉寺，酒帘斜颭白雲窩。卻憐一片槎谿路，偏向清秋夢裏過。」走馬塘，吉利橋下東去，至孟家橋東南流，由江灣出黄浦，爲南走馬塘。從孟家橋直東流，達陳家行，爲北走馬塘。封家浜，隆興橋下西去，由井亭橋折而南，貫月河，入吴淞江。

横瀝兩岸支河

北小涇。金黄橋南東岸東流，轉南出走馬塘。今湮没不通。師姑浜。金黄橋南西岸西南流，出封家浜。吾尚塘。金黄橋北東岸東流，入花園浜。横涇。鶴頸灣東岸東流，入吾尚塘。黄泥涇。横涇北對周家橋。横涇。周家橋下西南，通蜀巷涇，轉西入孟河。新涇。黄泥涇北，東出張涇。西張涇。天恩橋南西岸出孟河。東張涇。天恩橋南東岸東流，至沙浦。

上槎浦兩岸支河

萬四浜。泰康橋南東岸東流，入黄泥浜，北出走馬塘泰康橋南東岸之浜口。今湮。曹家浜。雀馬橋下東流，入走馬塘。抱龍涇。仙槎橋南入阮家浜。黄泥浜。萬安寺橋東岸東南流，轉北出御家橋，直東出五福橋。陸華浦。萬安寺橋西岸出封家浜。新華浦。陸華浦南，出封家浜。界涇。新華浦南。郁浜。萬安寺橋南東岸東南流，入中槎浦。草場浜。與新華浦相對，東南入中槎浦。

走馬塘兩岸支河

黄泥浜。走馬塘南岸，出中槎浦。　夾巷浜。大德寺傍，東、西二浜，並北入萬八浜。　萬八浜。大德寺後，東出中槎浦。　中槎浦。南出虯江，跨走馬塘，北接吾尚塘。　長浜。北岸西通中槎浦。　第一涇。東嶽廟東之北岸。　新涇。有南北兩條，南至虯江，北至陳家行。　下槎浦。新涇橋外轉東西流，出虯江。

蘇姑浜。南入吾尚塘，北入張涇。　花園浜。塘灣東北入張涇。

封家浜兩岸支河

釣浦。雲翔寺西塔橋下北流，接師姑浜，出横瀝。　阮家浜。五涇橋南墺南去，合抱龍涇，入陸華浦。今浜口湮塞，土人稱爲水溝。　迪涇。大名橋西之南岸南流，轉西出周涇。　周涇。迪涇西。　金涇。萬善橋北墺北流，至方泰東，入師姑浜。　孟河。屯橋下北流，入張涇。

熙案：張承先志水道、橋梁頗略，李桐園鳳昌詳核其處，以鎮中爲中，自太平橋而北，至天恩橋、泰康橋，而南至江橋、吉利橋，至東之新涇橋、隆興橋，至西之楊柳橋。水道亦然。其支河及橋，即從幹河順書，較原本更爲便覽。

開濬（熙增）

明萬曆三十四年，知縣吴道長濬走馬塘。四十一年，知縣胡士容濬走馬塘。天啓元年，知縣卓邁濬走馬塘。三年，知縣卓邁濬封家浜。崇禎四年，知縣來方煒濬走馬塘。

國朝順治十八年，知縣潘師質濬橫瀝。康熙十七年，知縣馬雲會濬走馬塘。二十三年，知縣聞在上濬橫瀝。二十九年，知縣鄧天羽濬走馬塘。三十五年，知縣周仁濬走馬塘。四十九年，知縣許雲濬橫瀝、封家浜、槎浦。五十四年，署縣陳學良濬走馬塘。五十九年，知縣張寅濬橫瀝。六十一年，知縣劉昆湣濬走馬塘。雍正八年，知縣江之煒濬封家浜、南翔鎮市河。

熙案：鎮北支河向通薀草浜，久已淤塞。今鎮西由封家浜出吳淞江，南由孫基港出吳淞江，潮汐雖通，道已紆遠，無泥沙夾水而入，是以久無事濬。惟乾隆間，曾議濬市河，已戽水矣，有沮之者，遂止。然於旱潦之蓄洩、舟楫之往來，迄今尚無妨也。嘉慶初，里人濬曹家浜，此於水利無所繫，故不志。

物産

棉花。一名吉貝，通邑栽之，以資紡織。近里東張涇産者，萁短花緐，每斤可收花衣六七兩，形狀、種法詳載邑志。

棉布。有漿紗、刷綫二種。槎里只刷綫，名扣布，光潔而厚，製衣被耐久，遠方珍之。布商各字號俱在鎮，鑒擇尤精，故里中所織甲一邑。

鬱金香酒。始於里中石氏。其法，以鬱金和諸藥品釀成酒，色香味俱佳，名馳京國。張鵬翀詩：「鬱金香注古黃流，一斗分來助拍浮。醉掃翠巒千萬疊，可能勝似换涼州。」

護居竹。鄉人多栽屋

後，故名。又名哺雞。葉大而密，生筍最美。**夜明砂**。白鶴寺梁棟間，蝙蝠所窟，寺僧掃其糞，淘汰得之，爲眼科要藥，遠近爭購。**果山**。以胡桃肉爲巒岫，其他果品各像物布置。又製絹爲人物、花卉，精巧絶倫，款神、壽筵多用之。**西瓜**。出張涇者，瓤有黄、白、紫、淡紅、沈香各色，其子有大紅而綴花紋者，種異味美。瓜形似枕者尤佳，俗稱橄欖瓜。**蟹**。出東張涇者佳，遠勝吴塘所産。**菊花**。菊之藝植盡善吾里，創自毅卿陸氏。其後錦甫李氏、華山張氏、陶圃、須圃多購四方名種，又得祕法，故花盛於他處。崑山歸恒軒莊稱「吴郡菊花，南翔爲最」。**青墨**。用藍靛澄汰爲之。明陳士白手製獨精，色翠可愛，眉公陳繼儒爲銘。今無繼之者。熙據楊志增入。

海壖一隅，豈有方物可紀？物如鬱金香、夜明砂，實他邑所無。其餘雖非專産，而較勝於他處，故志之。

南翔鎮志卷二

營　建

地雖小，建置多矣。首列書院，見下民之尊親；次列廟壇，徵祀典之隆重。他如育嬰有堂，衛民有汛，皆地方所利賴也。其餘公所或存，或不存，概書之，以遺制所在，不敢忽焉。至於坊表、街巷、橋梁，尤關於風教與民生者，書之烏可不詳乎？志營建。

官廨（熙增）

分防縣丞署。向無官廨。嘉慶三年，即馬公講院，里民鬮資修建。

《重修南翔分防廨碑記》：嘉丞之分防，於南翔始。乾隆之己丑，越十年戊戌，莅兹土者，劉君名弈沖，始建署居焉。署之舊地爲馬公講院。公名雲會，康熙間宰嘉邑，常勸學於南翔。翔人思之，爲搆是堂。歲久漸圮，劉君葺之。嗣是復圮，視事者咸賃居民間，遂久無公所。嘉慶戊午，余來自長洲，視舊署僅存廳事，昔之鼎新，今復幾廢，何變遷之速邪！夫二公之德業文章，皆不可得而聞，然或留遺愛於編氓，或仰高風於前哲，其人其事足志也。古之君子尚友，古人百世而下，猶將憑其故墟，弔其芳躅，況當時僚寀之所留貽者乎？且登斯堂也，斯民三代之遺風，賢者昭示來兹之意，於是乎在。欲重修之，而力不逮也。翔之紳士張君成績首倡鳩工，翔之商民急公恐後，邑令謝公暨余捐廉勷助，於是規模始粗備焉。爰爲斯記，並各列姓氏於碑，以志風俗之醇云。嘉慶戊午八月初一日泐石，閩中李光垣撰。

書院

大中丞趙公書院。

在白鶴寺香林堂前，康熙二十六年建。公諱士麟。熙案：又號惠民書院。原本分爲二，今考正，乾隆間，嬰堂董事重修。

石崧《公建撫憲趙公長生書院碑記》：國家之政，莫大於興利除弊，而煩劇僻遠之區尤亟。蓋地衝則習俗囂豪，境陋則德化扞格。全賴司牧保障者嚴峻而釐剔之，以宣德意政教之所不逮，是故弊除而利自興。古人有行一事，澤及一方，恩流百世者此也。我鎮南翔，以寺得名，去嘉定邑治二十里，而近四方商賈輻輳，廛市蟬聯，邨落叢聚，爲花、豆、米、麥、百貨之所駢集其間，風俗素醇樸，而僻在海陬，遠於王化，雜出之奸頑，亦復不少。大約士夫矜名節，編氓尚氣誼，下而負販之倫，則財利相固結，黨類相聲援，好以賤犯貴，以下犯上，正不徒强凌弱、衆暴寡已也。所以拳勇之患，脚夫爲甚，其人既不足比數，而閭里恆耻與爲伍。人無智愚，客無遠近，不過資其力，肩挑背負，任彼定價横索，惟恐弗得其歡心，以致貨物壅塞河干市口，遂釀成彼等驕横之習，日盛一日。而米客受其籠絡，米店受其淩虐，米牙受其挾制，彼等且收其無窮之利，賄賂公行，結納敗類，於是焰日以熾，禍日益烈，至於今歷有年所，莫能除者。幸賴我趙公恭膺簡命，巡撫南國，念積弊莫甚於此。大江南北，嚴行禁革，蕞爾一隅，亦得被恩澤，父老歡欣，童稚歌舞。間亦有梗化者，我公獨判於心，不畏騰口，下令刊於石，永垂成模。先是斛米一石，無論側近，定例三分。米客復有津貼脚米之例，每石一二升不等。東西南北，除雜貨外，米之上下，動以萬計，彼等虎踞梟佔，非其類不與，家有使令者不得用。自禁革後，聽民僱募，每石四釐，民甚便之。更無脚米科派。客爭雲集，米鋪、牙行拊心加額，恩逾覆載，各捐其私貲，公建長生書院於白鶴古寺之正中。匠石積若干工而不以爲煩，良材堅甓所費不貲而不以爲艱。其院有堂，有廡，有庭館，有竹樹花卉，嚴嚴翼翼，壯偉閎耀。而司工者自食其力，迭董其事，至廢恆業，而不以爲勞瘁，此其去民之弊入民之心者，何深以厚也！詩所謂「愷悌君子」者矣。不日落成，公忽以內召去，遮道攀轅，罔不太息掩涕。因請敍其事而爲之記，以識去思之意，且俾世世子若孫，知弊所自除，長頌祝於不朽。余惟我公釐奸剔弊之至意，豈沾沾以爲民悦者，但一鄉之人弗肯以公心掩其市行，意殊可嘉，故忘其才之拙，詞之弗文，於是乎書。趙公諱士麟，號玉峯，滇南澂江府河陽縣人，甲辰科進士。

王鳴盛《重修惠民書院記》：古之爲治者，懼其擾之所謂去其害馬者，又必有以垂諸久遠而無弊，至於卹孤慈幼之典，保息遂長之令，是固仁政之大者，而其事並係一境之内，善士於此分其餘力以及之，甚盛舉也。嘉定南翔市，地當江海之交，民物隱轔。康熙間，俗苦脚夫之横，歷經憲禁，而滇南趙公禁之尤力。民感其惠，立爲惠民書院。自是以來，相安於無事者，百餘年矣。而育嬰堂者，創建於康熙四十一年，初名「留嬰」，繼之以乾隆十年，改「留」爲「育」，省轉送治城之勞。於是諸君子籌畫經費，勸募善信，規制日以密，房屋日以增。而惠民書院境與毗連，日惟扃鐍以爲常，歲久棟折榱崩之爲患。衆乃相與謀曰：「是公所也，趙公之澤不可廢也。今常餼既給矣，盍更各有所捐，撤其舊而新之，合於堂則管鑰益慎，堂中要會出納之所亦益寬。」咸曰：「善。」迺庀材鳩工，陳丹暗粉，廓然一洗。經始於某年月日，落成於某年月日，爰伐石以誌其巔末。予惟趙公之於民，務靖其紛，所以惠民也。諸君子之於民，務拯其危，亦所以惠民也。意主於惠民，而儲偫既已無乏，即他有所營繕，亦可出餘力以葺之，況其適相毗連者哉！矧合諸堂而管鑰可以無虞，即要會出納之地亦益寬，非其善之有兩美而無兩傷者哉。是故「協諸義而協，則禮雖先王未之有，可以義起也」。陳君時敍、朱君安池、周君玉麟、胡君承祚、姚君文勳、汪君壽城、甘君棠、甘君棣、張君成績、李君鳳昌、張君儒表、朱君兆挺、黃君克讓、程君廷浩、程君廷瀚、胡君大瑞、李君大復、李君大經各出其貲以克有集事，共糜白金六百兩有畸，是用刊著歲月，以紀厥成烈，而其興作之詳，則又記之於別籍，而茲不具云。

邑侯馬公講院。在白鶴寺崇善堂左，康熙二十一年建。公諱雲會。熙案：今改分防官廨。

廟壇

文昌閣。康熙二十年，里人石琦等募建。乾隆間，江祖望募建字井。熙案：楊志達志，石琦等備料未成，後朱恆占等建，朱嘉禄建兩廊及奎星閣。關帝廟。在萬壽觀，順治十年重建。東嶽廟。在中槎浦東弔字圩，僧良珦建。廟左右民居鱗次已成市，俗稱「小南翔」。熙案：楊志達志，元僧良珦建，後明道士李守仁重修。萬曆十年，風水坍毁，道士吳文顯等重建。州城隍廟。在鎮東虛字圩，康熙初建。熙增：乾隆間，里人捐貲，買葉氏猗園爲靈苑。城隍廟。在白鶴寺，明萬曆間僧募建。國朝康熙十二年重修，乾隆五十七年李鳳昌又重修。火神廟。六如庵前殿，明天啓間僧募建。國朝乾隆三十二年，里人李潤募築廟前圍牆，植榆木數株。熙增：嘉慶七年，李鳳昌重修，自爲記。又舊有廟田十畝，在重號四十一圖鱗圩，爲廟僧賣去。嘉慶九年、十一年，李鳳昌先後出貲贖回，捐廟常住。

龍王廟。在鎮東，新建。（熙增）**土地祠**。在分防署東，建署時建。（熙增）**鄉厲壇**。鈞浦北鱗字圩，建置無考。歲清明、中元、十月朔，迎城隍，里社司設祭。

育嬰堂。在三元殿西。康熙四十一年，里人王家藩、石濂、張來敏、張珽、程時彦等建。收留棄嬰，送郡堂乳養。乾隆八年，大中丞陳公檄飭改「留」爲「育」。姚廷模、陸元懋等董其事，陸續勸募置産，又建堂一所於古松堂前。熙增：今張成績、李鳳昌等經紀其事，盡心察嬰，肥則獎賞乳婦，病則醫藥，死則棺葬，規模益臻完善。

彭定求《留嬰堂序》：槎谿距吾郡二百里，蓋東南一都會也。市井鱗比，舟車紛繁，民殷物庶，甲於諸鎮。顧瀕於海隅遠郊寥廓之野，間有不舉其子者，委諸道路，里中諸君惻然憫焉，思有以拯之，謀諸同志，醵金建社，名曰「留嬰」，而問序於予。嗚呼！此固仁人之用心，聞其風者亦足以勸矣。予竊惟《周禮·大司徒》「保息六，養萬民」，首曰「慈幼」。《王制》「幼而無父者」，「有常餼」。《月令》仲春「養幼少，存諸孤」。因思先王之世，風俗淳茂，和氣翔洽，含生蠕動之屬，靡不得所，而即《禮經》推之，其委曲撫字者，肫詳猶至。後世既無專官之設，又非有仲春之令，饑饉流離，委棄載道，寒冰隘巷之所，暴骨如莽，其以干天地之和，而傷國家之仁者，不既多歟！今皇上闓澤覃敷，賑饑發粟，尤加意於煢獨，首嚴棄溺之禁，由京師以迄郡邑，俱有育嬰之設，呱呱赤子，不至戕賊閼折，以盡其天年，可謂仁至義盡矣。而槎上一隅，諸君子好行其德，或推之，或挽之，樂相佽助，庶乎大道爲公之世，自此可幾而食，報亦未艾也。是爲序。

張鵬翀《育嬰堂序》：南翔鎮留嬰堂之建，蓋始於康熙四十一年，而其改「留」爲「育」，則始於乾隆八年正月。至增建房屋，以廣收遺嬰，則經始於九年十月，而訖功於十年二月。其踵事加功，歲積月累，以一鄉一聚之地狹民寡，而其所規畫措置，幾與大郡相埒，是固不容以無述也。案《徵信録》，首載康熙四十一年，士民石濂等呈請，以南翔闔鎮士商所積，佐郡育嬰公費，擇地建堂，以收送里中棄兒。蒙憲允行，迄今蓋四十餘年矣。然旋收旋送，費亦易支。至今上乾隆七年，大中丞陳公奉雍正二年敕諭，檄本州縣士民，於本處設法收育。於是里中諸君子之司其事者，相與奉行恐後，且悉心規畫。以堂地偏狹，所容無幾，而乳婦之散處私室者，亦無由察其誠僞，爰於堂之坤隅，相地鳩工，築室一區，繚以周垣，中堂前廡，後爲重屋，凡三十餘間。既成，而高明爽塏，可容乳婦數十人。凡糜金幾千兩，而一歲乳婦工食，與嬰兒醫藥、棺槥之費，亦詳誌録中，亦不下若干兩。其規模宏遠，可謂度越前人，與大郡頡頏矣。至稽其費所從出，則官府善信所捐之外，半取辦於司月；不足，則勸鋪户暨各鎮量輸，以足其費。此里中諸君子承奉上旨憲檄，而改「留」爲「育」，且廣其堂，以成其樂善不倦之始末也。夫由佐郡公費歷數十年，乃創堂留嬰，而里中棄兒始蒙其澤。嗣又歷三朝四十餘年，而後改「留」爲「育」，其制始備，遠近數十百里之內，殆無不收卹之嬰兒。此猶九曲之河發源星宿，九仞之山起於一簣，是雖本於列聖之倡率化導，大吏之繩督勸勉，而亦里中諸君子能以上之心爲心，法以久而愈詳，善以勸而能廣之所致也。夫豈一朝一夕之故也哉，可謂盛矣！然予又考之《徵信録》，當康熙四十五年，總督于公於嘉定縣請給示勒石一呈，已批改「留」爲「育」，而當時任事者，顧以艱於僱覓乳婦爲辭，因循者四十餘年，至諸君子而始克成之。此豈事之難於昔者，獨易於今耶？抑凡事之成自有其時，而猶不能無待於今日耶？夫以今日之物力而揆之四十餘年以前，似不能無少懦矣，而逡巡退諉於前此易舉之日者，獨鼓勇奮發於今此難辦之時，我於是而知諸君子樂善之誠、任事之敏爲尤不可及也。往者留嬰之建，侍講訪濂彭公爲之序，稱里中諸賢能體上加意煢獨之心，以成此舉，而望其或推或挽，以幾大道爲公之盛。其言可謂愷切而篤摯矣，而於留嬰之所由建則未之及，故因諸君子請序而並詳之，俾來者有所考，而因以知有心世道者，苟能本實心，以行仁術，尚不難積小以成高大若此，況良法足以相仍不廢，益相與交勉而謹守之，是則余之所厚望於將來也。

營汛。在金黄橋北，隸吴淞營，沿途有烽墩，在南翔者三：一在鶴頸灣，今名鶴槎山。一在五福橋邊。一在西復字圩，俗稱秦家墩，相傳宋南渡韓蘄王世忠駐兵時築。

遞鋪。鱗字圩六如庵前。康熙五十一年建，今鋪舍廢。

附

井亭。一在普善庵前，一在河字圩，一在六如庵前。明萬曆間，李汝筠建。天啓間，李流芳記。國朝嘉慶七年，李鳳昌重修。放生亭。六如庵前之井亭，侯峒曾書「放生亭」額，墨蹟現存。子局。在十二都。明嘉靖四十一年，巡按陳瑞秦設徵稅課之所。申明亭。在白字圩。榜揚善惡，條列憲章，使民共知懲勸。

坊表

里仁坊。僧普觀建，今無考。科第坊。太平橋北。成化間，爲舉人徐恂建。今廢。進士坊。一在天恩橋西，成化間，爲陸奎建。一在太平橋北，成化間，爲楊錦建。臺憲坊。太平橋北。正德間，爲按察使楊錦建。兩世方伯坊。在雲翔寺南。萬曆間，爲張任父祖贈布政使張圮、張子愛建。熙案：邑志在嘉靖間。司馬中丞坊。方伯坊南。萬曆間，爲廣西巡撫、贈兵部侍郎張任建。孝子坊。西楊家衖内。國朝乾隆間，爲高宏祚建。節烈坊。一在太平橋北。明天啓間，爲李名芳妻沈氏建。一在毛家灣東。國朝康熙間，爲陸履泰妻金氏建。一在金黄橋西。康熙間，爲滕天佑聘妻譚氏建。一在泰康橋東。乾隆間，爲朱氏一門三節婦石氏、孫氏、黄氏建。以下俱乾隆間建。一在萬壽橋西，爲陳孝政妻汪氏建。一在方家灣東，爲吴第妻龐氏建。一在莊橋衖東，爲李世資妻錢氏建。一在米巷内，爲陳獻符妻童氏建。一在張家衖内，爲張瑚妻陳氏建。一在太平橋北，爲李芳妻許氏建。一在釣浦，爲張自起妻歸氏建。一在陳家花園，爲陳學妻嚴氏建。一在唐灣西，爲吴敏修妻羌氏建。一在南石橋東，爲范東玉妻吴氏建。一在仙槎橋東，爲陸書旂妾潘氏建。一在甘家樓，爲甘時霽妻李氏建。一在雞鴨衖，爲程禹三妻陸氏建。一在義學衖東，爲王之冕女貞女建。熙增：一在官號廿七圖鞠圩，乾隆五十八年，爲胡大珏聘妻烈女嚴氏建。一在鞠圩，嘉慶元年，爲徐文鏡妻陳氏建。一在杜家橋，嘉慶四年，爲王士鈺妻朱氏建。一在杜家橋，嘉慶四年，爲王尚儀妻孫氏建。

街巷

東：走馬塘南岸街。北岸街。新街。西：封家浜南岸街。北岸街。南：白鶴寺南街。太平橋南西岸米巷街，東岸混堂街。横街。黄花場街。東岸街。鈞浦街。明時爲大街，直達鎮北岡身路。東：西楊家街。東林庵街。俗名藥師街。北：横瀝西岸街。東岸毛家街。以上太平橋東。馬家街。沈家街。唐家街。吴家街。更樓街。莊橋街。管家街。滕家街。雙桂街。傅家街。桃山街。今塞。東楊家街。戚家街。沈家街。陸家街。許家街。以上泰康橋東。西：義學街。毛家街。董家街。沈家街。貞孝街。義成街。南：莫家街。莫少卿故里，訛作濮。雞鴨街。唐家街。經堂街。尹家街。葉家街。姚家街。陳師街。以上白鶴寺南大街。混堂街。蘇家街。小娘街。以上泰康橋南東岸。北：城隍廟街。滕園街。假山街。以上太平橋北河西。朱家街。河東。唐家街。鈞浦上。

橋梁

太平橋。跨横瀝南口。明弘治十八年，里人徐佝甃石。國朝乾隆三十二年，程虔五重修。與隆興橋、吉利橋縱横相連，總名八字橋。**金雲橋**。横瀝東岸太平橋北。又名北小涇橋。乾隆三十二年，程虔五重建。**北小橋**。横瀝西岸，金黄橋南西偏，師姑浜口。乾隆十七年，程虔五修。**金黄橋**。跨横瀝。明嘉靖七年建。國朝乾隆二十二年，程虔五修。**吾尚塘橋**。横瀝東岸，吾尚塘口。又名永安橋。金黄橋北東偏。乾隆二十九年，程虔五修。**太平庵橋**。跨吾尚塘。乾隆三十一年，程虔五修。**夏家橋**。跨吾尚塘。**周家橋**。横瀝西岸，金黄橋北横涇口，内、外兩座。康熙三十四年建。乾隆十七年，程虔五修。**西張涇橋**。横瀝西岸，天恩橋西偏，西張涇口。明萬曆二十二年建。國朝乾隆三十七年，程虔五修。**小真聖堂橋**。西張涇橋内，跨西張涇岡身路。乾隆五十四年，知縣於一芳重建。**天恩橋**。跨横瀝。舊名真聖堂橋。國朝順治年間，甃石。雍正九年修。乾隆十八年，程虔五修，增設石闌。**泰康橋**。跨上槎浦。舊名感夢橋，明洪武二十年建。國朝乾隆間，里人程虔五、朱瓆玉重修。**雀馬橋**。上槎浦東岸，曹家浜口。乾隆二十九年，里人張成績重建。**南日橋**。雀馬橋東，跨曹家浜。雍正間建。乾隆十七年，程虔五修。**僊槎橋**。跨上槎浦，泰康橋南。元至正十一年建。明萬曆間，里人陸承宗甃石。國朝乾隆十九年，程虔五修，又買橋傍地放寬橋堍。明劉鋒《僊槎橋懷古》：「浦上人家近市饒，浦中流水不通潮。僊槎一去無消息，秋雨秋風滿石橋。」**槎南橋**。上槎浦東岸，僊槎橋南，内河不通。**抱龍涇橋**。上槎浦西岸，偃槎橋南。乾隆二十三年，程虔五修。通濟橋。抱龍涇西，阮家浜内。黃泥浜橋。上槎浦東岸，萬安寺橋北東偏。乾隆三十四年，程虔五修。萬安寺橋。跨上槎浦，在寺之東。乾隆二十三年，程虔五修。陸華浦橋。上槎浦西岸，萬安寺橋南。香花橋。萬安寺前，跨陸華浦。杜家橋。陸華浦北岸。石家橋。跨陸華浦。新華浦橋。朱瀚《過新華浦橋》：「舍北清流繞，門前小徑斜。梅花兩三樹，春在野人家。」西王家橋。上槎浦西岸，新華浦口。東王家橋。上槎浦東岸，跨草場浜。嚴安橋。李家浜内。闞家橋。上槎浦西岸，高家場南，内、外兩座。嘉慶四年，孫萬九重建。歸家浜橋。上槎浦西岸，闞家橋南。天德橋。上槎浦東岸，大勝涇口。乾隆間重建。三仁橋。上槎浦東岸，趙巷南。舊名何家橋。乾隆三十三年重建。萬壽橋。上槎浦西岸。又名華家橋。萬曆七年建。江橋。上槎浦東岸。吉利橋。太平橋東偏，走馬塘口。東林莊橋。跨走馬塘，吉利橋東。舊有東林院，故名。明萬曆九年建，國朝雍正八年修。乾隆三十年，程虔五修。大德寺橋。跨走馬塘，大德寺前。舊名德澤橋。元至正十八年建。明景泰二年，李仲珪重建。國朝乾隆三十二年，程虔五重修。夾巷浜橋。走馬塘北岸，大德寺前，東、西各一。俗名東小橋、西小橋。乾隆二十九年，程虔五修，增石闌。御家橋。走馬塘南岸，又名德星橋。明正德四年，楊瓊重建。國朝乾隆三十七年，程虔五重建，增石闌。洛陽橋。御家橋内轉西，在萬四浜。嘉慶間重建。青龍橋。跨走馬塘，大德寺橋東。乾隆十八年，里人程虔五修。五福橋。跨走馬塘，花光庵左。俗名五聖廟橋。明洪武十六年建，嘉靖間重建。國朝乾隆十六年，葉范氏重建。孫公橋。百歲樓橋。槎浦橋。走馬塘北岸，跨中槎浦。明永樂二年建。斗門橋。中槎浦内，城隍廟左。祝家橋。跨走馬塘，東嶽廟前。明洪武九年建，國朝順治八年重建。孟家橋。跨走馬塘，木橋，在塘灣。　唐家橋。跨走馬塘，孟家木橋東。嘉慶初修。　新涇橋。新涇口。明成化間，里人楊瓊建。國朝康熙四十二年，重建。　隆興橋。太平橋西偏，封家浜東口。乾隆五十五年，嚴懷仁重建。　報濟橋。跨封家浜，隆興橋西，雲翔寺前。又名香花橋。宋景祐四年建。元至大四年，僧慧明修。國朝乾隆三十一年，毀於火，里人程虔五重建。　永興橋。封家浜北岸，釣浦口。又名塔橋。　四虎橋。跨師姑浜。　永安橋。跨封家浜，報濟橋西。舊名五涇橋。嘉慶五年，里人陳元鎬等募重建。　大名橋。跨封家浜，永安橋西。乾隆十七年，程虔五修。

迪涇橋。封家浜南岸，迪涇口。　西成橋。跨封家浜，大名橋西。又名董家橋。康熙四十二年，里人張靖之、新安張聖津等甃石。乾隆十七年，程虔五修。嘉慶七年，陳元鎬等募重建。　周涇橋。封家浜南岸，周涇口。乾隆三十六年，程虔五重建。　緣滿橋。周涇內。　成安橋。封家浜北岸，萬善橋東北堍，金涇口。　巽龍橋。金涇內轉東。　萬善橋。跨封家浜，西成橋西。康熙四十年，甃石。嘉慶八年，里人陳元鎬等募重建。　華平橋。封家浜北岸，萬善橋西。石刻福壽橋。　德星橋。跨封家浜，萬善橋西，俗名井亭橋。明隆慶六年，練姓建。國朝康熙六年，重建。乾隆二十九年，朱瓊玉又重建。　藉慶橋。封家浜北岸，顧江涇口。乾隆四十九年，程敬安重建。嘉慶十一年，練宗裕又重建。　屯橋。封家浜北岸，內木橋。宋韓世忠駐軍青龍時屯兵之所。明季高士張廷樾居此。

侯家灣橋。跨封家浜，侯家灣木橋。　萬豐橋。跨封家浜，侯家灣西。又名倪家橋。乾隆三十二年，朱瓊玉重建。　小倪家橋。封家浜南岸，萬豐橋外。　楊柳橋。跨封家浜，萬豐橋西。乾隆三十六年，程虔五建，又建井亭於橋北，有碑記。

張承先《重建楊柳橋碑記》：　南翔鎮之西，有水從西流，復折而南，如環如帶，以達於吴淞江者，封家浜也（古名漕浦）。延袤十餘里。跨浜甃石成梁，密邇吴淞渡口者，曰楊柳橋，爲南北往來孔道。或曰：往時岸旁多種柳，故以爲名。或曰槎里。送客者至此，取古者折柳之義，然其説卒無可考云。橋建於前代，迨國朝屢葺復圮。近年益大壞，行者盱眙不敢前，每遇風雨霜雪，過而顛躓者，不知凡幾也。土人欲募貲重建，奈工鉅費繁，艱於集事，輒逡巡中輟。程翁怡亭，慨然念橋係嘉、青兩邑衝要，破壞若此，人何以堪！乃出私錢獨任，庀材鳩匠，刻期從事。橋距鎮五六里，時值炎暑，翁僕僕頻往，躬自督率之，或諷以年高，宜稍節勞，弗恤也。蓋橋當吴淞，潮汐所出入，激蕩漱齧，易致傾積，而其土多沙，植樁築基，更難鞏固。惟不惜費，不計工，不因仍舊轍，始克樹緜遠之規，而行旅得實受其益。翁於是役，一切更新，故料胥置不用，其工程堅緻牢實，洵堪屹峙永久。共閲一百十有餘日，糜白金一千數百餘兩，始告竣。於是橋之寬廣高厚踰於前，而翁之規畫亦不遺餘力矣。復築亭橋之西岸，鑿井於中，爲征人憩息解暍。兩岸植柳數株，以繼舊跡，濟人利物之功如此乎其周以遠也。噫！今之人焦勞拮据者，身家妻子之圖，問舍求田之計，或則聲色輿馬之是溺耳，其於桑梓安危、民生利病漠不關焉，求如翁之用心者誰歟？求如翁之不私其財而善用其財者誰歟？昔隆、萬間，吾里有寓公任良佑，慷慨好義，能捐千金之橐，而所修造祇琳宫梵宇，君子惜之。視翁之不作無益而利賴垂於無窮者，相去果何如耶！工既訖，土人某某等感翁之德，思勒石以誌，並以勸後之好善者，相率詣余，請書其事。余素重翁，橋成，謬爲題柱，故不辭而記之如此。翁初名乾五，今改虔五，字隆若，怡亭其自號也。由國學生議敘修職郎，嘗施棺掩埋，所費不貲。又置義田，設義塾，造義塚，出粟助賑，捐産育嬰，爲德於鄉里者不勝紀。即以橋論，前後修建無慮五十餘所，兹其一也。爲牽連書之，而繫以歌曰：「迢迢漕浦水漣洏，洪濤南下飈輪馳。截流造梁需班倕，長虹駕空五彩垂。依依楊柳兩岸圍。繩鋸水滴日傾攲。行旅彳亍蹈險陂，杖藜父老空嗟咨。猗歟程翁上善資，濟川才具常扶危。千金義重一手揮，經營周度力不遺。拭目重新樹鴻規，危闌高柱摩雲逵。青龍盤舞白鶴歸，謳歌滿道稱仁施。元凱仲舒相肩隨，慈航寶筏長在斯。千秋萬里嘉名齊，鄙儒好德書銘詩。」

南翔鎮志卷三

小學

里之有小學，本古黨庠術序遺意。明嘉靖間，我邑侯昆陽李公，慨然復古，十六鎮咸設，猗歟盛哉！今去李公之世二百餘年，中間不聞有繼之者。義塾，即小學也。近我里安定翁獨任其事，毋亦聞李公之風而興者歟？惜乎其無位也。若鄉飲爲三代以來鉅典，膺其選者，足以型一方而勵末俗。姓氏烏可不傳？志小學。

小學

槎谿小學。明嘉靖十四年，李公資坤分白鶴寺址建。前爲賢聖祠，中爲養正堂，後爲莞爾亭、宗孔堂，凡二十五楹，置廛一區三十三舍。設生儒一人，教讀二人，給其廩餼。收訓俊秀子弟，委教官每月考察，規條甚備。今廢。

義塾。程虔五設，在集善堂側。延師訓貧家子弟，貯銀生息，俾資修脯，歲以爲常。

鄉飲。定制正月望日、十月朔日舉行。主以府、州、縣正官爲之，里中與是典者，敬列於左。

大賓：

明

陸孟宣。見《耆德傳》。　張　沛。主簿。　閔士籍。通判。　李元芳。見《文學傳》。

國朝

徐時勉。順治十一年舉，見《文學傳》。　陸邦里。　張鴻磐。康熙五年舉，見《文學傳》。　陸敏行。揀選知縣。　陸士珍。康熙二十三年舉。熙增，見《武秩》並《賢達傳》。　石有聲。封公，康熙二十四年舉。　葉　昱。乾隆三十八年舉，見《賢達傳》。

介賓：

國朝

吳基榮。伯耀，禮部儒士。　柯　炌。見《文學傳》。　汪　驤。延祖，康熙三十五年舉。　陸士林。彦賓，康熙三十六年舉。　滕汝訒。裴先，康熙三十七年舉。　王家藩。翼垣，康熙三十八年舉。　陳範。洪九，康熙四十二年府學舉。　王家棟。隆瞻，康熙五十年舉。　胡天位。簡在太學生，乾隆二十三年舉。　朱瓚玉。乾隆三十八年舉。熙增，見《耆德傳》。　許　浩。乾隆三十八年舉。熙增，見《耆德傳》。　張志學。乾隆三十八年舉。熙增，見《耆德傳》。　程光海。乾隆三十八年舉。熙增，見《耆德傳》。

耆賓：

明

張　錫。文暇，七舉鄉飲。　陸　珊。元珍，事祖孝，恤孤貧，立義塚。嘉靖間舉。　陸　激。惟清，嘉靖間舉。　陸　鑪。國馨，萬曆間舉。　陳國珍。君美，崇禎間舉。　石中玉。念峯。

國朝

石　在。文茲，順治五年舉。沈白詩：「槎上尋真隱，居然古鹿門。漢庭推篤行，昭代見遺孫。萬石家聲遠，賓筵禮數尊。閑披耆舊傳，今有幾人存？」　李際時。念萱，順治十三年舉。　吴　堅。念川。　陸士蘭。悦眒，康熙三十二年舉。　徐奎晴。伯原。　陳尚智。明之，康熙三十年舉。　錢文進。秀卿，康熙三十一年舉。　楊起龍。御九，雍正二年舉。　李　榛。瞻三，乾隆二十三年舉。　管文健。乾隆二十三年舉。

金良營。乾隆三十八年舉。熙增，見《耆德傳》。　管文泰。虞範，乾隆三十八年舉。

熙增：

李士溥。嘉慶元年舉，見《藝術傳》。

南翔鎮志卷四

職　官

市鎮統於州、縣，例無設官，而地當繁雜，寫遠治城者，近例分州同、縣丞駐防之。南翔元時設中槎巡檢司，明初裁。國朝雍正中，復設南翔巡檢司。繼改爲諸翟司，署設諸翟鎮，而以本縣縣丞移駐南翔。官制雖更，官守則一，案名書之，無使或遺焉。至於營汛官弁，無從稽考，姑闕之。志職官。

分防縣丞乾隆三十四年移駐。

曹時發。　許聯鷺。　廖光謨。　林　洪。　趙秉鍾。　鍾開聖。　王孜典。　邱漣。字清漪，南豐人。丙子舉人，以知縣借補，後終吴縣知縣。改名觀圻。　沈　紹。字寄堂，平湖人。丁卯舉人，以大挑知縣署事。乾隆三十八年任。清慎廉潔，士民親愛之，競爲詩歌以贈，名「惠我編」。終孝豐縣教諭。　劉奕沖。　周佳士。　李守默。　張允毅。

熙增：

劉光沛。　謝元城。字墨樓，任邱人。簿書之暇，喜與鎮中士人談文藝，娓娓不倦。　黄廷綬。　徐永年。　姚鳳楷。　張虎文。　李仕衡。江西人，拔貢，以州判署茲篆。居官廉静，嘗出所著文示人，清矯拔俗，有名家氣息。　徐方瑞。號五亭，湖北漢陽人。難蔭，以奉賢令改補。　李光垣。字約齋，福建閩縣人。由長洲縣丞署茲篆。簿書之暇，日事吟詠。在京邸，嘗從紀大宗伯昀辦《四庫全書》，宗伯手批《瀛奎律髓》向藏公處，欲廣其傳，捐貲付梓，顔之曰「瀛奎律髓刊誤」。工甫竣，而衣飾盡入質庫，甚至寒夜衾裯不具，弗恤也。　郭方城。字漢軒，四川人。以諸翟巡檢署篆。里中棍徒羣聚市肆，鄉村多被其害，公有犯必懲，棍徒一時斂跡，民甚德之。

南翔巡檢司雍正十一年設，乾隆三十四年裁。

范名棣。字楚翹，宛平籍會稽人，吏員。雍正十一年任。　虞紹鄮。宛平人，吏員。雍正十三年任。　李崇漁。　金長發。　霍□□。　余□□。　王□□。　郭時祚。　程汝楠。　張騰。　湯應詔。　葉文麟。　鍾開聖。熙案：乾隆三十四年，移駐諸翟鎮。

案：元、明設中槎巡檢司，而職官、姓氏縣志失載，且志已不立專表，不過敘及，則等諸杞、宋無徵矣，故斷自國朝所設始。

南翔鎮志卷五

選　舉

語云：「人材不限於地。」槎谿，吴之下里，而自勝國迄今，選於里，舉於鄉，取高第，而躋顯要、列清華者不乏。若其抱經濟而以他途進、習韜鈐而作干城選者，濟濟焉，案册録之，豈徒里黨光哉！至於貤封、衈贈、廕襲，雖一成之典，皆沐國家之殊恩也，可略而不書乎？志選舉。

科貢 熙改表。

明　貢生

陸　愉。天順三年歲貢，見《賢達傳》。　蔡　度。成化十一年歲貢，揭陽縣縣丞。熙案：邑志居安亭。

王　瑞。正德十四年歲貢，字輯之，海寧縣縣丞。　陸　崑。嘉靖三年歲貢，字惟重，建安縣訓導。　張　沄。嘉靖十九年歲貢，字世文。　吴　鑾。嘉靖三十五年歲貢，字仲興，浙江新城縣訓導。遷楚府教授，工詩，善書。　沈　泮。嘉靖三十九年歲貢，本姓卜，字伯英，由八都徙居里中。南城縣訓導，遷武義縣教諭。熙考邑志增入。　朱一陽。萬曆三十年恩貢。　徐康國。崇禎元年歲貢，字淡宇，不仕，杜門著書。　汪彦隨。崇禎六年副榜准貢，見《文學傳》。　陸敏行。崇禎十二年副榜准貢，字遜修。　徐時勉。崇禎十三年歲貢，見《文學傳》。　吴自惺。崇禎壬午副榜准貢，見《隱逸傳》。　李　拱。恩貢，見父宗之傳。

明　舉人

陳　瑜。正統甲子。字廷璧，官温縣教諭，改廣昌。羅倫《送陳教諭詩》：「歷徧名園上徧臺，好花多少在塵埃。泮池五月薰風裏，一朵紅蓮出水來。」葉盛《送陳教諭詩》：「鄉書才領到南宫，又捧除書下辟雍。三策未須陳激切，一經先爲講從容。蘼蕪緑似煙中水，檜柏青於雨外峯。莫謂冷官棲下邑，古來司馬擅儒宗。」　陸　奎。成化乙酉。後中進士，居天恩橋。邑志作馬陸邨，誤。熙案：友人封導源爲予言，今馬陸邨尚有奎故宅。况馬陸以馬姓、陸姓居此得名，陸即奎也。然則史亭謂邑志誤，不知何所據？或以奎進士坊建於天恩橋西，遂以爲居天恩橋歟？　楊　錦。成化丁酉。後中進士。　王　春。成化庚子。見《賢達傳》。　徐　恂。成化癸卯。見《賢達傳》。張昇《送徐信夫大尹之官詩》：「衣冠初换下皇都，大邑横琴屬壯圖。八日計程家最近，一廉之任政堪敷。堤封獨喜江兼海，鄰邑誰分越與吴。雲路已傳消息去，喁喁黔首盡歡呼。」　甘元雋。正德丙子。見《文學傳》。　張　楙。嘉靖丁酉。後中進士。　張　任。嘉靖癸卯。後中進士。　李汝節。嘉靖乙卯。後中進士。　王　圻。嘉李先芳。萬曆壬午。後中進士。　李名芳。萬曆己卯。後中進士。　張恆。萬曆己卯。後中進士。　李名芳。萬曆丙午。見《文學傳》。　汪明際。萬曆辛卯。後中進士。　張其廉。萬曆辛卯。後中進士。　李流芳。萬曆丙午。見《文學傳》。

萬曆戊午。見《文學傳》。

明　進士

陸　奎。成化己丑張昇榜。字文曜，官工部主事，改南京禮部。張泰《送陸主事奎之南禮部詩》：「登科十載始爲郎，笑領除書出建章。帝里重游非去國，仙舟南泛似還鄉。陸修舊秩宜祠部，謝傳高情樂建康。公事不妨三禮外，澄鮮山水入吟囊。」　楊　錦。成化丁未費宏榜，見《賢達傳》。王鏊《送楊尚絅進士歸省詩》：「朱書華燭夜縱横，忽見篇章眼獨明。暗裏投珠人莫顧，空中懸鑑我何情。相逢一笑平生友，此去重來幾日程。路指婁江東下急，唯亭斜日暮潮生。」　張　任。嘉靖丁未李春芳榜，見《賢達傳》。　張　棻。嘉靖庚戌唐汝楫榜，見《賢達傳》。　王圻。嘉靖乙丑范應期榜，見《文學傳》。熙案：應見《賢達傳》。　李汝節。嘉靖乙丑，見《賢達傳》。　張恆。萬曆庚辰張懋修榜，見《賢達傳》。　李先芳。萬曆己丑焦竑榜，見《賢達傳》。殷都《送李茂實參知入蜀詩》：「參藩又見益州來，奉使初從上黨回。路出劍門天下險，人知籌筆異時才。輶軒計日行應到，閶闔排雲叫未開。莫謂道難惟有蜀，中朝何地不危哉！」「看君未受二毛侵，豈以參藩歎滯淫。夕省人皆焚草去，春谿客自浣花臨。三聲縱下聽猿淚，九折難忘叱馭心。但使上能憂社稷，孤臣入峽不知深。」　李名芳。萬曆壬辰翁正春榜，見《文學傳》。　張其廉。萬曆乙未朱之蕃榜，見《賢達傳》。

國朝　貢生

項思尹。順治五年副榜准貢，見《文學傳》。　陳其文。順治六年恩貢，本姓蔣，字文若，廣東大埔縣知縣。

陸其賢。順治十一年恩貢，後中舉人。　張誼思。順治十三年歲貢，見《文學傳》。　吴鼎位。康熙十三年歲貢，見《文學傳》。　李　貞。康熙三十九年歲貢，改名正，字裳吉。儀徵縣訓導，遷懷寧縣教諭，未任歸，壽九十有五。　宋國琦。康熙四十七年副榜准貢。本姓汪，字敏恭，上海籍，霍山縣訓導。　江　暉。康熙五十一年歲貢，字含青。　董德華。康熙五十九年歲貢，德其從弟。熙增。　曹起良。康熙六十年歲貢，字賡臣，府學。熙案：邑志居城。　江良璧。康熙六十一年歲貢。字瑞玉，桃源縣訓導，未任。　周　昱。雍正元年拔貢，後復本姓葉，又中副榜。　王世樞。雍正六年拔貢寶山學，後中舉人。　周　昱。雍正七年副榜准貢，後中舉人。　汪尚復。乾隆九年副榜准貢。熙增，見《文學傳》。　徐樹紳。乾隆十六年歲貢寶山學，見《文學傳》。　陳大模。乾隆二十四年歲貢。熙增，見《文學傳》。　王　紳。乾隆二十八年恩貢。熙增，見《文學傳》。　陸　鏡。乾隆三十二年歲貢。熙增，見《文學傳》。　張式慎。乾隆戊申順天副榜准貢，後中舉人。

國朝　舉人

陸其賢。順治丁酉順天榜。字佑公，科場事起，召覆試七藝，立就，免議。未仕。　董德其。康熙戊午，字屺瞻。熙考邑志，列入科貢，而《流寓傳》云：「由松江寓居廠頭。」張承先里志不載。據邑志，居廠頭也，然仍入《孝義傳》，則又以爲里人矣。傳中未著科目。楊志達里志，列入科貢中。楊志輯於康熙壬辰間，相距不遠，見聞必真。或德其實寓居南翔，故據楊志增入。　陸廷璧。康熙癸酉，見《文學傳》。　董　宏。康熙辛卯。字育萬，青浦籍，德其孫，後中進士。熙考邑志，董德其已列科貢，何以獨遺其孫？張承先里志亦失載。今據楊志達志增入。　葉　昱。雍正乙卯。後中進士。　王世樞。雍正乙卯，見《文學傳》。　陳耀。乾隆丙辰恩科，見《孝義傳》。　李夢璁。乾隆辛酉。後中進士。　王處厚。乾隆丙子。後中進士。　陳時雍。乾隆壬申恩科。熙增，見《文學傳》。　陳時敘。乾隆丙子。後中進士。　朱掄英。乾隆庚子。後中進士。　朱勳。乾隆庚子。字懋常。熙增，官福建，甌寧、福清、沙縣知縣。　李賡芸。乾隆丙午。後中進士。　江萬泉。乾隆戊申恩科。字崙發，現官昭文縣訓導。　張式慎。乾隆己酉順天榜。字德華，大挑河南試用。歷署新鄉、淇縣、武陟知縣。　汪顯第。嘉慶戊午。字覲揚。　張秉機。嘉慶辛酉。字虞度。

國朝　進士

董宏。康熙壬辰王世琛榜會元、庶吉士。熙考邑志及張承先志，俱失載。楊志達里志輯於是年。是其及見者，斷不誤也。今據楊志增入。　葉昱。乾隆丙辰金德瑛榜，見《賢達傳》。　李夢璁。乾隆壬戌金甡榜，見《賢達傳》。　王處厚。乾隆己丑陳初哲榜，見《賢達傳》。　陳時敘。乾隆己丑。熙增，見《文學傳》。　朱掄英。乾隆辛丑錢棨榜，字舜鄰。熙增，官太平、鎮江二府教授，遷翰林院典簿。現假，在籍。　李賡芸。乾隆庚戌石韞玉榜，字生甫。由浙江孝豐、平湖知縣、處州府同知、嘉興府海防同知，歷署德清縣知縣、温州府知府、杭州府西塘海防同知、嘉興府知府。兩署台州府知府。今陞嘉興府知府。

熙案：原本此下有例頁一條，今從節。

薦舉

明　張　宸。洪武間，辟署本縣學訓導，入中書，見《文學傳》。

熙案：原本此條在《雜進》後，今移於此。

例選

明　陸仲宏。字子寬，太常寺協律郎。　蘇　玉。字荆之，山西大同府知事。　陸　忱。字衷一，官誥敕中書。　陸　懋。見《孝義傳》。　錢　慎。字謹夫，光禄寺良醖署署丞。　彭廷選。字僉舉，上林苑良牧署録事，陞光禄寺監事。　陸　愻。字讓之，南京驍騎衛經歷。　楊　浤。字惟深，廣東番禺縣主簿。　張子愛。錢塘縣主簿，見《封贈》。　張子敬。字原義。江西烏子驛丞，在任設糜粥給囚，製藥療疫。　張子曜。字原韜，江西泰和縣主簿。　張　梓。字子道，鴻臚寺序班，遷司賓署丞。　陸縄宗。見《孝義傳》。　沈秉直。字鴻霄，浙江蕭山縣主簿。　陸天衢。字道行，江西都昌縣典史，廉能勤慎，立碑頌德。遷湯谿縣縣丞。　張　沛。字世德，浙江浦江縣主簿，調蕭山。　李文邦。成山衛指揮使。　張元焕。字伯徵，山東臨清州州判。　閔士籍。字明卿，由光禄寺良醖署署正，歷河南府通判，署汝州嵩縣兩篆。　李傳芳。字仲台，南直左屯衛經歷。李三芳。字若滋，定海縣縣丞。陸邦封。字南阜，永嘉縣主簿。甘穎昌。字薷成，湖廣長沙府湘陰縣縣丞。

國朝 石瀟。見《文學傳》。顧元京。本姓汪，字令貽，太倉籍，蒙城縣教諭。丁艱起復，補宿松，卒於任所。吴翔。字丕能，蘇州府學貢生，山東嶧縣知縣。熙案：其曾姪孫曾顯云：係選貢。查府志、邑志，俱未載。汪光祥。字旋士，徐州訓導。倪沈暘。本姓陸，見《文學傳》。滕文昭。字綉孫，桃源、建平二縣訓導。程里。字雲萬，黟縣訓導。陸廷燦。見《文學傳》。汪旭。字晉臣，正白旗教習。程侯本。熙增，見《賢達傳》。江宏謨。字岷雪，青浦籍，國子監典籍。汪尚珵。字襄美，户部分司督理大通橋運務、候補知州。程士棠。字懷三，無爲州黄雒河巡檢、署合肥縣縣丞。葉書雲。字紀祥，順天府霸州吏目。汪士鈺。字胥範，廣西奉議州掌印州判，遷河南禹州知州。嚴鈺。字實庭，南河吏目，借補清江閘官。後以新例回避東河。熙增：精於繪事，恭逢高廟南巡，兩次獻畫，俱蒙賜大緞一疋。現假歸。姚廷標。字錦揚，休寧籍，廣西茗盈州吏目。李大章。字漢昭，浙江新昌縣典史。陳邦耀。字迪光，廣東連山縣典史。

熙增：姚元烺。字明之，湖北隨州州同。陸振書。字思健，雲南姚州吏目，現官中城兵馬司吏目。

熙案：原本有捐納職銜，今從節。

雜進

明　陸光宗。字賴之，雲南衛經歷。　張　仕。見《孝義傳》。　陸　球。字國賓，歷南京丙字庫大使、桂林府知事、桃源縣縣丞。　陸思忠。字東濱，潯陽驛丞，遷萬全都司倉大使。　吴思信。字約庵，京衛經歷，遷江西都司斷事。

徐士晉。字康侯，廣西象州吏目。　沈允芳。字嶼山，山西布政司照磨，遷大同府經歷。　吴之良。字文庭，雲南提舉。

國朝　吕德音。字乃安，山西襄陵縣縣丞。　吴之彦。字儆庭，京衛經歷。　陸君宸。杭州前衛經歷，未任卒。

陸之翰。字景彝，侯官縣巡檢。　沈日義。字公焕，南城兵馬司吏目。　孟汝俊。字啟人，廣東南雄府經歷，遷眉州知州，未任卒。

張　容。字德大，南昌府檢校兵馬司吏目。　石儼城。字擁書，歷廣東烏石、歸陽二縣巡檢。　邱　芳。字文佩，廣東東安縣巡檢。　丁毓秀。本姓趙，字蜚英。南陽府經歷，陞陝西布政司經歷。

武舉

明　李自芳。萬曆庚子科。　吴之偉。字雅庭。北榜，京城把總，科失考。

國朝　程　豐。康熙壬子科，字豫章。　王　繹。康熙辛卯科。本姓陳，字書五，臨清衛守備。才品爲張清恪所重，居官廉慎，卒於任。沈德潛有傳。　張攀龍。乾隆戊子科，字廷彦。

武秩

宋　朱存仁。見《賢達傳》。

國朝　陸士珍。熙增，見《賢達傳》。以下熙增。　張永俊。江蘇撫標把總。

封贈

明　成化陸孟宣。以子愉封文林郎、寧晉縣知縣，見《耆德傳》。　弘治楊　瓊。以子錦封奉政大夫、刑部郎中，見《耆德傳》。　嘉靖張玘。字承父，以孫任贈通奉大夫、山西布政使。　張子愛。以子任封承德郎、工部主事，晉封中憲大夫、嚴州府知府，贈通奉大夫、山西布政使。見《耆德傳》。　張　沂。以子梓貤封登仕佐郎、鴻臚寺序班。　隆慶李文邦。以子汝節贈奉訓大夫、安吉州知州。　萬曆陸　溆。以子球貤贈登仕郎、南京丙字庫大使。

李汝節。以子先芳贈大中大夫、四川布政使司參議。見《科貢表》並《賢達傳》。　閔尚廉。以子士籍封儒林郎、光禄寺署正。　崇禎張襲隆。字綦仲，以子景韶贈儒林郎、光禄寺署正。

國朝　康熙石有聲。字吴嵒，以子瀟封徵仕郎、霸州州判。　陸培遠。以子廷燦贈文林郎、崇安縣知縣。

見《耆德傳》。程恆吾。名德遠，以字行。以孫侯本貤贈中憲大夫、寧國府知府。程時彦。以子侯本贈中憲大夫、寧國府知府。見《耆德傳》。董　葵。字向日，以子宏封文林郎、翰林院庶吉士。熙據楊志增入。乾隆石崧。字于宣，以子儼城貤贈登仕佐郎、烏石巡檢。葉啟津。以孫昱貤贈承德郎、户部四川司主事。葉天錦。字九思，以子昱封承德郎、户部四川司主事。王政惠。字德頌，以子世樞貤贈修職郎、崑山縣教諭。李萬春。以子正貤贈修職佐郎、儀徵縣訓導。程文鍇。字策安，以子士棠貤贈登仕佐郎、無爲州巡檢。陳上益。以曾孫時敍貤贈文林郎、安慶府教授。陳孫蘭。以孫時敍貤贈文林郎、安慶府教授。陳孝諧。字夔若，以子時敍贈文林郎、安慶府教授。王　杰。字酉三，以孫處厚貤贈文林郎、潁上縣知縣。王　紳。以子處厚封文林郎、潁上縣知縣。見《科貢表》並《文學傳》。嚴時升。字曰旦，以子鉦貤贈登仕佐郎、清江閘閘官。李天璘。字彬仲，以子大章貤封登仕佐郎、新昌縣典史。陸　澂。字澄川，以子振書貤贈登仕佐郎、中城兵馬司吏目。

熙案：原本有遵例受封，今從節。

熙增：

乾隆姚廷標。以子元烺贈儒林郎、隨州州同。朱永嘉。以孫掄英貤贈文林郎、太平府教授。朱瓚玉。以子掄英贈文林郎、太平府教授。見《鄉飲》並《耆德傳》。李　芳。字光度，以孫賡芸貤贈文林郎、孝豐縣知縣。嘉慶李夢璁。以子賡芸贈文林郎、孝豐縣知縣，晉贈奉政大夫、嘉興府海防同知。見《科貢表》、《賢達傳》。李鳳池。字綸美，理問銜，以姪賡芸貤贈奉政大夫、嘉興府海防同知。朱思濬。字禹昌，以孫勳貤贈文林郎、甌寧縣知縣。朱　枚。字西懷，以子勳贈文林郎、甌寧縣知縣。

廕敘

明

萬曆張其廉。以父任廕太學生，後中進士。見《科貢表》、《賢達傳》。張景韶。字公紹，以曾祖任廕太學生，歷官刑部雲南司郎中。見《賢達傳》。

南翔鎮志卷六

人　物

古今來地以人傳。槎里褊小，而尚論其人，如張司馬、李給諫、李庶常兄弟，其勳業、讜論、文章，炳天壤而光史册，豈一鄉一里之人哉！若夫處草莽，而行有足取，藝有可觀，名流僑寓兹鄉、女子守義自誓者不勝書，而不可不書也。至於佛老之徒，其志行高潔，足以傳世者，附諸簡末。志人物。

賢達

宋

朱存仁，字德甫，仕至桂林宣撫使。操履端嚴，以忠義自矢。時國勢日危，憂憤成疾，卒。遺表有云：「食君之禄，不及安君之國，死有餘愧。願爲厲鬼殺敵，報君恩於地下。」又戒子孫不得輕仕，以重我罪，人比之宗留守云。

明

陸愉，字以和。少以經濟自期，從葉文莊盛游，究心今古之學。天順間歲貢，知寧晉縣。興學校，築城濠，招流移，濬河以資灌溉，百廢具舉。歲饑，請於上，豁積逋四萬三千餘兩。秩滿赴京，忤中官汪直，遂告歸終養。後起補浙藩經歷。祀寧晉名宦祠。

葉盛《題〈木石圖〉送陸愉尹寧晉》：「蒼蒼古木石更更，晝史於君似有情。此去好令民吏悦，木同高潔石同貞。」

楊錦，字尚絅，成化丁未進士，官刑部曹郎。宅心平恕，屢雪疑案。擢江西按察副使，適贛州寇起，株連平民，鞫釋甚衆。晉廣東按察使。錦有文譽，禮闈出王文恪鏊門，爲文恪器重。性至孝，身既貴封公，素卞急，猶引罪受杖，侍奉彌謹。

王春，字景元，性恬退，與物無競。由成化庚子舉人，授浙江建德知縣。以才能改江西德安。爲政公廉，嚴於治盜，邑中夜不閉户。去官日，民扳轅塞道。常御一袍，終任不易。及歸，杜門卻掃，日以文史自娱而已。

徐恂，字信夫。成化癸卯舉人，知嵊縣。鋤奸剔弊，修《嵊志》，編《清風祠録》。課最，改南靖。值海寇薄境，恂環栅爲壘，募驍勇者教之兵，擐甲擊賊，俘斬數百人，餘衆遁去。

捷聞，賜綵幣。以勞瘁卒於官。縣故有過山錢，爲民患，恂至，裁罷，未及著爲令。及卒，民泣曰：「過山錢又自此始矣。」子焕，字堯文，博學篤行，有父風。

張任，字希尹。嘉靖丁未進士，除都水主事。督造漕艘於淮浦，句稽斂散，宿猾袖手，積贏羡輸縣官，多至八萬有奇。入爲員外，拂柄臣意，外補判大名。量移嘉興同知。倭寇侵境，軍費不貲，偕郡守同心撫禦，民得安堵。遷袁州府。袁爲柄臣鄉，首除其積横，舍人子餘，一切繩之以法。以母憂歸。服除，補嚴州。督鹾政者，所至責供億甚汰，獨戒勿溷張守、海令。時剛峰瑞令淳安也。晉山東按察使，參貴藩。轉陝臬。聞父病，棄官歸。萬曆改元，起補浙江右布政。旋移山西左使。以執政薦，持副都御史節撫粤西。屬境苦旱，特題蠲賑。時八寨蠻連龍哈、咘咳并爲十寨，憑險出没，數爲民害。公爲久安計，疏請大征與總督劉堯誨分道進兵，公由西道直搗其穴。不三月，而盪平之。捷聞，璽書褒勞。復條上善後七事：一、設三鎮，以重彈壓。二、屯三里，以樹聲援。三、分汛地，以重責成。四、遷衛所，以振武威。五、議屯田，以示優恤。六、開道路，以通險阻。七、議糧餉，以裕經費。悉見施行。及卒，朝廷憫其盡瘁，贈兵部左侍郎，賜祭葬，廕子其廉入胄監。

張棶，字子培，嘉靖庚戌進士，知福清縣，廉明仁恕。丁外艱，補孝豐。其民采礦，率阻險爲賊，以德撫之，黨悉解散。又均田賦，以寬貧民。進南京兵部職方司主事。南京歲造馬快船，畿輔及江西、湖廣逋料價八十餘萬，以廉還賚敕往案。歷三十餘郡，一意求民所便，無敢以餽遺溷者。遷車駕司員外。母病，欲移告，未及，卒。事嫡母孝謹，資産悉推於弟，殁無以殮，篋中止二十金而已。

王圻，字元翰，嘉靖乙丑進士，除知清江縣，調萬安。入爲御史，劾中官罪狀，論邊臣欺罔，前後與江陵、新鄭相齟齬，謫判邛州。尋遷曹縣，守開州，陞湖廣提學僉事，晉陝西布政使司參議。歷任廉潔，有惠政，拔取多知名士，屏絶干請，所在祠祀。年未艾，告養歸。日仰屋梁著書，踰耄猶篝燈丙夜不輟，行世者多至三十餘種。屋臨吴淞江，田最汙下，濬河以備蓄洩，懇上臺改折漕糧，且請散官甲以代本圖徭役，同圖之民安耕鑿者五十餘年。年八十五卒，祀鄉賢。熙案：原本入《文學傳》，今移於此。

李汝節，字道亨，嘉靖己丑進士，授安吉知州。州地多積窪，民病墊溺，築石隄三十里。又田多不實，屬耆老操册履畝，微行覆驗，清覈計千頃。入爲刑部員外。左遷饒州府判、同知登州府。登海瀊禁綱疏闊，閭左往往探丸爲奸，次第以計擒之，民始知畏法。事聞，有白鏹之賜。病歸，旋卒。

張恆，字伯常，萬曆庚辰進士，知茶陵、興國二州。入爲刑部副郎，恤刑浙江，多雪冤獄。同郡大冢宰屬免重囚，卒按如律。晉正郎。出知建昌府，務清靜簡易，每片言折獄，號「張半升」。因獄至不留候鞫者，不煩宿舂也。嘗白一無罪之士，士暮夜謁閽者獻金，立麾之而褫閽者。盱江故有橋税，中璫議加額，恆白中丞夏良心，以故事太守例入羨金五百兩，歸之公帑，税得不加。秩滿，遷臬副，分巡南昌。閹臣家與民爭湖利，兩臺檄議，恆毅然曰：「相國何籍此！」決歸民。敭歷中外三十年，中丞舉江右循吏第一。晉藩參，乞歸奉母。恆性恬退，不以名位爲念。歸田剳心理學，沈默著書以終。祀江西名宦、本邑鄉賢。

李先芳，字茂實，萬曆己丑進士。初官中書，公退，輒杜門校古今奏議。擢刑科給事中，章數十上，悉中時弊。溧陽富豪結閹寺爲奥援，營復錦衣職，密持重賄疏劾之，其人懼逸去。滇撫征緬，冒功殺人無算，即指實糾參，無所顧忌。户部主事某，索常州解户金不得，誣奏繫獄，具疏白其冤。遷四川參議。歲旱民飢，施救荒策，活民數十萬。不半載，卒於官，蜀人巷哭者累日。祀鄉賢。

張其廉，字伯隅，萬曆乙未進士。累官兵部車駕司主事，職南北館驛傳，立規條，減省歲所例供郵費。攝環衛及兩營馬政，並著能稱。庚子貳典湖廣試，從落卷中甄拔四十餘人，解元趙嗣芳其一也。時税璫横甚，求列名序録，持不可。轉禮部儀制司。荆藩妃冒乞名封，與尚書力爭不得，遂移疾乞改。當事者擬以南京吏部文選郎推之，不及任而卒。平生謹厚，不爲崖異，而是非所在，必衷於是。少負文望，詩藝推三百年内大家。嗣孫景韶。

張景韶，字公紹，承廕入監，授南京太僕寺典簿。累遷刑部主事，署郎中事，半載一清讞案。遷雲南司正郎。大司寇秦麓胡公器重之，十三司大獄多屬。會讞，凡涉矜疑，必爲平反，吏民交口稱明允。歸田後，邑將復漕，上書大司農，仍得永折。國朝撫按交起，辭以痼疾，顔其堂曰「止老」。卒之日，貧無以殮。

國朝

陸士珍，字瑞卿。順治初，任鹽城守備，漕帥廉其能，以武臣任民社題，署鹽城縣篆。有惠政。歷鹽城游擊，狼山、鎮江參將，温州副將。勦海寇，屢立戰功。疾作，告歸東甌，與張、石二總戎同立生祠。（熙增）

葉昱，字炳南，少爲高才生拔萃入國學。乾隆元年，成進士，舉鴻詞科，未赴。授户部四川司主事，轉雲南司。癸亥、甲子間，淮、揚、徐、潁諸郡疊被水災，議蠲賦，督撫核覆，在案同官執漕糧例，不並蠲，駁摘再四。昱懇堂官疏請邀俞旨，五十餘萬積逋並免。遷貴州司員外郎、陝西司郎中，擢長蘆鹽運使。告歸，家居養静，垂三十年，年八十四卒。（熙增）詩、古文卓然成家，書法遒勁，畫墨菊有别致，人爭寶之。案原本祇傳政績，字畫雖緒餘，今已傳世，似不可缺。

李夢瑭，字登五，乾隆壬戌進士。初除江西萬安令，歷建昌、樂安、信豐、臨川、上高、鄱陽、弋陽、贛等縣，署饒州、贛州二府同知，寧都、直隸知州，贛州知府。所至以廉能稱，每引斷不泥律。嘗曰：「律設大法，禮順人情。人以律入情，我以情入律。」知贛縣，籲豁屯田浮糧萬餘兩；著《屯田議》，條析利病，以告後人。性亢直，幾二十年官不遷，後以罣誤入都，起補湖北安陸，未赴，卒於都門，諸同人醵金以斂。

程侯本，字漢封，由青浦庠貢入成均。效力南河，銓授正定同知。聖祖仁皇帝南巡，駐蹕恆山，召見，賜克食。丁内外艱，服闋，補寧波同知。乾隆二年，晉寧國知府。民俗多棄女不育，出示禁止，動之以情，諭之以理，後遂無有蹈前轍者。戊午歲荒，多方設法，以拯飢民，均沾實惠。莅宛三年，引懸車義以歸，惠政至今猶挂宛郡人口。（熙增）

王處厚，字大惇，乾隆己丑進士，授安徽潁上令。縣治之八里垛鎮，民回雜處，俗極强悍，械鬭時，人動以千計，善良難安枕。庚子秋，爲某獄嚴鞫得實，回民穆順等五人，概擬重辟，俗始寧謐，鎮民立碑頌德。邑有書院，坍塌幾廢，捐俸修葺，勸紳士佽助，捐置膏火田二百餘畝，延名宿按期課士，文風大振。在任二年，以勞瘁抱羸疾告歸。卒，囊橐蕭然，貧過於昔。生平博覽强記，詩、古文皆爲名公卿賞識。

孝義

明

陸懋，字允迪，幼聰慧，書過目通大義，由郡庠入太學。授禮部司務，丁外艱。後患咯血證，不復仕進。平生自禮義廉恥大界限，至居處步履之節，畫綫而蹈，尺寸不踰。歲荒，代賠佃户逋糧，致家中落。二子承宗、紹宗，復以孤童，丕振前緒，兄弟友愛，白首同居，家人皆化雍和。

朱檄，字子信，父受誣被逮，挺身赴臺，籲冤獲免。妻不悦於親，出之。於族之孤寡，周恤備至。鄰家失火，路遺一器，拾歸，旦往還之，其不苟如此。

張仕，字宗學，少司馬任從弟。以軍功授涇陽丞。父好樗蒱，負則不悦，仕令與父博者詭不勝，而潛償其錢。又好飲，每佳辰赴所親飲，仕必丙夜扶掖抵家，命其妻再治酒饌以進。及寢，俟熟睡乃退。父病，焚香籲天，願減算以益父壽，尋愈。王道通爲立傳。

陸繩宗，字步先，由妻庠例入太學。授寧府典簿，改撫州照磨。母孫氏病目，日夕焚香，禮空晨起，盥漱舐之。歲餘，母目復明。母殁，廬墓終其身。

沈應宿，字承槎。萬曆間，連解北運，事畢，邑令柴紹勳諭令舉人自代，久之，竟無所舉。令詰之，答曰：「某之力尚堪一充，他人當此，必破家矣。某不忍也。」令爲嘉歎，給「義洽一方」額奬之。後啟、禎間，同里金汝礪亦以北運毁家，終其身無愠色。

顧嘉猷，字星海，幼有至性，侍父母側，不命之坐，不敢坐；不命之退，不敢退。朝夕視膳，雖甚飢，必待親舉箸而後自食。平生一無嗜好，惟依依孺慕而已。曾孫楷，痛父死非命，終其身無喜色，事母以孝聞。

李繩之，字受伯，參議先芳長子。參議卒於官，千里扶柩歸葬，廬墓三年，每日繞塚號呼者三。參議祠鄉賢，感從祀之濫，泣而抱主歸。讀書勵名節，布衣蔬食終其身。東林諸君子推爲真孝子、真道學云。

顧茂卿，字□□，家貧，能順父志。父好醵飲，日與酒，貲乏則以物質肆中，俾父常得歡飲。夜則伺門外，風雨之夕，父或沾醉，負之以歸。

楊繼祖，字復初，臬使錦八世孫。衷麻控父仇於直指使者，直指命講忠孝二字，語見血性，直指立雪其冤。子瑨、璘，並庠生，兄弟式好，白首無間。

國朝

陸士元，字長卿，好施與，識量宏遠。崇禎辛巳、壬午大饑，煮糜以活飢者。申酉之際，萬户岌岌不自保，士元慨然傾家財以紓難。南翔合鎮雞犬不驚，賴其力也。

吴自懋，字爾修，年十四，父没寶邸。時流寇猖披，自懋從兵戈中，負周歲幼弟，奉母間道歸里。黄渡陸某病篤，以愛妾、千金相贈，正色曰：「某不爲非理事，當擇人而嫁之。」陸殁，卒踐其言。客青口，遇盜，既自免，仍以腰間所繫三百金，代人乞命。生平好義，多類此。弟自慤，字衷愫，至性過人，母、兄殁，事之如生。

羌世隆，字仰峰。樓居，供二親像，每食，必先置像前一果品、梧酒，不供不食也。崇禎己卯歲祲，命子懋功、懋德，以麥八百石磨麪作餅，於白鶴寺鳴鐘集衆，每人給餅二，又錢十文，如是者數月。懋德字尚之，攻詩文，樂善不倦，承父志，於蘇郡各境施綿衣及銀。曾孫同，諸生，工繪事，花卉小景有致。

董德其，字瞻屺。蚤喪母，父娶後妻。德其舌畊以養家，雖貧，親所欲得，必委曲致之。嘗爲論述古今，親爲霽顔。戊辰春闈，某公欲羅致門下，造謝曰：「某非不感厚意，恐無顔以見先人。」蓋是時，親已違養也。某公歎息而止。

趙大榮，字君錫。性伉爽，以古人自期。客游清源，有親陳某置妾，值流寇難，託大榮而歸。妾旋生子。寇退，大榮挾妾母、子並妾之孀姊共歸。每夜，抵逆旅，閉婦稚一室中，自卧簷下。閲兩月，始達里門。妾姊感其德，願爲小婦以報，峻拒之。在都中，同邑陳會甫解糧至，屬疾卒，以囊金代完，送其喪還。大榮與會甫初識面耳。其好義如此！

張鴻磐贈詩：「夙許才名補俠林，俄聞佳話使人欽。三年結客傾燕市，千里傳聲重季心。蚤識藏珠應照乘，終教合璧易輕金。相逢一笑嫌相問，蹈海何人意更深？」

金紱，字聖來。生平無疾言厲色。父好飲，每赴宴，必丙夜，紱恆攜燈伺門外，俟出，則扶掖以歸。父寢疾，竭力醫藥；病革，割股煎湯以進。子應麟，以孤童起家，負時望。

夏之瑚，字宗彝。事父至孝。父病，籲天請代，病革，剖胸割肝以療，邑里競爲詩歌以贈之。

夏孝子割肝事，在康熙乙丑間，時聞志已竣。乾隆元年，程邑侯修志，采訪及之，爲同局某沮，失載。未幾，某患肝疽死。

張凝元《夏孝子詩》：「夏孝子，生長於嵺之槎里，至誠一念格神明，血性何曾讀書史。奉親雖苦家窶貧，朝夕歡顔承甘旨，一朝親病心憂危，力竭參苓與祈祀。已判此身代父身，猶虞刲股難起死。夏孝子，四更默禱小樓中，晨鐘初動曉月底，砉然剖胸如剖空，赤肝一片隨霜匕。投湯跪進父少瘳，胸無痛楚亦無痏。夏孝子，誰非父母所生兒，兒身原屬毛與裏，奈何自謂讀書人，内行幾曾芬頰齒。似子方爲克事親，我曹無乃犬與豕，援豪再拜爲大書：夏孝子，鬼神四面驚嗟爾。」

倪國柱，邑之糧排。順治十四年，江寧運軍，謀加行月糧，稱「加漕」，派折五州縣。嘉定獨五萬三千有奇，合邑騷動，莫敢言者。國柱偕陸德秀，挺身爭之，具揭匍匐赴京陳訴，得少裁。衛弁深惡之，賄左藩，提訊兩人，言不移杖而荷校，遂殺之。初，倪、陸入都，寓倪國鑑家。國鑑，邑人，義重桑梓，協力以求濟，卒至傾家。邑人稱「三義」云。

童世豐，字譽吉，庠生。父病，躬湯藥、不解帶者三月。父欲食粥，口嚼以哺父，誤咬其舌尖血出，忍痛不言。及卒，負土營葬，哭泣過甚，致左目失明。與弟貢生孝本友愛，白首無間。孝本字征吉，雅好詩，見賞於前哲。嘗偕其兄葬族之不能葬者十餘喪，風義尤不可及。同時陸元恕，字仁懷，每食必以甘旨供母，年踰艾，出入恆稟命。先母二年卒，彌留之際，抱母不舍，呻吟再三而絶。

江愷，字元叔。父東陽與兄東陵，並有詩名。愷至性過人，父有疾，目不交睫，以侍湯藥。疾革，割股肉，雜藥以進。時父已絶粒，復延數日。屬纊後，哀毁苫塊，杖不能起，尋卒。

高宏祚，字永建，由青浦徙居槎里。業縫衣，竭蹶養母，里人爭贈詩歌，遠近聞風稱孝子。邑令楊上其事，得邀旌表。同時陸文桓，任俠好義，父病，兩刲股以進。

陳燿，字照宇。乾隆丙辰，開科鄉舉。家故饒，至燿中落，業醫以供二人甘旨。慮弟宏勳以家累荒學，竭力獨支門户。宏勳，字瑶山，工詩文，食餼於庠。

熙增：

陸應霖，字在三，少孤力學，未弱冠，即授徒里中，資館穀以奉孀母。仲兄殁，事嫂撫孤，未嘗分畛域。弱弟幼妹，更教養周至。攻舉子業，入邑庠。爲人外和内介，如渾金璞玉，粹然無疵。族黨中有以貧乏告者，分脩脯周之，不少吝。

李文錫，字九皋，四歲而孤，家貧。母程氏屑麥爲飯以自啖，而以精者食孤。文錫見母麥飯粗糲棘喉，輟箸而啼，不忍食其精者。自幼至壯，曲盡孺慕。殁後，值忌日，必屢呼母氏，繼以涕泗，純孝其至性也。家既饒裕，數周親友緩急。有窶人子負金，度其力不能償，即折券。有鄰侵其地者，讓不校。王光禄鳴盛爲傳，謂「持身接物，愷惻慈惠，洵不虚」云。以子鳳昌，贈朝議大夫。

文學

宋

黄聰，字孟謀，家貧，能好古，博覽强記。治平初年，以鄉貢進士謁選，得仁和尉，病足罷歸。益潛心問學，貴游至崑山，不輕通一刺。屋敝不蔽風雨，讀書談道以終。

陳之奇《寄題黃孟謀築居槎水》："「君子非無懷，不在所居宅。廣厦與華堂，寢處只六尺。顏巷一何陋，陶室一何窄！隨遇可逍遥，何必費經畫。孟謀有高致，抗懷自古昔。棄官擁書城，臨流講《周易》。百家兼衆氏，開卷自尋繹。投刺有貴游，欲見卒不獲。遐哉顏陶居，千古無異跡。」

明

張宸，字翰宸，與弟粹中並以文采知名，兼工書法。家鄰白鶴寺，盡取寺中藏經書之，有晉人風致。洪武初，辟署本縣學訓導。入中書，以撰慶賀表忤旨，被逮死。弟粹中，字翰音，國子生，尤工草書。同時趙某，字原鼎，亦以詩文名。

陸懋，字敬心，通古文辭，尤肆力於詩。所爲律絶，論者謂「如出水芙蕖，姿容可挹」。古體間出新調，而不失古意。卒不得志於時，以諸生老。

甘元儁，字舜登，正德丙子舉人，署定陶教諭。遷知陵縣。清潔自守，不能曲事上官，罷歸，宦槖蕭然。手不釋卷，晚以詩名。卒，有司爲之營葬。

陸有文，字載道，年十三，入松江府學，科試當食餼，讓於同庠山有年。平生博極羣書，尤邃於《易》，删定本義，以便誦習。子一範，甫成童，邑令使講《易》，如懸河瀉水，大加奬賞。年十七，補諸生。

張紀，字少南，少奇穎，書過目，輒成誦。學使者王拔冠九學，試以詩、古文辭，俱善。

爲人坦易，無少長相對藹如，獨不喜與富貴人游，見輒避匿。所著《弗存稿》。同里張德一爲傳。

張倬，字青遠，子敬子。善詩文，工書，與徐宫保學謨、殷職方都唱和。事從兄少司馬任如父，司馬卒，爲文哭之，情詞真摯，人爭誦之。

李元芳，字茂初，邑諸生。刻意爲詩，尤工七言長句。與弟名芳、流芳，並名噪詞壇。諸弟皆嗇於年，元芳獨壽考，卒年七十餘。

李名芳，字茂材，天資絶人，十餘歲馳騁文壇。吴興董宗伯延致家塾，塾中皆浙東西名士，名芳年甫十三，與爲頡頏。宜興令聞其異才，召面試之，頃刻數千言，宏麗無比。更命賦七言詩，歎爲王子安、李長吉再生。年二十八，登萬曆壬辰進士，翰林院庶吉士。明年卒。子宜之。

李流芳，字茂宰，一字長蘅。少有高世之志，不可羈紲。舉萬曆丙午鄉試，再上春官不第。天啓壬戌，璫燄方熾，公車抵近郊，賦詩而返，遂絶意進取。爲人和樂易直，外通内介，與人交，磨切過失，周旋患難，傾身無所避。家貧，資脩脯以養母，贏則以分窮，交寒士。性好佳山水，中歲於西湖尤數。至其書法，規橅東坡，畫出入元人，尤近吴仲圭。詩則信筆抒寫，天真爛然，在斜川、香山間。丑寅之交，明祚不振，流芳感慨時事，至泣下，遂病。病革，聞故人被放，詫歎而卒。子杭之。

汪明際，字無際，少孤力學，事母以孝聞，撫弟妹極友愛。移居東城。博涉經史，尤精《易》學。萬曆戊午，舉於鄉，謁選得壽昌教諭。讀書魏萬山房，倡導古學，僻邑風移。由國子監學録，歷大理寺都察院司務，陞工部營繕司主事，晉員外，告歸。科臣鄒士楷心儀其操，以書招之，不應。後以同官誤工諉卸，拜杖死。子彦隨。

汪彦隨，字子肩，崇禎癸酉副榜。痛父歿，嘔血歸葬，廬墓終身，足跡不入公府。邑中英俊多出其門。子來許，字昭兹，年十五補縣校，以「汲古」名臨池，亦有晉、唐風致，甫三十卒。

徐抱奇，字長孺。學有根柢，四明謝侯三賓目以國士，郡守孝感史公刻其文以傳。浮沈諸生中，爲農以老。

張廷棫，字子薪，兵部郎棶族子。工詩文，與李孝廉流芳、程山人嘉燧爲友。流芳稱其「骨清而堅，氣弱而恬，神悴而全」。族孫崇儒，字魯生，築招隱亭，名流多過從，觴咏風致，可想見云。

曹昭遠，字雅白，本姓張，少司馬任族孫。少力學，與同邑王簡平道通、嚴午亭衎以文行相切劘。又與同里吴自惺、張德一，號「槎谿三雋」。屢試京兆，不遇。息影花谿以老。仲兄夢符，字仲素；叔兄鴻升，字亦仲，並以詩名。偕從弟鴻磐，結文酒社，論者比之七賢六逸。

沈祁，字雨公，善詩，工繪事。家居，偕好友攜尊，看梅王庵，唱酬累日，作圖記之。喜山水，歷游匡廬、西華，溯錢塘，上下東陽兩峴間。謝侯三賓序其詩，以行世。

張德一，字吉士，幼從塾師讀書澹園，作《澹生說》及《憫旱賦》，爲前輩激賞。與羅陽王道通爲莫逆交，手定《簡平子遺集》，偕同人鏤版行世。

李杭之，字僧筏，流芳子，詩、文、畫、筆俱以父爲師。性放曠，甫强仕，即棄諸生，放浪山水間。内行淳至，父疾，刲股和藥以進。姪孤露者，撫之於家。好彝鼎古玩，然遇人困，輒贈之無吝色。獨不屑與俗子伍，見惡疾之如讐。崇禎末，爲亂民所害。

張鴻磐《李僧筏〈月泛圖〉爲友人歸子便寫春日偕過家仲素兄郊居景也。兵火後，流落肆間，洪伯常購得之。當日同泛諸子大半入鬼籙，惟予與仲素兄在耳，披圖憮然，爲題二絶》：「小李風流繼阿翁，蕭疎筆墨見心胸。一腔忠義猶難朽，腐骨何妨論自公。」「不堪滄海瞥揚塵，畫裏同游盡古人。獨我弟兄爲後死，空垂白髮對沾巾。」

李宗之，字彝仲，緇之之弟。年未冠，翩翩有秀望，婁東王文肅以女孫妻之。善書法，詩筆清綺，直壓元、白。蚤卒。子拱，字舜良，受書母氏，負才藻傲睨一世，結壇倡社，以聲氣自任。明末，攖觸羣小死。

國朝

徐時勉，字克勤，恂五世孫。淹貫經史，名在復社。崇禎庚辰歲貢，授陜西澄城縣。刻勵清操，見軍需日煩，歎曰：「吾安能朘百姓以全一官乎？」除縣猾，爲所中，罷歸。行囊無長物，邑紳孫弼明贈麥六斗，曰：「此非交際禮，聊爲使君數日糗糧耳。」精《毛氏詩》，四方學者宗之。

李宜之，字緇仲，名芳子。三歲而孤，母沈教育之。幼穎異，目數行下，讀書等身，四方名流歸之。叔父流芳，畏之如敵。七試京兆，不第，隤然自放，益博綜古今，著述充棟。申酉之際，鄉兵搆亂，三子被殲。時宜之客金陵，及歸，已無家矣。假居東城，没，其友張鴻磐葬之太史塚旁。

汪來許《贈李緇仲先生》：「巖桂從巃徑菊斑，秋明誰與映朱顔？蠻箋句裏豪供奉，錦瑟絃中老義山。花月三生同得主，風流一代獨相關。年來自會逍遥理，莫擬金莖問大還。」

張鴻磐，字子石，任從孫。父承寵，廩貢生，工文章，與兄承恩齊名，有機、雲之目。鴻磐少負儁才，以經濟自命。中年棄帖括，肆力於詩、古文詞。書法蒼勁入古。文相國震孟、范相國景文、黄相國道周、徐司寇石麒輩，爭折節下交。性好山水，時爲汗漫之游，足跡半天下。崇禎末，嘉邑奉朝命復漕，合邑惶駭。鴻磐走京師，以諸生伏闕上陳，仍得永折。司寇以人才薦，力辭不就。侯銀臺兄弟殉國後，竭力以庇其孥，遠近咸高其義。康熙間，舉鄉飲大賓，稱槎谿人瑞，年八十七。子誼思。

范景文《和張子石自題笠杖小像》：「丹青妙手有三丹，頰益三毛勝未安。瘦似詩王應戴笠，達如蒙叟肯投竿。感時自咏還吴句，忤世人嗤適越冠。只合置君岩石裏，最宜邱壑是孤寒。」黄道周和：「詩家别有握中丹，律韻如君陋建安。近輩幾人窺閫奥，聖朝何日下旃竿？客窗池墨增鑫限，借屋巢書笑塾冠。敢謂南州足幽賞，入秋詩語倍高寒。」

張誼思，字正起，才情豔發，如天葩吐芬，黄陶庵淳耀亟歎賞之。年十七，補諸生，餼於庠。與許潛壺自俊、周平園陳俶輩稱「疁城十子」，有文行世。順治年，以明經入對，卒於盜。

朱之璵，字魯玉，李孝廉流芳甥。經明行修，工詩詞，有舅氏風。家居教授，弟子多通經學爲諸生，祭酒朱南詢瀚其尤著者。從子組纓，字素持，亦工詩、古小篆，山水得前人遺法。

侯景勳，字道周，本姓練，明嘉定令達十一世孫。初，練公達殉國，子居練易姓侯，居邑城，六傳而遷槎之西郊，遞傳至景勳。景勳生而誠樸，宗法有宋諸儒，編輯其語録，與同邑侯、黄諸公爲友。諸公抗節，慟哭者累日。上海陸裒山起城比之陳舒璘。子晉錫，字接公，復姓練，呈請練公入名宦祠。

柯炌，字以傳，湛深經術，虚和退遜，靜氣迎人。嘗客游西湖、新安、閩漳、金陵，所至以詩雄壇坫。晚棄儒冠，從方外交，兼通二氏宗旨，而提攜後進之心，老而彌篤。聞人有善，惟恐其不揚。學者宗仰之，稱集庵先生。

朱瀚《寄集庵序並詩》：乙卯長夏五日，集庵衣絺戴笠，荷纖揮箑過予，謂予杜詩注頃，已覓船人郵寄吴門。其第二本即繕寫淨本寄去，勿怠。語竟，仍荷纖搖箑而去，予竊怪之。憶予數年來從事杜集，凡數易稿。當時自謂可傳於世，無何而情隨事遷，抛擲篋中，飽蠹魚腹，不復記憶矣。此何與集翁事，爲之汲汲然走權貴，攫金錢，不若是急也？是真有不可曉者。因賦一絶，俟異日有丹青手，畫一癯翁，衣絺戴笠，荷钁揮箠，袖銜一編，立谿步井亭邊，招船人口喃喃狀，命曰《寄詩圖》，並題予詩其上，傳之後世，未必不成一段佳話也。「絶憐避俗峨嵋老，翻作衝炎襏襫人。一片冰心千古事，後生誰識此翁真？」

項思尹，字莘友，賦質淳篤，專肆力於學。順治戊子，副榜准貢，授兖州府通判。一意撫恤，督視泇河，積年陋規悉裁之。以清節失上官意，量移左遷。歸家杜門讀書，貧過於昔。傷噯俗凋敝，芻言志警。當湖陸公令曙，甚重之。卒之日，貧不能殮。

項董桂，字韻川，諸生，偃蹇不遇。嘗曰：「硯田勺水即樂饑泌水之風。古人三徑蓬蒿，傭舂杵臼，行歌自得，先獲我心。」窮愁著書，至老不倦。

熙案：邑中友人秦子照若出所藏韻川先生《閱史紀咏》並《省鑒閒箋序》、《劍虹集序》示予。蓋康熙、雍正間人，自署「槎東某」，其爲里人無疑。又云：「先别駕平庵公，殆莘友先生思尹子也。」史亭失載，爰即其自序，仿彿其人，補爲之傳云。

陸一敬，字寅卿，年十五，縣試第一。赴道試，不遇，遂淡於進取。及萬侯任至，始再應試，仍冠一軍，補諸生。甲酉後，不入城市，搆林皋一區，讀書其中，時賦詩以見志。子俊彦，字宸求，崇禎末諸生，嗜學，積書至萬餘卷。

李安世，字古師，工詩、古文，兼精青烏術。才氣卓犖，不欲以書生自命。與孫學士致彌善，學士偕入閩，謁靖南王，王待以殊禮。晚歲戢跡槎東，卒。

金汝鈺，字玉函，爲人温厚，靜氣迎人，衣冠謦咳合先民典則，虞山唐雪井瑀器之。詩蕭閑蒼淡，有出塵之致，以諸生老。

李聖芝，字秋森，一字衡霞，明孝廉流芳孫。七歲能文，十四遭變瀕死。弱冠游郡庠，詩、古文瑋麗雄健，有倚馬萬言之目。入都，名動公卿，嚴司農沆謂「長蘅之有秋森，猶審言之有子美」。痛父杭之死難，刺舌尖血繪像，並生前冠履招魂具殮。見《確庵集》。又刺血書三千言，上中丞慕公。年七十餘，父忌設祭，慟哭仆地，曰：「吾父歿於乙酉閏六，中已三曆閏。今後值閏，我不復臨祭矣。」其至性老而彌篤。子禔、禊，另有傳。從弟昭，字東華。從子令，字孝先。並諸生，善詩、文。

附林大中《練雅》語略：近人但知南華宫詹之捷，不知前此衡霞之更捷也。戊午鴻博之舉，諸鉅公欲置剡章，卒以交讓不果。宋蓼天欲爲刻集，已屬山左霍觀察作序，又以事阻中止。吾邑八子，衡霞之才第一，而志不立傳。阨於身前，又湮於身後。嗚呼，文人命窮至此，夫復何言！

吴鼎位，字上加，歲貢生，任天長訓導。遷碭山教諭，訓士敦崇實行，署邑篆，有惠政，見《碭山志》。陞江寧府教授，編《江左闈儀録》風世。子箴，字雪臣，砥礪文行，受業陸清獻，飫聞緒論。

張凝元，字撫五，明刑部郎中景韶子，諸生。性嗜學，爲侯廣成、黄陶庵兩先生器重。中年抱篤疾，猶聚書日事校讎。覃精詩學，出入唐、宋諸家，於劍南、石湖尤神似。性耿介，恥希世干譽，有招之者，謝不往。陸清獻以「不苟」二字，概其品行。

林棟，字梁士，詩名甚重，江浩如詩云：「揮絃内子能操臼，咏絮生徒亦學書。」標格可想見。弟子嚴宗，字禋六，亦能詩。

張佳緒，字貞武，明兵部郎林之族裔，諸生。以詩自豪，筆老而益蒼，兼工繪事，時畫山水小景。爲人耿介有守，氣度雍和。趙進士俞誌其墓，比之黄憲。從子世昌，工詩。子鍾美，孫景芳，俱諸生，能畫，世其家。

張懿實，字德符，參政恒曾孫。少學於黄松崖淳耀，補諸生。入直言社，與四方名流相贈答。卒年八十。侯掌亭泓序曰「旨醇以深，格圓而栗，所言閎大而焯焯，得陶庵之真傳」云。

李煥，字雒文，與弟燧結社槎谿，同人唱和成帙，梓以行世。燧字先五。前輩張忍庵、陸菊隱，稱其詩清和妍雅。陸清獻有序，載《三魚堂集》。朱瀚《杜詩解意》，藉其力。子覲光，郡庠生，工時藝，試輒冠軍。

陸宏圖，字茂宏，松江府諸生，庠姓王。與弟名通均受上海朱瀚指授，寢食於古經史，百子紛披座右，制義以先正大家爲宗。九試棘闈，不遇，士論惜之。子祖裕，篤内行。孫銓，邑諸生，與同里范曦討論古今，著浮糧、均役等議，有關治體。

陸廷璧，字蛟文。安貧攻苦，年三十餘，補諸生。康熙癸酉，舉南闈第三。再上公車，不第。制府范公重其文行，延入金陵官署，課公子經。後公子亦總制兩江，終其任，不干以私。鄰邑令懷金請託，峻卻之。家居以醫濟世，壽八十八。

劉昆滔《贈同年陸素軒序》：曙之治有二陸先生，曰笏峯，曰素軒。笏峯文遠行達，非膠固迂腐之流；素軒文潔行峻，大異與時俯仰之士，余皆欽慕之。往莅兹土，即詢兩先生。笏峯居近治所，不鄙余爲俗吏，許以訂交。素軒尋以事赴白門，不得常常見。素軒先生，余鄉同譜也，聞其不入城市已十餘年矣。余以簿書繁冗，末由請見，秋以公事出，紆途造焉，始相識於白鶴寺中。去官後，詣其廬，親其風旨，誦其《自歎》詩八章，乃知向之不赴銓選，洵合大《易》所云「高尚其事」。且家居近市，户若塵封，與鄰里士夫幾不相識。倘少陵所謂「蓬門今始爲君開」耶！昔雲間二陸，以文章爲東南之冠，然文甚高，才甚俊，識猶不遠，有昧於既明且哲之義，至象山伯仲之理學，究與紫陽殊途同歸。素軒之文，遠宗機、雲，而尤妍精理學。讀末章「冰淵不弛」之句，足以廉立頑懦，不於鵝湖有光乎？或曰：道貴兼善，避世者或失之隘。夫學者誰不欲行，然無其遇，亦可以孝友施於有政。况槎里爲諸鎮之會，民稠俗靡，爭鬥刼奪之事時有之。又有力者，或結納胥吏，包攬詞訟，爲鄉黨害。滔滔者與槎水日下矣。嗟乎，不有君子，孰爲迴其瀾而障其川耶！他日我曰仕以行義，未之逮也，而有志焉。今而後，謝不敏願留就君，俟笏峯歸，三人共訂歲寒之盟，相隨嘉遁云。

石瀟，字天彩，太學生，例選直隸霸州州判。工詩，少與弟戴錦齊名。一行作吏，不廢吟咏。調興安州州判，王刺史委修《興安志》。戴錦，字天孫，膠庠老宿，爲吴門顧太史嗣立受業師。族兄綺臣，族孫大剛，俱能詩。

杜玠，字上琹，少作制藝，有奇氣。前哲黄陶庵、徐澄城目爲「文虎」。弱冠，專意爲詩歌，自《三百篇》迄有明，皆遍讀而深思之。茂苑沈石天録其詩，與陶庵、蘧庵並梓行世。

年僅三十而歿。

王灝，字默存，圻曾孫，上海庠生。禀承家學，詩、古文、詞俱有指授。壯歲游京師，不遇，歸，閉門著書以老。

汪友仁，字介眉，以能詩稱四方，名人逸士讀其扇頭所書一二章，珍如吉光片羽。許潛壺自俊序其詩行世。

陸沈暘，字登桑。幼能詩，補松江府諸生，庠姓倪。廩貢入京，廷對，受勤郡王禮遇。選霍山縣訓導，與修霍志。子書言、書旗，俱能詩，見《海槎唱和集》。熙增：曾孫焍，善詩，攻舉子業，爲名諸生。

勤郡王《贈別貢生倪沈暘》：「與君共莫逆，君即欲歸去。迢迢望舊鄉，悠悠涉長路。長路三千里，游子苦蚤暮。自言今歲返，聊同親故晤。復道明春來，常共朋友聚。燕臺有朋友，蘇臺有親故。一往復一來，離情生兩度。」王度《送陸登桑司訓霍山》：「才名投老寄微官，笑指闌干苜蓿盤。水向淮淝秋晼晚，山看梅霍碧巑岏。披雲截得乖龍角，瀹雪烹來小鳳團（地産木耳、六安茶）。司業倘逢尊有酒，風流何恨一氈寒！」

吴旦震，字坦士。幼慧，年十二，隨同里諸老宿唱和，才情焕發，川湧雲騰。編輯其受業師朱南詢《瀚遺集》，又自訂《訒齋詩文稿》百二十卷，俱手自鈔録。

楊志達，字戴仁。父世清，國子生，負才游秦中，佐某中丞幕，注《杜集》。志達游庠後，肆力於古，以著述自任。爲人性僻，多怪鮮可。嘗離家寓僧舍，輯《南翔志》，惜今稿本零落，傳寫多訛，有《畫餅詩文集》若干卷。

李禔，字雪岑，聖芝之子。紹家學，侍父遠游，客名公卿幕。歸購數椽，栽花種竹，以奉親，顔其齋曰「顔樂」。在京師，從周道生、陳其年討論古學，二人殁後，追稱爲師，祭執弟子禮。弟禊，字叔行，嗜酒，愛吟，工書。客游虞山，四方名士爭相結納，詩文信筆立就。蓋兄弟競爽云。禔自號「鐵頑道人」，禊自號「醉吟山人」。

隴西風雅，盛於長蘅先生，一傳而爲僧筏，再傳而爲秋森，三傳而爲鐵頑兄弟。雖老於幕府菰蘆，而躭吟嗜古，能不失其家學。鐵頑所著，如《春遊》云：「柳色淡拖春影緑，梅花晴挹雨痕香。」《人日》云：「元日酒連人日醉，西堂詩得草堂神。」《西湖》云：「晴湖萬頃蕩明月，遠火幾堆浮野航。」《郊行》云：「犢外笛聲催返照，鷗邊漁唱述平沙。」《述懷》云：「長親藥裹緣多病，偶讀詩書豈好名！」《軒居》云：「清池過雨寒於鏡，嫩草鋪煙薄似羅。」《遣病》云：「榴花向户紅侵簟，蕉影移窗緑上衣。」《雜感》云：「病嫌歌管尋僧舍，貧剩詩囊挂酒樓。」醉吟所著，如《書懷》云：「吟豪今古誰偏健，醉眼乾坤我欲空。」《漫興》云：「霜高木落天應曠，雨過嵐陰市蚤昏。」《春蒲。」《和友》云：「看竹已賒經月酒，評花憶欠去年題。」《初冬》云：「雨聲鶴嶼荒紅薜，水漲鷗汀滿緑游》云：「桃花香點吟衫溼，楊柳風吹酒旆横。」《遣悶》云：「望斷脊令天外遠，夢回蝴蝶雨聲長。」《山家》云：「禪關靜鍊天花影，虀甕寒餘水碓聲。」《獨坐》云：「情當有盡天應老，事到難平石始言。」《夜集》云：「遺興累君傾玉斝，天寒憐我剔銀釭。」《贈友》云：「覓句苑花紅襯屐，罷琴梁月白侵衣。」《郵居》云：「汀花影斷池塘午，庭樹陰濃院落深。」《行飯》云：「閒歌麥隴疎花落，小立桐陰宿雨乾。」句皆性情中流出，不假雕琢而自工。兩君殁而檀園之一瓣香遂熸，並血脉亦斬矣，可勝浩歎！

陸廷錕，字德純，未冠即有文名，擅長詩古，尤工駢體。王庶常晦以子妻之。與從弟廷鉉並登陸清獻之門，推爲膠庠彦士。

陸廷燦，字扶照，篤志好古，重訂嫣蜼子，唐、婁、程、李四先生，黄陶庵先生集，王司寇士正、宋太宰犖器之，羅致門下。以貢生司教宿松，遷崇安令。武夷在其封内，公餘，輒登臨觴咏，自號「幔亭」，衣冠舉止望而知非俗吏也。

張揆方《贈陸崇安幔亭》：「棣華書屋日遲遲，解組歸來鬢未絲。松菊平添彭澤興，江山盡入永嘉詩。三春閩海來茶荈，五月炎州致荔支。好與風流舊賓從，鬱林載石訪當時。」

陸硎，字樗似，敏行孫。才情敏贍，擅長駢體。以吴縣籍，補諸生。饑驅四方，年未艾卒。所著詩文，同里蔣熙梓以行世。

吕王輔，字庸五，丰姿秀雅。髫年應試，受知邑令黔陽王侯。入國學，屢試京兆。好友朋，耽詩酒，三吴名流傾心結納。無子。著《東萊草堂集》。

陳一韓，字希魏，少嗜古，不汩於俗學。尤精研聲韻，婁東唐考功孫華序其集。

王世樞，字斗初，天資通敏，學問淹博，制藝傳誦士林。兼工詩古，尤精駢儷體。雍正初分縣，隸寶山庠。戊申選貢，中順天乙卯鄉試，丙辰中明通榜，舉博學鴻詞科，未赴。授崑山縣學教諭，精心校士，單門寒俊，尤加意訓植。秉鐸五載，卒於官。入崑山名宦祠。

黄堂，字雯洲，工舉業，名重膠庠。纂《毛詩》、《尚書》，能疏明義理。需次當貢，不及而卒。同學侯連字武綏、蔣宗孟字公隽，俱力學侘傺以老。

吴溶，字次璘，少游庠，刻意爲詩，以范、陸爲宗。家槎之東郊，耕餘信口吟咏，有擊壤遺風焉。

江剡，字東山，諸生。自少研摩風雅，寢食與俱者五十餘年，詩工而身益困。嘗謁當事，無所遇。晚年喪子，僦居白鶴僧舍，攜一童供春炊，自題其詩稿云：「片石他年身後表，郊寒島瘦聖朝氓。」讀者悲之。同時諸生，謝雲祺字松齡，袁進字旭旦，並工詩古，爲鄉里聞人。

石球，字越東，潛心理學，博綜經傳，好閱《近思録》及《朱子全書》，增删《性理提綱》，炳燭至夜分，不少輟。爲人操履方正，亦跌宕風流，語言妙天下。十試秋闈，不遇。卒之日，沈先輩元禄歎曰：「喪一讀書種子矣。」

汪尚復，字見心，由明經秉鐸潁上。學問淵博，課士力崇正始，務絶浮華，士林多宗之。其先有名際遇者，字聖賡，由歙縣學食廩餼，康熙壬子副貢，文有矩矱。（熙增）

徐樹紳，字搢宣。與同里石球、鄭始復、汪士彪友善，球以典博勝，始復以謹飭著，士彪以敏捷稱，而樹紳更擅風雅，古詩蒼老有致。以諸生廩餼貢入國學而終。

顧瑞磨，字以德，熟精《文選》，才華富有。爲童子，即以詩、賦謁當事。既補諸生，屢困棘闈，乃走京師，干名公卿，加以禮貌，卒以狂放致偃蹇云。

前明嘉靖間，崑山歸震川先生居安亭江，以古學倡導後進。承其一瓣香者，首推我邑唐、婁、程、李四先生。四先生中，長蘅先生爲上。當時鉅公，有師資學問、儼然典型之歎。我里文學有自來矣。厥後張徵君忍庵，暨隴西寓園岸公輩，俱研精風雅，不墜前輩緒言。入國朝，柯集庵、朱南詢、張桐山、李陶莊兄弟等復起而振之，有《槎谿倡和集》。最後則拙巢江君，苦心探討，雖才力不及前人，而已升作者之堂矣。此文學升降之大凡也。

熙增：

王紳，字箴録，世樞從子。稟承家學，於四子書旨尤精邃。居家課徒，日講數章，能發前人所未發。陳檢討其年駢體文，舊注多訛，世樞重加注釋，未竟。紳卒其業，繁徵博引，竟委探原，惜已散失。乾隆二十八年恩貢。晚歲，子處厚官潁上，迎養，不肯赴。褐袍布履，一如寒士，見者不知其爲封公也。年八十餘卒。

陳時敍，字虞百，居里之東鄉。少時入市，且行且讀，忘路有港水，失足溺焉，鄉人奔救之，衣履沾濕，猶喃喃不絶。鄉會試中式，除安慶府教授。晚假歸，獎引後進，殷殷不倦。兄時雍，字光被，舉人，與時敍以文行相切劘。

陳大模，字洪範，未冠，入邑庠，文雕繢工麗。歲科試，屢列優等。由歲貢秉鐸阜陽，悉心校士，文風頗振。

張承先，字誦芬，明少司馬任裔，諸生。詩、古文擅名一時。槎谿自李檀園、張忍庵後，如柯集庵、朱南詢輩，皆名雄壇坫。承先於數十年後，遠承一脉。嘗輯《槎谿里志》，殫心搜擇，文獻可徵。居黄花場，無事未嘗入城市。

陸鏡，字明照，歲貢生，詩、古文詞清老有法，張史亭輯《槎谿志》，恆折衷焉。族舊有譜，鏡補輯之。選沭陽訓導，未任卒。

程鏡，字葆光，增廣生。家貧力學，一時宿儒折節下之。詩近石湖、放翁，門人李明經士棨梓以行世。尤工書，於松雪翁稱具體焉。

隱逸

宋

陸時龍，字寅生。父美中，由鄉貢授泉州學録，死蒲壽庚難。明崑山舉人葉晨詩：「宋季喪神器，播遷赴炎荒。叛臣蒲壽庚，秉質本不良。撫馭乖其術，遂致横噬殃。學録微官耳，一死植綱常。世亂失載筆，簡册闇無光。由來忠義士，立志恒慨慷。祇祈心無忝，奚計名不揚。名固起頑懦，無名亦何傷。遇有幸不幸，幽顯任彼蒼。」時龍舉咸淳庚午鄉貢進士。景炎丙子，伯顔師入平江，攜家避難。事平，歸里，深衣峨冠，閉户著書以老。

明

閔裴，字百先，農家子。初學制舉義，繼而學詩，詩成而身大困，所居一椽，竹厨土銼，鋪糜不給，日仰屋梁著書，呼之不應。有饋之者，非同志，峻拒弗受。事親孝，撫二弟有恩。黄陶庵淳耀重之，序其詩謂「一唱三歎，有衡門詩人之風」，募金鏤版行世。

黄淳耀《過槎谿哭閔裴郁》：「家世耕畬海岸東，半抛田畝爲詩工。死時幾米存倉内，笑倒郁南襏襫翁。」「白頭吟詠没蒿萊，身後名成也可悲。一卷殘詩終在手，心肝嘔出欲遺誰？」

國朝

吴自惺，初字孟直，後字元愢。少喪父，遵母倪氏訓，刻苦向學，博通經史，爲文數千言立就。崇禎壬午副榜准貢。家貧，事母以孝聞。大名枋國聘以書幣，卻之。黄冠野服，賦《耦耕詩》見志。婁東陳安道瑚誌其墓。孫綬詒，字昌符，杜門讀書，好吟咏。雍正間，舉賢良方正，不赴。

陸一諤，字毅卿，博聞强識，刻苦工詩，朱南詢瀚稱之。居臨仙槎橋，茅屋三間，異卉奇花森列，時招二三老友，婆娑觴咏，有古逸士風。子寧，字德施，吟咏外，兼擅書畫，婁東唐實君孫華序其集行世。孫洪恩，字屯侯，華亭縣庠生，亦工詩。

沈推，字留已。父庠生大德，蚤卒。幼孤力學，慷慨有志節，閲史至不平事，張目裂眥，聲情俱激。居槎南五里，名其齋曰靜思。著《梅君傳》以自況。縉紳先生絶不通一刺，子孫俱入邑庠，以耕讀世其家。（熙案：推後改名曰京）

陸元鼎，字公麟，讀書不求進取，從婁東陳安道游，參性命之旨，論居敬存誠之所以然，安道深契之。虞山翁司空叔元，與元鼎有舊，攜其所著《心學編》示館閣魏蔚州象樞諸公，共歎爲唐、宋名家手筆，欲以「隱逸」薦元鼎，馳書司空止之。晚年僑居錦里，顔其樓曰「内省」，焚香讀《易》，終其身。孫鍾泰，字上棟，能詩，有聲庠序。

熙增：

陸崢嶸，字宗位，幼攻舉業，入泮後，未嘗一赴省闈。胡文宗歲試優等，招覆，竟不赴。庠師劉南谿崧秀欲舉鄉飲賓，固辭，曰：「幸生盛世，耕讀足矣，奚以名爲！」居小南翔後邨，距南翔僅一二里，無事不輕入市。慕其名者，恆以不識半面爲憾。

陳兆奎，字樹芬，諸生。詩、酒之外，兼嗜弈。有從學者，餽以金，不受；置酒招之，則欣然往。嘗與古猗園文會，酒闌賓散，衆謂：「小山先出矣。」小山，兆奎號也。遲明，園丁入山徑掃葉，見有枕石鼾眠者，則兆奎宿酲未醒也。頹然自放，以終其身。

南翔鎮志卷七

人　物

耆德

宋

張玉，字國寶，橫渠張子四世孫。靖康末，奉父温遷蘇州。紹興間，遷南翔里之西郊。玉沈重簡默，力行孝弟，勤於學問。孝宗朝，徵之，不起。

明

楊瓊，字月樓，家居好行善，嚴於教子。子錦既成進士，詞色不少假。晚年與同里張菊泉輩爲九老會，有圖咏傳於時。

張清，字朝潔，德望重鄉里。邑大夫王公禮請爲社倉長，遵前賢遺法，益加公慎。晚年引泉蒔菊以自娱，因號「菊泉」，揭於壁曰：「菊泉甘淡泊，蔗境樂平生。」又刊刻《備省録》，以垂戒後人。子圮，字承父，以病輟舉子業，專心醫學，療人多奇驗。事親交友，教子尤卓卓可傳。

陸孟宣，字廷器。父承璋，有厚德。孟宣少勤學，爲上舍生。性純孝，年踰四十，見父色不愉，必長跪，俟霽顔而起。視羣從昆季若同生，卹姻黨，撫孤寡，周貧乏，尤加禮賢士大夫，以是無尊卑遐邇不名字之，稱其號爲「松泉翁」云。

張明，字仲昭，玉六世孫。勤儉起家，律身禮義。弘治中，賜章服，壽九十二。

張子愛，字原仁，讀書教子，居常布衣蔬食。錢塘致仕歸，不通賓客。及受封郡伯，益閉門避勢，長吏惟讀社一見。時子已參貴藩矣，用是並著廉聲。弟子敬，字原義，白首兄猶呼名，應唯惟謹。

朱證，壽百歲，邑侯昆陽李公式廬見之，僉事沈公炤祝以詩曰：「問壽同來訪逸民，槎谿此日駐蹄輪。眼前誰省三生夢？世上欣逢百歲人。還帶久知隱德重，歸舟應趁月華新。詩歌唱和看盈帙，要使羣公步後塵。」

國朝

陸邦里，字仰谿，氣宇魁梧，言笑不苟。親疾，刲股以療之。兄姊食貧，破産以周之。設塾，以教族之子姪。篤於敦本，規模宏遠如此。

黄金鉉，字公輔，邑諸生，工制藝。明季受知四明謝邑侯三賓，著《家訓》五十則，字字可書。紳柯集庵炌推爲「獨行君子」。子天驥，字子駿，能詩，吴中賢士大夫賞識之。

陸振宁，字君立。樂行善事，貧人死者，施之以櫘；築道路，以便行旅。崇禎辛巳，捐米賑饑。年至六十，悉焚篋中貸券，曰：「不應以索逋事遺之後人。」平生尤具知人鑑。崑山陳谿民負重逋，以訟廢家，不能償，更貸之金，其家復振。

陳尚仁，字壽之，父病臌三載，每夕搏顙籲天，祈身代，夢神人以藥飲父，果愈。崇禎己午歲，大饑，餓莩相望，捐金煮糜，食之多所全活。潞王聞其賢，辟爲長史，不久，拂衣歸。子範，字洪九；有常，字德聞。兄弟友愛，終身不異居。裔孫燦，有才譽，放情詩酒。

陸培遠，字開倩，少孤，遵母教，能自樹立，大振厥緒。性慷慨，好施不倦。歲饑，出粟麥，散給貧民。康熙丙戌及戊子、己丑間水旱，偕里中同志，設粥廠賑之，死者復埋之以櫘。年逾大耋，膺封典。熙增：孫紹良，字寅恭，候補道，治家嚴正。曾孫兆霖，字澤蒼，候補直隸州牧。稟承家法，烏程閔大中丞鶚元慕其人，以二女妻其二子。後鶚元移節巡撫江蘇，兆霖杜門不出，有干以私者，拒弗納，其敦品如此。

程時彦，字聖功，負幹才，豁達大度。遊北雍，爲名公卿賞識。家居力行善事，鄉里多蒙其德。子侯本，任真定府同知，時彦訓以四語曰：「廉以持身，勤以應事，虚以受評，卑以下人。」侯本服官三十餘年，無忝官守，遵嚴訓也。季子偉，字宋三。雍正子丑間，疫癘大作，虔製丸藥施濟，用輒神效。孫文植，字宫五。性至孝，父病革，適疽發食指，不暇治，卒致腐落。有句云：「可憐椿萎庭前日，損卻全歸全受身。」熙謹增：文植夫婦同時寢疾，子永潤，字越千，偕其妻馬累月侍疾，不解衣帶。連遭大故，哀號泣血。時方壯歲，鬢髮黄落，見者感傷。永潤善詩，著有《培香吟稿》。

朱嘉禄，字右申，從父文彬，由徽僑寓南翔，嘉禄遂占籍。甫成童，入嘉定邑庠。凡里中廟宇、橋梁、育嬰、賑濟，咸領袖爲之。由附貢生，候選教諭。未仕，卒。（熙增）

張來偉，字孺子，凝元子。性謙謹，自號「謙謙居士」。與弟來敏力行善事，惟日不足，著書數種勸世。來敏，字錫卣，慈祥愷悌，偕同志創建留嬰堂。又結戒淫會，人稱「二難」。熙增：同時程晊，字殿明；暄，字日照，亦兄弟樂善。

張國賢，字茂公，誠心濟世，見善必爲。雍正十年，大風潮，傷民無數，木棉稻苗歉收。國賢捐米煮粥，廣賑羣饑。明年春，癘疫大行，製丹藥以施之。每歲寒，見身無衣絮者，以棉胎衣之；貧無殮者，施槥瘞之。凡遇歲除，資助窘乏，不以姓名告。子俊儒，字有珍，好善樂施，無忝乃父。（熙增）

姚鼎聞，字以象，休寧人，由平湖轉徙槎里。識見宏遠，常置朱子《通鑑綱目》於座右，焚香誦讀，熟知古今興廢得失。友愛季弟，讓肥居瘠，弟病，禱於神，願減己算以益。里中留嬰堂，首捐重貲倡率。孫廷模，性豁達好善，嬰堂改「留」爲「育」，賴其力以成。廷槐、廷枝，並諸生，擅文譽。熙增：曾孫文勳，字元賞，董育嬰，賑濟一如其伯廷模。

李時白，字若亭，業醫，廣積陰德，嘗曰：「醫以濟人，非市道也。」年八十，傷足，他醫以年高不敢治，夜忽異香滿室，尋愈，欠伸自如。越二年，卒。臨終，整衣冠而坐，謂子觀國曰：「爾知孝乎？愛身即是。」觀國讀書行善，操履端方，少俊多師之。孫廷模，鋭意舉業，數奇，不遇而終。

徐士華，字漢文，樂善好施。乾隆二十三年，與里人管文健同舉鄉飲，不就。壽八十四。（熙增）

李晉永，字旭培，好學通經。旁攻醫術，祁寒暑雨，有請必赴；遇極貧者，反給藥資。撫諸弟姪，待族黨，俱有恩。與人交，誠信冲和，勸善規過如不及。同里某生，私其婢有妊，其妻極悍妒，晉永診知之，設法令婢出，旋産一男。後某家失火，六口俱燼，賴此得存宗祀。年八十，舉鄉飲，辭不赴。自尅死期，後果驗。

熙增：

程虔五，字隆若，以施財好善，大吏聞諸朝，議敘縣丞。修橋梁，施棺櫬，董嬰堂，設義塾義塚，歲歉則捐助煮賑，靡不踴躍。大人先生競以詩歌贈，梓成，名《彝好集》。孫廷浩，字鉅揚，克繩祖武，能詩善書，鐵筆尤工。

朱璸玉，字旦彩，貢生。父病，藥必親嘗，深夜焚香祝天，祈以身代。孝事繼母趙孺慕，至老不衰。七十居喪，尚擗踊成禮。事兄撫弟，曲盡友愛。性愷惻，好施與。見人無貴賤長幼，輒抑然自下。舉應引年大典。臨卒，遺命不作佛事，不惑於浮屠因果之説，有儒者風。以子掄英，贈文林郎。

許浩，字瀛川，壯歲遨遊齊魯，所至咸願結傾蓋交。友愛胞弟，教之習計然術。後弟寄籍祝，其家日起，皆浩之澤也。晚年，與其受業師葉運使昱，同預鄉飲，人爭羨之。浩卒後，浩妻及見五世一堂，爲熙朝之瑞。

張志學，字藻庭，先世居崑山，有顯仕者。志學不苟取，不徇名，嘗於道旁拾一橐金，坐以俟，自晨至午，一人倉皇來，問之符合，遂還其金。其人叩問姓名、里居，不答而歸。晚年，舉鄉飲介賓。孫枝，字應珊，好吟咏，寫生亦工妙。

江寬裕，字容與，隱居自樂，不干外事。令其子萬泉，從名師，卒舉於鄉。其族祖自超，字天表；族叔誠，字璐元，俱以詩禮世其家。誠工小楷，有二王筆意。

汪士鍾，字巽乎，篤於内行，衣冠舉止有古人風。子瀛，字東環，工文，久困童子試，後入太學，課從子顯第，膺鄉薦。

周玉麟，字上珍，至性過人。母孟氏寢疾，虔齋籲天，誓減算以益壽。季父遇回禄災，窘生計，迎養於家。叔卒，撫其孤成立。爲人寬厚有度，育嬰、賑飢諸善事，皆經紀弗懈。邑侯於公一芳聘飲於鄉，固辭不赴。晚年孫、曾繞膝，里中子姓之盛，首推汝南氏。兄弟友愛，内外無間言，皆玉麟家範也。以子式濂、式濤、式源，疊受封贈。

程偉，字不奇，金山衛學生，占籍南翔。幼從沈文慤公德潛游，文心古奥，生平言笑不苟，有古人風。與王榛麓紳交，紳於諸老友中，獨欽重之。子孫俱有聲庠序。弟光海，字王谷，諸生，性孝友。以子本仁受封，舉鄉飲介賓。

胡承煜，字耀庭，性沉静，寡言笑。遇公事，則爭先爲之。戚黨間有貧不能舉火者，留養於家，死則殯焉。從弟承祖，字允彭，事親孝。親串鄰里有釁，和解之。見道旁瓦礫，必拾而棄之，恐傷人足。其居心仁厚如此！

胡承祚，字晉畿。事後母如己母，弟五人，有事必稟命承祚。承祚一視之，不愧家督。歲時祀事，必垂涙孺慕，至老不衰。公事踴躍捐輸。居恆足不出户外，閭里稱長者。次弟承祐，有厚德，三十年兄弟無間言。

朱方煜，字叔耀，附貢生。幼受業於徐明經樹紳，爲文力追正始。困童子場者幾三十年，年四十餘方博一衿，遂淡於進取，足跡不至白下。女年未三十，稱未亡人，有子遺腹生，方煜善培之，俾不絶其宗祧。伯兄、季弟蚤殁，撫姪皆成立。

諸丕顯，字文在，事親以孝聞。品誼醇謹，與人交，一待以誠，巋然長德，不愧老成典型。

李潤，字雲莊，性慷爽，尚氣誼，朋友有過，輒面折之。嗜書不能多購，時從書賈借鈔，歷寒暑不倦，哀然滿家，皆手録本也。

陸猶龍，字乘上，居母喪，哀毁致疾。嘗贖回祖墓田，邑令巴陵李公給碑獎勵。

金良營，字旦成，鄉飲賓。弟賚成，蚤卒。時已析産，念弟婦青年苦守，遺孤孑立，加意撫恤。姪成立，爲之婚娶。同爨三十餘年，内外無閒言。從兄良模，字元助，性恬淡，喜吟咏，壽至九十。

李天球，字藻九，貢生。樂善好施。介邑侯玉濤給額獎之。弟琪，字東耀，目雙瞽，好聽人説史鑑，判斷得失，無或爽者。公事不稍，諉與天球，有二難之目。琪以子大復、大經，膺敕贈。

金濟燮，字用梅，國子生。屢試鄉闈，兼精堪輿術，爲人强忍不屈，同學咸稱其毅云。

甘棠，字作霖，幼嗣世父時霽。後時霽早卒，嗣母矢柏舟節，撫棠入邑庠。後貢入成均，爲嗣母陳情請旌。董育嬰事，及歲祲煮賑，全活無算。

張成績，字紀常，國賢曾孫，候選州同。邑里有公事，輒捐貲襄助。慎重宗祠，乞王光禄鳴盛爲之記。延師課子，皆名下士，執禮甚恭。金明經曰追，卒於館，成績厚斂之。子孫多弱冠游庠。三子式慎，中乾隆己酉順天榜。熙案：吾鄉風俗淳美，多耆年有德之士，設育嬰、賑饑諸事，無此數君子者爲之董率，將道棄之嬰孩、歲祲之餓莩，其誰爲之引手救哉？是編補傳較多。

藝術

明

姚炤，字文光，精醫工詩，上海陸文裕深贈之詩，曰：「欲訪高人宅，先爲倒屣迎。何如谿上路，空復雪中情。風雅還千載，雲霄近五城。東流與歸棹，曲曲大江清。」爲名公契重如此。

王瑞珍，善弈，游維揚五年，成國手。又有李公霖，業丹青，兼好弈，俱以佗傺老。

國朝

戴子來，字文庶，貢生。工山水，爲八名家之一。工於設色，情態如生，收藏家爭購之。

滕□□，字見垣，資敏，熟習經子，棄業學醫，師同里吴伯時。伯時師雲間李中梓，其術蓋有所自。著《醫學三要》，張徵君鴻磐作序，醫家奉爲枕中之秘。

李謙，字自牧，流芳從孫。繪事步武前人，更出以工細。子□，字孝一；愚，字孝哲，俱紹其學。

附：明韓洽《題深慈上人畫册詩》：「上人示我畫十幅，煙水林巒紛在目。誰拈彩筆爲此圖？乃是練川李自牧。上人之兄黄懋昭，頃者與我論素交。自言今歲得一友，李君意氣真吾曹。信知李君固佳士，豈直丹青稱畫史。日來旅寓向禪房，不惜揮毫呈妙伎。師言册中第九圖，短垣修竹對浮屠。彷彿慧隆庵内景，只多山色近城隅。慧隆佳景我曾識，開門恨少青山色。故教化筆役神工，移得峻嶒置庵側。」

李延是，字期叔，精醫學，雲間李中梓弟子，與程公來、顧則思交善，三人皆明醫者。所著《脈訣彙辨》，盛行於世。

王琪，字曰嘉，李謙之甥，太學生。畫山水有舅氏風。其讀書處，饒花竹之趣，歸恒軒莊題曰「會心不遠」。

張羲，字克上，昭遠孫。力學不遇，精小兒醫。諸孝廉堂患痘瀕死，一劑起之。子學曾，原名獻，字魯傳，院試獲雋，以異籍被黜。習堪輿家術，多奇驗，著《地理書》行世。

范日雯，字漢文，書學董元宰，能畫兼好弈。徐銘，字硯存，善鼓琴，有富人延之，謝不往，曰：「此非供豪家玩賞也。」

江劖《贈琴師徐硯存》：「檀園北去石橋西，徐孺幽居傍大隄。竹葉陰中茅屋静，荳花棚下蓽門低。堆胸塊磊消琴軫，滿眼滄桑付杖藜。一曲鍾期自千載，海山煙水正淒淒。」

鍾煌，字芾斯。父植，字子立，邑諸生，工繪事。煌承家學，游王司農原祁之門，代司農捉刀，能亂其真。蚤卒，筆墨流傳甚少。

嚴煋，字敬安，幼失怙。年逾弱冠，始刻苦向學。中歲，肆力於金石六書，工摹印，刀法宗何主臣，頗蒼古。又從周芝岩學刻竹器，盡得其秘。並繪山水花鳥，俱澹遠生動。（熙

增）

張榮，字采南，作山水人物俱佳，寫意尤生動超軼。嘗往來南匯黄秋圃知彰煙霞閣中。殁後，知彰作詩哀之，有「寫生妙手張采南，潑墨伸紙萬象酣。人如其畫有奇趣，亦多怪癖人難堪」之句。（熙增）

王者佐，字師尹，太學生。學畫於虞山吴墨井歷，入其堂奥。同時有徐敏學，業裝潢，與子兆鼎，俱工山水，世無知者。

陸廷炯，字宸照，善畫蘭，與周顥墨竹並重，有「陸蘭周竹」之稱。又有周敕典，字章五，亦以畫竹擅名。

張煒，字赤城，精繪事，師事錫山華封，花鳥生態躍躍紙上，兼善八分楷書，其篆刻尤入古。

沈挺，字景松，應宿曾孫。從海虞王石谷翬游，寢食於畫者三年，盡得宋、元人秘妙。尤謹内行，居功緦服，無不盡禮。

陸海，字滄洲，畫人物花鳥，私淑惲壽平，得其秘妙。游藝京師，受知於慎郡王，書「嘉蔭堂」額贈之。

王朝相，字承槐，精瘍科，張徵君鴻磐以詩贈之。子孫世紹其業。曾孫原泉，字星發，尤存心濟世，爲時所重。

方文偉，字燮宇，世習醫，於仲景、丹谿、節庵諸家言，别有神悟。治傷寒等症，一劑即愈，人稱「方一帖」。子時中，孫源，（熙增）曾孫壺，俱紹其業。（按：文偉著《傷寒經論》，未刊）

徐廷連，字彙征，業醫，工詩。家鄰梅原王西園灝、沈賁園白，引爲忘年交，晨夕唱和。窮老無子。壻王賓，藏其稿，屬同里張承先選刻之。賓字嘉客，傳外父業，操行醇謹，里中稱爲長者，張承先誌其墓。

吴之璠，字魯珍，精竹刻，繼朱稚征後，另刻精細一種，得神得景，識者謂「能變化前人」，爭相寶重。貢入内府，高宗純皇帝御製書集，有《吴之璠竹刻》詩。

杜世柏，字參雲，專工篆刻，取法漢、唐，印章歷落入古。游藝四方，好古家爭鑑賞之。從弟世綬，字紫佩，諸生，工詩，精繪事，惜年不永。（熙案：世柏著書有《浣花盧印繩》、《陰騭文印譜》、《愛日樓印語》，芍陂王曾翼序）

熙增：

朱梅，字廷木，工詩，精於醫。童廷銓，字以文，爲句讀師，循循善誘，兼習歧黄業，不自炫。傅大業，字繼成，初習瘍醫，後通大方脉理。三人醫術相上下，延之診視者，無不驗。

李士溥，字天如，恬淡沖和，繪山水，得宋、元人筆意，舉鄉飲，未赴卒。

流寓

宋

吴惟信，字仲孚，吴興人，徙居白鶴邨。以詩名，郡人糜先生嘗誦其《傷春絶句》云：「白髮傷春又一年，閒將心事卜金錢。梨花落盡東風軟，商略平生到杜鵑。」亟下拜，曰：「子真謫仙人也。」其見重於人如此！

案：邑西境亦有白鶴邨，在吴淞江南。或疑惟信所寓在彼，但其自序詩有「槎迷河漢千年恨」之句，則列之寓槎爲是。

明

程嘉燧，字孟陽，歙人，僑居邑城。李長蘅流芳引爲詩文交，來止檀園，晨夕倡和。其詩主於陶冶性情，耗磨塊壘，大率以唐人爲宗，短章長句悉合法度。晚年歸故鄉，詩家援《中州集》例，謚之曰「松圓詩老」。

宋玨，字比玉，莆田人，擅長詩畫，書工八分。初見程嘉燧《荔枝酒歌》，行千里訪求，遂來邑中，與嘉燧暨李流芳、張鴻磐爲莫逆交，檀園、杞園，皆其盤桓觴詠處也。

任良祐，字磐石，歙人，僑居槎里。性嗜義。萬曆中，邑先達倡議折漕，良佑寓客，無寸土，慨然首捐千金，爲諸公入都資斧。又捐二千金，重新白鶴寺。以餘力建玉皇閣藏經樓，罄其貲勿恤。梵宫肖像祀之。

江應選，字德宣，新安人。少嘗授經，有遠志。坐外家，累破耗其資，見父母愀然不樂，遂去而爲賈。遷居南翔里，足跡歷薊門、遼左。性嗜書，所至必以數卷自隨。以貿易起家，意度豁如，好行其德。（熙考《學古緒言》增入）

婁堅《新安江德宣傳贊》：予觀士之務爲名者，未有不役役於利也。彼直以名爲餌，烏睹所謂士哉！夫商逐末，工執藝事，人咸輕之。其中有士焉，係乎其志行也。世衰道微，吾見士而賈矣，安在賈不爲士乎？業之分途，何足論人哉，何足論人哉！

歸昌世，字文休，崑山人，有光孫。天才駿發，與李流芳、王志堅稱「三才子」。中年放意爲詩，五言宗韋、柳，嘗摘其二章，書武陵壁間，觀者不知其爲今人作也。餘事爲墨竹，亦神妙，與夏太常並重。授經來槎，晚年憂傷，哭泣而卒。子莊。

歸莊，字玄功，詩文豪邁，善大書，畫竹酷肖其父。里中多故舊，恆流連浹歲。有富商以厚幣丐書堂額，呵斥之。

國朝

莫秉清，字紫仙，上海人，僑居里之抱龍涇。幅巾道服，絶意進取。工詩文詞，書法兼善鐵筆。當事欲見之，辭勿許。門人吴徵棐以「孤梅猗蘭」比之，著有《采隱草》行世。同邑張侃，字春山，以醫來槎里，寓黃花場，好學博聞，工填詞，著《浮槎疊韻》、《影園近詞》。

道山先生，不知何許人也，亦不知其姓氏。嘗游槎上，爲人崇尚氣節，工詩善畫，並有奇致。爲李僧筏杭之器重，遂主其家。與杭之西席陳文吉善。蒙其姓，自名舒，字元舒，行蹤無定，所得其詩畫者，片紙隻字，珍若拱璧。文吉，婁塘人，明孝廉炎曾孫，館杭之家。杭之遇難，文吉與俱死。（熙考唐元良易箕稿增入。舒有《道山先生遺集》，易箕爲序）

鄭浴日，字秩南，崑山人。年十三，應縣試，立成七藝，邑令過賞拔之。會父喪，過爲捐俸辦喪具。客槎南，寢食經史，務求根柢之學。食餼當貢，以母病，不赴試。母亡，哭踴成疾，卒。

朱瀚，字霍臨，上海諸生。幼嗜古，屏棄俗學，詩、古文汪洋浩瀚，動筆千言，一題或成數百首，而法律仍極精細，兼鳳洲、震川兩家能事，《左》、《史》、《莊》、《騷》及唐、宋諸大家俱有評註。晚從方外夫則游，悟澈《楞嚴》妙旨，作《中庸懸談》、《周易玩詞》。授徒東林僧舍二十餘年，門下士多以古學知名，張徵君雲章尤著云。

周士彬，字介文，雲間人，黃太史之雋稱爲有道之士。嘗客槎上，與朱南詢、柯集庵以詩相贈答，有《秋步槎谿》詩，疊至十餘韻，皆清麗可誦。（熙增）

唐瑀，字仙佩，常熟人，中年家槎上。善詩，和蘇臺《楊柳枝詞》，爲汪太史琬激賞，招致堯峯。應維揚趙榷使聘，平山堂大會詞人，以瑀作壓卷。工八分，篆、隸有晉、唐人筆意，好古家珍爲拱璧。著有《邱隅破甑》、《竹西諸艸》。

喬之柱，字東來，上海人，爲張徵君鴻磐贅壻。幼失聰，而資穎甚，胸富卷軸，詩文叉手而就。補諸生，罣誤，不與試。無子，皈依竺乾以老。

余正晟，字象成，徽州人，奉父來槎。好學敦行，尤躭風雅，前哲樂與之交，名在槎谿倡和中。晚年與釋宏演結契，貫通内典。子之璋，字宸玉，亦能詩。

李嘉言，字聖達，青浦人，僑居槎里。性至孝，母汪失明，嘉言日夜舐其目，致清朗如故。從天津買妾殷氏已三年，妾前夫子三千里來省，母子相見，哀動旁人，嘉言憐之，即遣妾從其子北歸，厚贈之。里民倪國柱，叩闕求減折漕加派。嘉言與柱不相識，義其舉，傾囊助之。以太學生壽終。子焕、燧，見《文學傳》。

張宸，字定三，崑山人，始遷吴門，繼遷槎上。爲人古願，以詩、古文自期許。其友汪之蛟，字長魚，以能詩隱諸翟邨，頻來槎上，與諸詩人唱和，有《柳舫居稿》。

葛匡世，字征侯，崑山人，贅里中平原氏。制藝宗金陳，詩、古文步趨唐、宋大家，爲江左名下士者三十年。由進士任零陵知縣，有惠政。

張立綱，字敦五，崑山人，明魯唯從子。至性過人，撫恤孀嫂寡妹，不遺餘力。以貴介子弟溷跡邨塾，同學故人有貴者，屢招之，卒不往。課徒之暇，日事吟詠，以諸生老於疁槎客館。子岐，字維新，入嘉庠，有學行。

孫大登，字于魯，崑山人，來游槎上。少以詩賦受知於學使者張公廷樞，尤長於漢隸，與鄭谷口、顧云美齊名。

沈元禄，字雲子，上海縣籍。少即厭棄俗學，肆力於古。初試童子，以武場得雋。繼入文庠，一試棘闈，慨然曰：「此不足溷我也。」遂棄帖括，杜門著述。病《石門講義》多誤，作《四書糾謬》。詩文以昌黎爲宗，名其集曰《大怪》。年八十餘，卒。子健行，歲貢生，工時藝。

施燧，字蒨石，江灣里人，兵部職方司鳳儀孫。少爲諸生，試輒冠其曹。偶中副車，後游粵東歸，不得志，卒。嘗授經槎里，游其門者多得雋，詩詞、書法俱不苟下筆。有《筠坡詩文集》。

李錫秦，字瞻仲，寶山人，遷槎里。父實，字玉如，潛心理學，爲清獻陸公入室弟子，著《學庸順文》行世。學者稱「胡莊先生」。錫秦以武英殿纂修，中雍正甲辰順天鄉試，授廣西羅城知縣。平劇盜潘志亮等，陞全州知州。旋陞直隸鬱林州。鬱林多曠土，錫秦下令勸墾，躬歷田間督率，三年墾至三萬六千餘畝。地故無谿澗，至是石穴中，忽湧清泉丈餘，甘冽無底，遠近資灌溉，爲建瑞泉祠。事聞，賜御書「惠潤田功」額。内艱，服除，補太平府知府。時寧明州土豪作亂，提、鎮俱議勦。兵將發矣，錫秦力請任安輯，止誅首惡，寬宥脅從，五十寨土民賴以全活。遷右江道。時白土、邱索兩寨土蠻叛，錫秦奉委進勦，七日掃平之。

又委監紀義寧軍，匝月擒獲逆苗吴金銀等，各逆黨股栗乞降。於是粤西諸逆寨，以次第蕩平。陞廣西臬使、轉藩使。擢都察院右副都御史、巡撫廣西。卒，賜祭葬。

葉達，字耘渠，候選州同知。與其弟魏堂錦，從吴縣洞庭東山僑居槎上。錦得李緇仲宜之猗園，達即於宅後，雜莳花木，布置泉石，時延詩人觴詠其中。里中有公事，達兄弟捐貲佽助，未嘗以寄籍諉，當事皆給額獎之。（熙增）

陳古，字石雲，華亭七寶里人。精於醫，著《藥性便蒙》，兼工詩畫。爲人慷慨豁達，游藝槎上，槎人親愛之，遂占籍焉。子瑄，字西玉，紹其業。熙增：孫良元，字王初，太學生，亦承家學。曾孫大進，字希文，邑庠生，試輒優等。以父耄年病目，兼習醫，名噪遠邇。

陶墀，字南望，以字行，更字遜亭。諸翟邨人，來槎上，下榻古猗園。書法規摩二王，參之顔、柳。嘗游西江、兩浙，探山水之勝，落筆益奇縱，自成一家。晚年抱病，猶揮灑不少休。一日，晨起書額，投筆而逝。有《草韻匯編》，莊中丞有恭序以行世。（熙案：今《草韻匯編》采入《四庫全書》）

羅採，字聖可，歙人，由維陽遷槎上。甫定居，即置漏澤園，瘞無主屍骨。雍正十一年，歲祲，同人奉文公捐煮賑，採獨力設廠廣福禪院，賑至三月餘而止。踹坊各匠逋金無償，當衆悉焚其券，感泣者載道。採雖手散萬金，而無驕色。窮交寒士，尤折節下之。議敍州佐，尋卒。

仇塽，字遐昌，歸安人，嘗寓我里文昌閣中。性孤冷，攻舉子業，一不售即棄去。肆力於詩，五言有王、孟風味。寄情篆籀，刀法蒼勁，中饒文秀。刻晶玉章，絶不假藥術，自能游刃有餘。著有《霞邨印譜》，沈宗伯德潛爲之序。（熙增）

范世勳，字西屏，海寧人，爲里中程氏贅壻。精於弈，海内推大國手，遠近争相延致。以落拓不羈，卒於金陵客館。有《桃花泉棋譜》行世。

汪世善，字楚珍，杭州人，僑居里中。與葉運使昱最契厚，里中公事，昱與世善倡率爲之，里人咸服其公正。（熙增）

陸永淇，字右儀，平湖人。其父旭，著有《地理啓蒙》諸書行世。永淇承家學，占籍南翔，有卜葬者，恆延之擇地。

熙案：原本間有載及同邑人者，今從節。

南翔鎮志卷八

人　物

列女一

明

歸氏，楊鑑妻。二十歲夫亡，守節。弘治十五年，詔旌。

沈氏，庶吉士李名芳妻。名芳歿於京邸，沈持三歲孤宜之，扶柩南還，哀慟行路。守節甚謹，於禮，非喪祭不出户限。宜之負異質，教之極嚴，卒爲名士。天啓七年，詔旌。

張氏，參政恒女，封家浜顧紹芳妻。十九歲夫亡，無子。小叔不能承家業，張營葬舅姑、庶姑與夫凡六喪。守節五十餘年，崇禎七年，詔旌。

國朝

金氏，諸生陵履泰妻。二十四歲夫亡，孝事舅姑，撫孤培遠，入邑庠。守節至六十歲，康熙二十二年，詔旌。

吴氏，庠生馬國璉妻。國璉卒，吴年十八，乏嗣，守節，身不衣綵，足不踰閫。康熙四十六年，詔旌。

杜氏，戚泰陞妻。二十五歲夫亡，守節至七十八歲，乾隆元年詔旌。

錢氏，李世歎妻。二十八歲夫亡，守節至七十六歲，乾隆二年詔旌。

錢氏，許克昭妻。十九歲夫亡，守節四十六年，乾隆二年詔旌。

吴氏，范東玉妻。二十九歲夫亡，守節三十七年，乾隆二年詔旌。

張氏，黄揆九妻。二十二歲夫亡，守節三十六年，乾隆二年詔旌。

歸氏，張自起妻。二十三歲夫亡，守節三十一年，乾隆二年詔旌。

徐氏，吴國偉妻。二十七歲夫亡，守節撫兩世遺孤，壽九十有九，乾隆三年詔旌。

陳氏，張瑚妻。二十五歲夫亡，撫嗣子乾青，娶媳徐氏。婚兩月，乾清歿，無子。姑媳苦守，乾隆三年詔旌。

汪氏，陳孝政妻。二十二歲夫亡，無子，立姪時雍爲後，教育之，補諸生。守節三十四年，乾隆三年詔旌。

甘氏，吴君馨妻。二十九歲夫亡，守節四十年，乾隆三年詔旌。

沈氏，姚禹傳妻。二十六歲夫亡，守節四十三年，乾隆三年詔旌。

嚴氏，陳學妻。二十□歲夫亡，以姪爲後，教孫祐，入邑庠。守節三十□年，乾隆六年詔旌。

龐氏，吴第妻。二十九歲夫亡，遺孤又殀，竭力事舅姑。及歿，盡喪禮。撫嗣子孝升，守節以老。乾隆六年詔旌。

潘氏，監生陸書旂妾。二十三歲夫亡，與嫡陳氏，相依苦守，撫鞠嗣子。陳守節三十八年終；潘守節六十五年，壽八十八歲，乾隆六年詔旌。

童氏，陳獻符妻。二十九歲夫亡，守節三十六年，乾隆七年詔旌。

張氏，徵士雲章姪女，諸生沈大德妻。二十六歲夫亡，事姑盡孝，訓子義方。守節四十七年，乾隆七年詔旌。

徐氏，甘德行妻。二十八歲夫亡，苦守撫遺腹子濬成立。守節四十四年，壽七十有一，乾隆七年詔旌。

封氏，徐邦策妻。二十八歲夫亡，守節三十八年。撫子士華成立起家，乾隆七年詔旌。

羌氏，吴敏修妻。二十一歲夫亡，守節三十一年，乾隆八年詔旌。

許氏，監生李芳繼妻。年二十歸芳，成婚五十日，其夫殁。守志自誓，撫前妻之子夢璁成進士，爲廉吏。壽至七十歲，乾隆八年詔旌。以孫賡芸官貤贈孺人。

朱氏三節婦：石氏，朱應鴻妻，二十三歲夫亡，守節六十一年。孫氏，應鴻姪士璠妻，二十五歲夫亡，守節三十一年。黄氏，士璠從弟士璵妻，二十五歲夫亡，撫二子，長子娶婦並夭，次子光祐娶汪氏，亦二十五歲而寡。姑婦同撫孤孫，汪又卒。黄苦節六十年，乾隆九年詔旌。

王氏，陸右衡妻。十九歲夫亡，守節五十一年，乾隆九年詔旌。

陸氏，適程禹三。□十□歲夫亡，守節□十□年，乾隆九年詔旌。

蔣氏，鍾煌妻。二十七歲夫亡，守節三十六年，乾隆十年詔旌。

諸氏，陳熹妻。二十八歲夫亡，守節三十二年，乾隆十年詔旌。

胡氏，張成謬妻。年二十八歲夫亡，守節三十七年，六十四歲卒，乾隆十年詔旌。（熙增）

朱氏，季得先妻。二十七歲夫亡，守節□十□年，乾隆十一年詔旌。

汪氏，副貢際遇女，適黄灼先。□十□歲夫亡，守節□十年，乾隆十年詔旌。

沈氏，諸生程彬繼室。年二十七夫殁，苦志自矢，撫前妻子有恩，律身甚嚴，外姻不輕見，宗人至，則闔門與言。乾隆十一年，詔旌。（熙案：此下原本有現年八十有八。今書成已久，凡書現年者，概從節）

陸氏，張旦洽妻。二十五歲夫亡，孝事兩姑，教子承先讀書入鄉校。

楊氏，趙廷珂妻。二十□歲夫亡，守節□十□年，乾隆十三年詔旌。

程氏，吴芬繼室。二十□歲夫亡，守節□十□年，乾隆三十一年詔旌。

李氏，甘時霽妻。二十二歲夫亡，守節四十七年，乾隆三十二年詔旌。

黄氏，李鑑妻。二十五歲夫亡，守節六十一年，乾隆三十七年詔旌。

周氏，張洪璧妻。二十六歲夫亡，守節三十七年，乾隆三十七年詔旌。

張氏，朱鳴玉妻。二十一歲夫亡，守節三十□年，乾隆三十七年詔旌。

姚氏，顧民和妻。二十五歲夫亡，守節四十三年，乾隆三十九年詔旌。

熙增：

朱氏，人號十四圖王東侯妻。年二十三歲，夫亡守志。乾隆四十六年，詔旌。

朱氏，人號二十一圖王士鈺妻。年二十五歲夫亡，守志五十三年，乾隆四十七年詔旌。

孫氏，人號二十一圖王尚儀妻。年二十九歲夫亡，終養舅姑，撫孤鳳岐成立，守節三十八載（史亭志作王時宜妻，今案學册改正），乾隆四十八年詔旌。

張氏，金良華妻。年二十七歲夫亡，守節四十餘年，乾隆五十二年詔旌。

吴氏，芥號二十八圖朱均之妻。年二十四歲夫亡，守節三十一年，乾隆五十五年詔旌。

盧氏，重號四十一圖須盛先妻。年二十五歲，夫亡守志。乾隆五十七年，請奬，旋奉詔旌。

陳氏，人號二十圖徐文鏡妻。年二十四歲夫亡，遺女適庠生程恩均。嗣族姪作楫，未娶，卒。又嗣族孫熊占爲孫。乾隆五十九年，詔旌。

吴氏，人號二十圖程鳳高妻。沈氏，鳳高弟坤寧妻。鳳高兄弟俱蚤卒，姒娣並矢柏舟節。吴氏現年七十四歲，沈氏守志四十二年卒。乾隆五十九年，並奉詔旌。

楊氏，金鵬妻。年二十九歲，夫亡守志。現年六十有七，嗣子兆圻入邑庠。嘉慶三年，詔旌。

程氏，人號二十圖嚴鳴鑾妻。夫亡，守節三十二年，五十五歲卒。嘉慶四年，詔旌。

張氏，芥號二十八圖畢士桓妻。年二十八歲夫亡，守志事姑，承歡孝養。姑没，卜葬舅姑及夫三喪，撫兩孤成立。嘉慶七年，詔旌。

列女二

國朝

譚氏，滕天祐聘妻。天祐蚤亡，譚守志父母家。後父母亡，乃歸滕。孝養舅姑，至五十餘歲殁。邑侯李贈聯云：「守貞完處女，行孝代亡夫。」康熙五十□年，詔旌。

王氏，國學生之冕女，許字仇士永。士永死，王年十八，無舅姑，依父母家，守貞六十歲。乾隆二年，詔旌。

汪氏，歲貢生暉姊，許字一都趙春霞。春霞未婚，夭。請於父母，歸趙，守貞毁容截髮，茹素以老。趙進士俞贈聯云：「白璧連城歸趙重，澄波百尺見江清。」乾隆六年，詔旌。

張氏，職監俊儀女，許字沈煜。煜卒，誓不再受聘，苦守父母家三十餘載。乾隆十七年，詔旌。

朱氏，貢生贈文林郎瓚玉女，上海諸仁藹聘妻。仁藹卒，氏矢志守貞。乾隆六十年，詔旌。（熙增）

列女三

明

金氏，官廕生張襲隆妻。襲隆殁，值家難，累世宦囊已罄。金矢志撫孤景韶，備嘗艱苦。景韶承廕，歷任刑曹正郎，獄多平反，遵母氏之訓也。守節三十一年，覃恩封太安人。

裘氏，顧嘉謀妻。十八歲夫亡，守節至六十餘年。

秦氏，顧立昌妻。二十二歲夫亡，守節五十三年。

趙氏，封家浜生員秦栻繼室。年十七而婚，生三子。夫亡守節，至萬曆間，年八十三終。

倪氏，吴之光妻。二十五歲夫亡，姒欲奪其志，倪以死自誓，刻意教子自惺，中副榜。守節六十年，壽八十有五，學使暨直指並獎之。婁東陳安道瑚爲立傳。

汪氏，吴之文妻。天啟間，吴任寶坻縣掾，卒。汪扶喪南歸，苦節四十年，邑令隨獎云：「懿德可風。」明進士王貞憲泰際立傳。

滕氏，倪文美妻。二十九歲守節，至崇禎十五年，壽九十有二終。

石氏，李允文妻。允文遇兵死，石年甫二十五，事姑育子，皆十指所出。壽八十三，守節五十八年，邑令陸清獻公給「勁節遐齡」額獎之。

李氏，庠生元白女，適木瀆周康侯。事姑盡孝，姑老病，氏以乳乳姑。會娩身，慮兒分食，乃與夫置兒竹筐，潛棄之。其事絶類郭巨，後爲殷氏子。徐侯齋枋爲立傳。

國朝

陸氏，沈光祚妻。二十七歲夫亡，守節四十五年，巡按金表其閭。（熙案邑志增入）

汪氏，教習江旭妻。旭父死，母許氏哀毁成疾，而旭祖母倪氏在堂。氏爲冢孫婦，佐許竭力，事倪十六載如一日，倪壽八十二終。復事姑，承顔順志。及旭殁，氏柏舟自誓，憐從子幼孤，撫之成立。後許年九十四卒。

程氏，庠生洪富吉妻。年二十七而寡，守節四十八年。氏通書史，明大義，當夫病革，曾刲股以進。年及七十，爲故舊家女師，咸敬禮之。

徐氏，張景星妻。二十□歲夫亡，操家嚴謹，守節五十年，邑侯給獎曰「節比柏舟」。

周氏，張景芳妻。年二十□歲夫亡，紡織養翁、姑二十餘年，及卒，負土葬之。生一女，甚孝，守節三十年而終。徵君鴻磐爲詩美之。

徐氏，張元聚妻。二十二歲夫亡，遺腹子佳緒，撫之成立，爲名諸生，守節四十餘年。

談氏，倪澄第三妾。澄老，納談。談與嫡周氏俱無子。次妾陳氏，生一子。澄及陳俱殁，周挈先所立嗣子同居，悉蕩遺産。談獨撫藐孤，拮据萬狀，自二十二歲守節，至康熙二十六年壽七十三殁。

楊氏，宣令培妻。二十二歲夫亡，矢志甚堅，守至四十餘年殁。

彭氏，戴子樓妻。苦節感神，見錢顧琛《蕭相國祠碑記》。

陸氏，金有倫妻。二十六歲夫亡，撫三歲孤之礪成立，娶媳陶氏。之礪尋卒，陶年二十有四。姑媳相依苦守，陸壽七十，陶壽七十有八。陸侍御給獎曰「兩世完貞」。

金氏，陳一宰妻。二十九歲夫亡，矢志撫孤子瑢，歷二十餘載，爲娶婦管氏，瑢又卒。管氏奉姑共守，金年七十有八，管先卒。

張氏，諸生陸其資妻。二十八歲夫亡殮畢，閉户自經，姑救之得甦，撫孤守志以老。子廷炎，入邑庠。

金氏，吴兆嘉妻。二十六歲夫亡。子甫期月，家赤貧，以紡績自活。歲歉，啖棉花仁，哽噎幾死。苦節五十四年，壽八十而終。

甘氏，徐宗本妻。二十七歲夫亡，守志撫四歲孤。勤紡績，蚤作夜寐，未嘗以勞悴怨懟。歷二十年，而子始成婚。

陸氏，陳鶴齡妻。二十八歲夫亡，撫育遺孤，守節至七十一歲。

王氏，貢生沈一鶚妻。一鶚鋭志名場，咯血卒。王年二十九，子岍方數齡。王哀痛欲從死，舅姑曲慰之，盡力奉養撫孤，悲悼成疾，十餘年卒。學使張公給額。

劉氏，張信妻。年甫十九，信病故，遺孤在襁褓，堅心撫守，矢節五十餘年。

羅氏，嚴雯妻。年二十七夫亡，一子幼，辛勤撫育。子既娶而夭，同媳孟氏復撫遺孫，姑媳相依爲命，壽六十餘歲，孟壽亦六旬餘。

陳氏，諸生王瑗妻。婚時瑗已病劇，陳不解衣帶，奉侍湯藥，兩月而亡，年甫二十。守節四十四載。郡侯陳公鵬年奬之。

王氏，江愷妻。二十九歲夫亡，守節撫孤子成立，年五十五歲。

張氏，進士張陳典同祖妹，陸聞韶妻。二十九歲夫亡，紡績撫孤，守節四十四年歿。

瞿氏，陸懷珍妻。懷珍亡，瞿年二十九，家赤貧，賃屋而居，蚤夜織作事姑。遇歲荒歉，減己食以飽姑。姑歿，竭力殯葬。年五十九卒，苦守三十一年。任令張揆方作傳。

江氏，李令侯妻。年二十六歲夫亡，紡織養姑，撫嗣子士源，苦守終身。

沈氏，李士榮妻。二十七歲夫亡，撫孤逢春，娶媳章氏。逢春歿，章年二十六，遺腹生一子元。姑、媳相依苦守。當士榮之亡，父母俱存，沈氏苦作以養之。士榮有妹贅壻居母家，欲吞其産，忌其孤，數伺間欲戕之。姑媳二人保抱不釋手，越三載乃免。章年五十七先歿，沈壽至八十而終。

童氏，杜涵清妻。二十九歲夫亡，家赤貧，無以爲活。挈孤子，依胞兄諸生寧敏，守節三十七載終。

陸氏，張元音妻。二十□歲夫亡，僦屋半間，紡織撫孤，鄰里稱爲「半間寡婦」，守節□十年。

俞氏，張浩西妻。二十八歲夫亡，無子，紡織營生，節衣縮食，以餘資建立宗祠。守節五十八年，壽八十六。

余氏，太學生陸廷耀妾。二十八歲夫亡，撫遺孤紹仍，娶張氏。紹仍尋卒。復與張氏相依苦守，撫嗣孫永椿。

王氏，孫式如妻。二十歲夫亡，守節六十年，壽八十。邑侯廖公運芳獎曰「荼苦松貞」。

王氏，郭聖佐妻。二十九歲夫亡，守節五十六年，壽八十四歲。

胡氏，蔣存仁妻。二十九歲夫亡，矢志苦守，教子宗孟讀書積善。邑令劉公昆澘給獎，曰「晝荻遺徽」。

吴氏，楊翰文妻。素嫻内則，于歸盡婦道。夫病瘵二載，盡心湯藥。夫亡，年甫二十四，毁容矢志，窆夫骨自營壽壙。太姑患癱疾，累年牀褥，視膳、調藥、浣滌，咸躬任之。

印氏，吴鼎泰妻。夫亡，紡織爲生，苦守三十餘年。

吴氏，沈世淳妻。二十四歲夫亡，守節至六十三歲。

潘氏，許五觀妻。二十八歲夫亡，撫遺腹子成立，守節五十七年。

王氏，杜衡初繼室。甫過門，未結褵，衡初卒病死，苦守四十餘年。（熙案：衡初少孤貧，自力於衣食，迎親日，張樂召戚友。女至門，將行禮，衡初久不出，徧尋之，已自刎於牀矣。在座咸歎詫。女依母家守貞，壽八十餘卒）

王氏，張在中妻。二十四歲夫亡，守節二十九年。

陸氏，邑庠生朱重光妻。二十□歲夫亡，守節二十五年。

邱氏，徐□□妻。二十□歲夫亡，守節□十□年。督學崔給「操並松筠」額獎之。

葉氏，金源遠妻。二十四歲夫亡，苦節終身。

陳氏，光號浦用楫妻。二十九歲夫亡，守節五十三年，壽八十三歲。

張氏，光號朱百言妻。二十九歲夫亡，守節五十七年，壽八十六歲。

張氏，金櫃妻。二十七歲夫亡，撫子濟燮成立，守節四十四年，壽七十有一。

朱氏，王□□妻。二十六歲夫亡，守節三十四年，年五十有九。

石氏，朱垣妻。二十六歲夫亡，守節。邑侯介公玉濤給額，曰「苦節演宗」。（熙案：原本有「守節四十六年，現年七十二」。凡書「現年」者既概從節，則守節年數，尚未可限，故亦從節。後倣此）

呂氏，周東白妻。二十□歲夫亡，無子，矢志終養舅姑，並臻大耋，守節□十□年。

沈氏，監生程文錡妻。二十八歲夫亡，守節三十八年。

沈氏，陸應雯妻。二十九歲夫亡，守節五十年卒，壽七十有九，撫孤成立。

席氏，朱永琴妻。二十九歲夫亡，守節三十九年，年六十有七。

諸氏，王序九妻。二十九歲，夫亡守節。

姜氏，陸天沛妻。二十四歲夫亡，守節四十七年，年七十。

沈氏，陳秉銓妻。二十五歲夫亡無子，守節二十八年，年五十三。

金氏，謝率典妻。二十九歲夫亡，守志三十五年，年六十三。

張氏，徵士雲章孫女，監生程文桂繼室。二十二歲夫亡，時遺資已盡，前妻子又歿，張歸母家苦守。

顧氏，姜號五圖劉適均妻。苦節三十餘年，掌縣事侯國璋給「志節可風」額獎之。

徐氏，張君華妻。二十七歲夫亡，苦節六十年，壽八十六。邑侯趙向奎給獎曰「皎月清霜」。

陸氏，謝雲正妻。二十六歲夫亡無子，守節二十八年，年五十四歲。

錢氏，程永勳妻。二十五歲，夫亡守節。（熙增）卒年六十八。

李氏，張秉倫嗣子培六妻。二十□歲夫亡，守節□十□年。

杜氏，吴叨觀妻。二十六歲夫亡，守節四十四年而終。

朱氏，王尚隆妻。二十七歲夫亡，事翁姑盡婦道，撫遺孤成立，守節三十一年，年五十七。

程氏，倪天則妻。二十□歲夫亡，投井殉夫，家人救免，傷一足。事翁姑盡孝，姑患痢，躬親浣濯不倦。守節四十餘年，壽六十七。

倪氏，朱若廷妻。二十□歲夫亡，歸父母家守志，以針指之餘佐夫兄，營葬翁姑。

陳氏，姚茂華妻。二十七歲夫亡，守節五十一年，壽七十八。藩司李陳常給額曰「節並松筠」。

張氏，陸允祥妻。二十九歲夫亡，守節五十七年，壽八十有五。

許氏，監生姚元揆妻。二十九歲夫亡，守節五十九年，壽八十八。

陸氏，祖許女，適稱號黄文模。二十四歲夫亡，守節四十五年。

張氏，董策之妻。二十三歲夫亡，無子，守節四十九年，壽七十三。

□氏，張二宜妻。二十九歲夫亡，守節五十四年，壽八十二。

陳氏，金濟燦妻。二十七歲夫亡，守節三十六年，壽六十有三。

邱氏，汪逢發妻。二十三歲，夫亡守節。

范氏，太學生汪士銷妻。二十五歲，夫亡守節。載《歙縣志》。

李氏，張天章妻。二十九歲，夫亡守節。

管氏，張鳳儀妻。二十四歲，夫亡守節。

顧氏，張璽廷妻。二十六歲，夫亡守節。

杜氏，沈焕妻。二十歲，夫亡守志，撫遺腹子厚基成立，入太學。

方氏，貢生陸本仁側室。二十九歲而寡，紡織撫孤，竭力營葬兩世。守節四十年，年六十九。

陸氏，金上求妻。二十九歲夫亡，依伯父家守志，敝衣藿食以終。

陸氏，麗號趙來儀妻。二十三歲，夫亡守節。

李氏，麗號陳尚忠妻。二十八歲，夫亡守節。

黄氏，甘國璧妻。二十□歲夫亡，撫孤子霖入邑庠。

楊氏，朱培實妻。二十九歲夫亡，撫孤子堅若成立，娶媳亦楊氏。堅若夭，復與媳矢志撫兩孫。乾隆戊戌年，遇火災，媳與兩孫俱死，楊獨苦守。

謝氏，適劉家行王天行。二十七歲夫亡，挈子賓，歸父母家，守志三十九年，年六十有六。

吴氏，童應隆妻。二十八歲夫亡守志，老姑在堂，慈愛如母子。

吴氏，諸生徐文彬妻。二十六歲，夫亡守節。（熙增）六十四歲卒，守志三十八年。

黄氏，王東佩妻。二十九歲，夫亡守節。

章氏，邵宗玉妻。二十八歲，夫亡守節。

朱氏，沈天禄妻。二十七歲，夫亡守節。

顧氏，金賫成妻。二十六歲，夫亡守節。

葉氏，陸宗望妻。二十六歲，夫亡守節。

吴氏，陳覲鑾妻。十九歲，夫亡守節。

李氏，張□□妻。二十四歲，夫亡守節。

陸氏，顧篁妻。二十九歲夫亡，食貧守志。

何氏，陳紹安妻。二十六歲夫亡，矢志終養舅姑。

陸氏，監生沈奕藩妻。二十四歲，夫亡守節。

管氏，張輝吉妻。二十八歲，夫亡守節。

陸氏，葉來遠妻。二十九歲夫亡，守節四十九年，壽七十八歲。

汪氏，王世鍇妻，霍山教諭國琦姊。二十九歲夫亡，守節三十五年，年六十四歲。

熙增：

石氏，國子生程永潤妾。永潤卒，石年二十有四，守節二十餘年，撫子攸蓑成立。

郁氏，管靈積妻。年二十一于歸，甫踰年，夫歿，依夫叔長齡，度日維艱。長齡憐之，諷以改適，冀免飢寒之苦。氏泣曰：「苦命人何適不窮？吾圖温飽，死者能瞑目乎？」自誓守志，纖瘦骨立，健於耕織以自食。現年七十二歲。

徐氏，洪稔昌妻。年三十歲夫亡，守志三十餘年，撫兩孤俱成立。

高氏，陳予智妾。年二十七歲，夫亡守志，茹素終身，卒年五十有七。

黄氏，張學厚妻。年二十七歲，夫亡守志，撫嗣子記昌成立，娶媳王氏。記昌又蚤卒，王氏時年二十三歲。姑婦煢煢相依，黄氏現年六十三歲，王氏現年四十三歲。

張氏，浙人，適寄籍南翔之職員江自强。年十九歲，夫亡守志，卒年七十有七。

沈氏，許嘉貞妻。結褵甫十二日，嘉貞卒，氏守志以老，卒年□□。

陸氏，監生金希聖繼妻。年十九歲，夫亡守志，操持家事養姑撫孤。現年六十有一。

陳氏，候選州同程暄妾。暄卒時，有妾七人，俱年少，嫡各贈以簪珥、衣服、箱奩，召父母至，令改適。獨氏願終守，父母逼之，泣曰：「可二夫耶？」志不奪。與嫡相依，卒年六十有四。

楊氏，庠生朱存浩（庠名衣）妻。年二十一歲夫亡，守節四十九年，七十歲卒。

陳氏，西玉女，適李廷棟。結褵三載，夫亡無子，時年二十五歲。家貧姑老，苦志守節，卒年七十有二。

羅氏，福建明通進士江文習妻。夫贅於槎，年二十九而寡，依兄弟居，教女十餘年，擇壻葉長春遺嫁焉。後羅遭回禄，羅待傅不避，俟壻至，則樓梯已絶，從窗自墜，略無所損。遂居壻家，茹荼苦守，卒年六十有二。

胡氏，程廷僉妻。廷僉蚤卒，無子。氏時年二十四歲，依城中兄弟家守志，撫女遺嫁。現年五十五歲。

李氏，朱鳳琴妻。年二十四歲，夫亡守節，撫兩孤成立。現年五十六歲。

范氏，吴維坤妻。年二十三歲，夫亡無子，撫遺腹女，守節四十七年，卒年七十歲。

沈氏，乾隆丙辰舉人陳燿子秉均妻。年十九歲夫亡，守節幾四十年，年五十有六。

程氏，沈錫旂妻。年二十九歲夫亡，長子方七齡，次子方五齡，撫育成立，爲之婚娶。守節三十六年，卒年六十有五。

王氏，陸應際妻。年二十八歲夫亡，遺一子二女，苦守撫育，俾各成婚嫁。現年八十一歲。

周氏，滕鼎臣妻。年二十七歲，夫亡無子，紡績度日，撫遺女遺嫁，守節五十餘年卒。

李氏，杜松濤妻。年二十五歲夫亡，撫孤成立，守節五十餘年卒。

楊沈氏，沛若妻。年二十三歲，夫亡守志，事舅姑盡孝；遺孤纔三月，撫養成立。瓶中無宿舂糧，面無憂色。現年七十有三，一生無疾，四世一堂，閭里以爲苦節之報云。

楊氏，志達孫女，適陸嘉徵。甫百日，嘉徵卒，歸父母家苦守，勤於操作，自食其力。現年六十九歲。

李氏，戚啟淇妾。夫亡，守節四十餘年，年六十餘卒。

沈氏，姚思成妻。年二十七歲夫亡，守志五十餘年卒。

陸氏，程西成妻。年二十七歲，夫亡守志，現年五十四歲。

王氏，沈鳴佩妻。年二十八歲夫亡，撫四齡孤成立，守節四十餘年卒。

張氏，沈文敷妻。年三十歲夫亡，撫兩孤成立，守節五十餘年卒。

王氏，嚴鳴鑾子，太學生紹斗妻。年二十三歲，夫亡守節。現年六十有六。

黄氏，李永鑑妻。年二十七歲夫亡，長子五齡，次子生甫五月。節儉持家，俾二子皆婚娶。足不出内庭，言不出外閫，守貞茹苦五十六年，卒年八十三歲。

陳氏，范士鏡妻。士鏡卒，氏時年二十五歲，以紡織供養舅姑。姑疾，刲股雜藥以進。姑病卒，適西鄰不戒於火，勢甚急，曰：「奈姑柩夫柩何？」大慟。風即反，火滅，里中咸稱異。自是日積數錢，三年，購地葬姑，爲舅封壽域夫厝穴旁。遺孤澄甫生六月，教之成立。現年六十有五。

吴氏，蘇州府人，康熙辛卯武舉陳王繹從子墀妻。年十九歲，夫亡守節，六十七歲卒。

陸氏，汪浩妻。年二十九歲，夫亡，遺孤方周歲，家赤貧。挈孤依父母家，事母撫孤，茹苦守志。現年七十歲。

吴氏，杜振初妻。二十三歲夫亡，守節五十四年。嗣子遇良妻陳氏，王繹孫女，年二十五歲，遇良卒，無子。姑媳相依，吴氏七十七歲卒。陳氏現年六十有五，守節四十年。

徐氏，廩貢生樹紳女，監生石芑妻。芑故，氏年二十九，守節四十餘年，現年七十有一。

長媳胡氏，太學生承祚女，鍾瀚妻；次媳朱氏，附貢生方煜女，鍾岱妻，現亦守嫠。

黄氏，庠生雲女，國學生吉應龍妻。幼讀書，知大體。年三十歲，應龍卒，氏支持家事，饒有幹略。守節近三十年，五十六歲卒。

陸氏，徐紹基妻。年二十歲，夫歿，食貧苦守，紡績耕種，奉事翁姑二十餘年，先後去世，盡力喪葬。撫養孤子錫爵成立，娶媳，生兩孫。現年四十有五。

李氏，吴維宗妻。年二十七歲，夫亡守志，撫孤廷桂成立，娶媳生孫。現年七十有五。

陸氏，張瑞祥妻。二十九歲，夫亡守節，無子。現年五十有六歲。

朱氏，徐魯藩繼妻。姑患背疽，力不能進參藥，日以乳乳姑，遂愈。二十九歲，夫亡，勤苦自守。翁姑暨夫、原配四喪，並以紡織資營葬。現年六十四，無子。

金氏，沈芳林妻。三十歲，夫亡子死，立志守節。年老無依，歸父母家，卒年六十有六。

朱氏，孫錫基妻。二十二歲夫亡，撫孤守節，現年六十有三。

毛氏，浦明彩妻。年二十四歲，夫亡苦志，紡織以度，守節三十八年。現年六十二歲。
李氏，陸耀成妻。年三十歲夫亡，矢志柏舟，撫孤守節四十年，嘉慶十年卒。
吳氏，陸鴻遠妻。年三十歲，夫亡苦志，守節四十二年，嘉慶十一年卒。
張氏，汪世善子霖蒼妻。年二十五歲，霖蒼歿，守志撫孤成立，奉舅姑二十餘年，嘉慶七年卒。
金氏，陸宗祧妻。蚤寡，撫嗣子翰豐入邑庠。
張氏，王尚質妻。年二十一夫亡，事翁以孝聞，守節三十餘年卒。
郁氏，邑庠生王鳳鈞繼妻。年二十八夫亡，孝事姑，苦節幾三十載。
黄氏，李耀千妻。年二十七歲夫亡，守節三十八年，卒年六十有四。

列女四

國朝

姚氏，石潤躬聘室。潤躬蚤卒，姚年二十三，矢志守貞，服衰往石守志。乾隆四十五年歿，壽七十三。姪廷獻，稟縣請旌。
俞氏，郭天瑞聘妻。天瑞夭，俞守貞。

金氏，諸生陳允德子令望聘室。令望未婚而殤，金年甫十五，守志父母家四十六年，年六十有一。

程氏，文松女，年十五，許字謝玉珍。遠出無耗，玉珍父堅請女家另配，女誓不從，守貞以老。

張氏，名懿，國柱女，五歲喪母楊氏，撫尸慟絶，左耳爲之失聰。祖母馬氏，病癱瘓，便溺寢起，晝夜扶持，凡十年。馬氏卒，懿哀毁數月，亦卒。督學楊獎曰「孝女維風」，郡守陳亦獎曰「閨中純孝」。

李蟠《張孝女詩》：「母亡長慟廢一耳，自恨不得隨母死。爲憐祖母老益衰，生則竭力死則已。二十五年不嫁身，歸見慈親色應喜。世間能孝即完人，今見張家一女子。」

熙增：

石氏，程景猷聘室，景猷未娶，蚤故。氏立誓守貞，即喪次成服。事翁姑三載，翁卒，事衰姑尤盡孝，茹荼含蘖四十餘年，卒年六十四歲。邑侯楊公可春給「柏操松貞」額獎之。

汪氏，目雙瞽，字某某，亦瞽，貧不能娶，託媒諷令改適。氏矢誓待嫁，未幾，某卒，氏依兄弟以居。現年六十有一。

沈氏，嚴錫祺聘妻。錫祺未娶，卒，氏歸夫家守貞。現年五十歲。

列女五

明

鄭氏，諸生李杭之妻。杭之遇亂卒，鄭依壻金起士，同女赴水死。

金氏，諸生李昂妻。昂爲亂兵所害，金歸依父母家，從父母死。

國朝

張氏，李士錡妻。年二十三，夫歿，誓以身殉，姑百方諭止之。一日，弟來視，語之曰：「汝勉自立，我將從夫於地下矣。」竟絶粒卒。婁東王撰爲立傳。

閻氏，臨清人，年十七爲金紹山妾。紹山老病，閻事之十二年，無怨色。及紹山卒，有僕婦憐其年少，諷以改適，輒批其頰。未幾，卒。

李氏，年十八，適湄浦蘇潤。五載夫亡，製木主，置卧内，飲食相對。里兒賂其夫兄，謀娶之。氏聞，怡然曰：「故知吾不終也，但五年夫婦，必一祭而後行。」祭畢，慟哭入内，自經死。順治初年事。

張氏，戚□□妻。戚蚤卒，一子又殤，誓以身殉。遣人辭父母，父母急往視之，已掩户自經矣。上下衣服多密紉。

鬰樓婦某氏，蚤寡，無子，矢節養姑。姑恆憶子而哀，輒寬譬之，時進酒果以悦之。後二十年，姑死，既葬，即自經。其親殮之，與夫合葬。此婦楊志入紀龐中，今改入《節烈傳》，但世次無考，故附於後。

熙增：

朱氏，趙某妻。趙負豪某金，豪親往索，見氏色美，悦之，授意於趙素所往來者，得一親婦膚澤，債可已。趙畏其勢餤，謀諸婦，氏曰：「不允，則害我夫；姑允之，悉燒其券，失身勿慮也。」趙遂邀豪至其家，券悉焚，氏佯作喜色，曰：「請入稍修飾，方可侍富人。」豪待久不出，則已縊於樓矣。趙利豪金，寢其事。里人咸以不得陳之當事請旌爲憾。

王氏，小家女，適踹匠某，生一女。某負坊甲銀，甲固棍惡，禁不令踹布。某無生業，貧難度日，計維鬻妻償負，猶可踹布自活。氏偵知之，恐死後鬻女爲人婢，遂伺深夜，以繩自繫，並繫其女共沈於池。見者酸鼻。

列女六

國朝

徐氏，名懿順，諸生甘應麒聘妻。未婚，夫死。徐欲歸甘持服，父母不許；請送葬，又不許。潛謂妹曰：「吾受甘氏聘，即甘氏婦也。甘死，將安之乎！」乘夜，自經死，時年二十二。事聞，詔旌。

邑人浦南金詩：「朝雁雲中飛，悲鳴失羣侶。淒影不成雙，我聞徐氏女。同里甘生麒，聘之未及娶。甘生髫齔時，蚤已辨章句。十三習幼儀，十四學《論語》。十五漸成童，十六解文賦。十八試有司，頭角倏已露。歸來臥牀褥，奄奄氣如縷。病在膏肓間，大限莫能度。醫藥藥無功，禱神神不顧。父母痛心肝，雖愛將何助！黄昏鴞鳥嘑，鵑鵑多不祥。徐女驟聞之，悄然入閨房。發書啓占之，骨肉分乖張。門前白衣人，來報甘生亡。阿母喚吾女，甘生昨已喪。女聞不答應，俛仰情内傷。上堂啓阿母，欲往哭夫旁。母謂兒何癡，爾未拜姑嫜。爾未諧伉儷，何以哭夫旁？死者長已矣，生者各自全。少年慎自愛，憔悴損紅顔。母命不可違，但自背面嘑。嗟嗟空房中，淚下不自知。雖未諧伉儷，黄壚以爲期。初心既相許，誓不重結縭。晻晻日向暝，日暝雞欲棲。命盡今夕中，寒燈慘無輝。遍身素衣裳，簪珥不復施。便作雉頭懸，永與世人辭。天明不聞聲，阿母獨驚疑。倉皇入門看，母子相抱持。搥牀便大哭，舉家爲歔欷。魂去尸長留，買棺殯殮之。甘家聞此事，歎息每稱奇。遣人求合葬，合葬理非宜。葬之高岸頭，不異華山畿。我知二英魂，化爲連理枝。枝枝自相糾，葉葉自相依。上有雙棲鳥，朝朝去來飛。天長與地久，萬古青陵臺。」

熙增：

嚴氏，貢生鴻業女，字監生胡承祐子大珏。大珏未婚卒，氏絶粒七日以殉。葉運使昱爲之傳。乾隆五十八年，詔旌。

李氏，嘉賓女，居高家場，性幽貞，未字。或中以蜚語，氏忿然曰：「名可汙耶！」遂自經。當事嘉其捐軀明志，罪蜚語者。嘉慶十年，事聞，詔旌。

熙案：列女凡六册，一、節婦已旌；二、貞女已旌；三、節婦未旌；四、貞女未旌；五、烈婦；六、烈女。史亭書成，迄今二十餘年矣。熙就所知增補，第潛德幽光，一時見聞，未能徧及，倘有闕遺，幸祈示我，以便續纂。

列女七（熙增）

陳氏，李遜修妻。楊氏，陳球妻。李氏，吴心牧妻。徐氏，陸經緯妻。王氏，陳公彩妻。諸氏，陳亮尹妻。陳氏，張晉妻。項氏，生員張天儀妻。楊子北堂出一紙示予，曰：其曾祖勷平先生手筆登記，即上八節婦也，事實未録，年代莫考，已旌未旌，俱不可知。張志失載。雍正間，程侯邑志亦無其人，爰另爲一册志之。

羌氏，張詠妻。柯炌《張烈婦紀事詩》：「匹婦志行堅，一往不可止。事夫貴有終，能抱貞心死。古昔載青編，亂離没下里。若此平居時，恐作等閒視。張詠槎溪人，娶妻乃羌氏。庚申歲孟秋，張君病不起。殮夫痛哭餘，密縫衣表裏。旁人那得知，一踴赴秋水。水淺未徧濡，以面向泥滓。兒女素所無，年才三十耳。吾友趙溥舟，吁嗟曾作誄。鄭重爲予言，此事應詳記。以俟采風謡，志書載原委。末俗江湖流，旌揚勵靡靡。愧彼貪生者，並雪巾幗恥。我意與之長，幾希見天理。對日書此詩，霜雪不侵指。」熙案：張志衹載此詩，未爲立傳，今附於此。

吴氏，鮑文淵繼妻。蔣太史士銓詩：「鮑文淵，歙縣民。繼妻吴，吴郡人。廿二嫁，廿九寡，六十請旌朝命下，迴念生平淚盈把。幼失母，孝於耶，事舅姑，宜室家。閔損、王祥不飢不寒，不知繼母承母歡，兒衣兒食母艱難。兒讀書，母灌蔬；兒焚膏，母辟纑。十指之血縷縷積，夫柩得返孤不孤。先贖百畝田，後表九世墓。夫伯父母棺已櫕，妾在忍令棺暴露？葬之先壟傍尊嫜，九原骨聚松楸長。賢哉節母生何鄉？嘉定之鎮名南翔。」吴楚英心梅檢蔣心餘先生稿，得此詩，玩其結句，蓋我南翔人也。張志失載，里中亦罕有知其事者，亟爲録入。

方外

梁

德齊，天監中，創建寺，有雙白鶴來依，寺賴以成。後鶴望南而翔，因名之曰「白鶴南翔寺」。是爲寺開山之祖。

唐

行齊，開成間，止錫南翔寺中，亦有雙鶴來依，因説法募葺。時莫少卿捐産助工。

宋

如茂，號柏岩，白鶴寺僧。戒行高潔，未寂前，貽書邑令朱象祖與訣，臨逝説偈云：「鐵船到岸，苦海波息。快哉時兮，風清月白。」

元

文藝，落魄嗜酒，人皆薄之。每獲襯施，輒與貧者。後坐逝作偈，有「踢倒須彌，賽過濟顛」之句。

良珦，號石田，俗姓朱，其父了融，衣紫僧也。珦少祝髮南翔寺，志沈靜，每寢食卷帙，尋味不倦，振興佛教，先後建大刹。

慧可，白鶴寺僧。至正間，貧民逋賦受杖，慧可捐銀一萬六千餘兩代輸。（熙案邑志增入）

明

大彰，通内外學。永樂中，嘗應詔於天界寺，注《心經》及《金剛》、《楞伽》二經。同時有道存者，亦南翔寺住持，能詩文，預修釋典。（熙據都穆《練川圖記》增入）

自重，字卧雲，祝髮於白鶴寺之涵春房。工書，王司寇世貞撰修殿記，自重繕寫上石。

海澄，字寶筏，祖籍崑山，習禪於白鶴寺。時刹運中衰，且里中遭倭亂後，人户稀少，物力艱難。澄次第募建檢經堂、放生社，大殿易柱石，又於其後建禪堂，啟華嚴道場，諸方名德畢至。寂後，徐澄城時勉銘其塔。（熙增）

國朝

若嚴，六如庵僧。李泡庵流芳嘗爲之寫《般若波羅密多心經》，張無證彦繪此經意。若嚴自題小像云：「這阿師從何來？癡不癡，獃不獃，上不着樹，下不倚崖。父母未生我何有，父母生後爾何來？雖然爾即似我，千年之後，恐爾爲灰。」李緇仲宜之、汪無際明際、徐籧庵時勉諸先生，俱爲像贊。（熙案：嘉慶七年，李桐園鳳昌重修六如庵，庵僧出舊所藏李泡庵手寫

《心經》、無證道人畫經意，並若嚴小像、諸名流題詠。桐園攜歸，爲之裝潢，合成長卷，慨然曰：「噫！倘彼所謂法緣非耶？雖然，使若嚴當日繪此像，不乞諸名人題詠，予雖見之，亦愁置之耳。然則所謂緣者，又在彼不在此，予用是益知緣之妙矣。乃跋而歸之。若嚴殆亦不俗者。」（史亭原本失載，爰爲增入）

宏潢，字夫則，歙人，俗姓洪。幼讀陽明、龍谿、近谿《語録》，有出世之志。既而博閲《華嚴疏鈔》、《會元記》等，於道大悟，遂披緇衣，皈依臨濟。爲門人汪潤生注釋《楞嚴》，指示妙義。久於槎上，晚棲繡水之香萃庵，卒。

超洪，字解三，生時母夢星斗墜於庭。幼祝髮於雪方堂，常聚沙彌説法。入都，胡少宰兆龍請閲《藏經》，閉關六載，人稱「解菩薩」。召對玉泉山静明園，賜坐説法，命住香山宏光寺，賜「真如鏡」三字顔其座。

慧默，字惺寂，寶華堂僧。修潔不俗，文士多與結方外交。寺基百餘畝，苦輸税。會糧道王公惓行部駐寺，默哀懇蠲賦，公鑒其誠，力請撫軍題免之。

智暹，字一峯，沈静簡默，能詩工書，兼精篆刻。同時有敏行，字聖樓，亦能詩。並飛錫槎上。敏行有《伐樹》佳句云：「乍減三分緑，能開一片天。」人爭傳誦之。

敏膺，字自求，落髮白鶴寺，受衣鉢於華山僧曉青。恭遇聖祖南巡，幸華山，邀睿眷入京謝恩。命侍駕游西山，御書「雲翔寺」三字賜之。後終老翠巖，賜號「香域禪師」。著《香域集》行世。

榖星，儒家子，從大德萬壽寺住持完魯披剃。完魯示寂，榖星靈巖受法歸，里人公啟請主大德方丈。清苦自厲。嘗在離垢園，與雲間沈賁園白趺坐梅根，啜茗靜對，出所著《頌古》一編。白稱其「於陳爛葛藤，掀翻窠臼，自出手眼，敲骨見髓」。白與里人張桐山凝元俱爲之序。（熙增）

祖安，字智善，雨華齋僧。後止錫於虞山破山寺，通釋典，亦能詩。雍正中，奉命分校《藏經》，大學士恆軒蔣公溥深重之，稱「法弟子」。

熙增：

湘湄，主萬安寺方丈。葉運使昱與爲方外交。程友竹永潤贈以句云：「經落牀頭時選句，茶烹松下解留人。」蓋得禪悅味者。

皋雲，俗姓陳，本儒家子，幼祝髮雲翔寺。質樸靜穆，工書，無他嗜好。圓寂前，預告其師，屆期兩足趺跏而逝，人爭覩之，有瞻仰禮拜者。

南翔鎮志卷九

藝　文

文章爲不朽盛業。槎里自宋、元，至勝國中葉，閉户著書者濟濟，然散亡磨滅者，不可勝數也。今廣搜博訪，凡名流著作，有關閭里之風教、典故者，録入《文苑》，其目悉載簡編，下及方技諸書，亦不遺焉。務使作者苦心，不遽灰飛煙没。碑版之文不勝録，其名公椽筆略存一二，爰悉志其篇目，俾後有所考。志藝文。

書目

宋　《三傳析疑》。《樂志堂稿》。並陸時龍。

明　《豐和堂稿》。《管窺集》。並陸愉。《樗散集》。王春。《清風祠録》。《芸窗録》。《嵊志編》。並徐恂。《南翔寺文録》。僧文宷。

都穆《題南翔文録》：南翔爲嘉定名剎，予近以便道獲游其中。僧文宷者，聞予至，出迓，導予觀經幢石、梁朝井。已而入九品觀，登雲卧樓。宷言：「寺故有八詠，其所存惟此。而所謂禎明檜、博望槎，與齊師之鶴、鶴跡之石，則皆已滅没銷化，僅名之存而已。」晚宿宷室，復出寺之詩文觀之，若張丞相天覺、楊提舉廉夫、蘇太史昌齡、顧玉山仲英、秦文學文仲，皆宋、元名流，而仲英、文仲，又予之鄉先生也。因語宷曰：「地因人而重，人以文而傳。使當時而無八詠，寺未必有名。若是然，不收拾於殘棄之餘，則其後孰從而稽哉？」宷可謂賢於其徒者矣。宷字貴廷，亦究心詩學，云將刻此，此又不朽功也。亟成之。正德己巳夏五月十八日，虎邱山人都穆元敬父。

國朝汪炤《文録後跋》：案是書不載於邑志，編練川宋、元詩者亦未見甄録。大抵我鄉罕有知之者。初夏客游四明，見於范氏之天一閣，書共二十番十行十九字格，紙墨頗古雅。緣爲帙太薄，以稍大字鈔之，卷次則仍其舊，不敢變亂前人成例。我鄉書籍，失之目前，而遇之於千里之外，可感亦可寶也。乾隆癸巳秋八月，跋於天台旅館。

《粵西奏議》。張任。

胡宥《粵西奏議序》：余奉節案粵西，則與大中丞瀛峯張公同時，云公在鎮歲餘，黜浮冗，蠲逋負，蒐積寇，有功德於粵西甚著。間有所建白，則又悉中機宜，稱上意指。若疏各道執掌、疏大計、疏處土酋、疏征十寨，及條上善後事宜，則其大者，余時或與聞，輒咄咄歎服之。用是辱交於公非一日，而今公業已蓋棺。凡宦人蓋棺，多出遺稿以傳。會藩、臬司吴君、孫君等義不忘公，思所以圖公不朽者，索所遺題奏稿若干卷，付之刻，請余序。余安忍序公？顧惟不朽之道，不越穆叔所論立德、立功、立言三者，而德莫顯於裨民，功莫鉅於定國，言莫要於經世。三者，縉紳大夫或舉一焉，即死且不朽。矧公歷官中外，淮、冀、揚、越之間，所至誦義無窮。其德在烝庶，定策大征，坐收全勝，捷音馳布闕下，天子用告郊廟，風動四夷。其功在彝鼎，崇論宏議，良謨嘉猷，入以告於君，出不以聞於人。

今令其湮滅弗彰，是掩忠義之腹，而闕經濟之遺也，烏乎可！昔諸葛武侯輔漢，鞠躬盡瘁，没在行間，至其師中所上二表，流傳後世，讀之令人感動，談者至今謂孔明立不朽之業，於二表概之。考公爲十寨計，調度兵食，紛紜旁午，日不暇給，坐是功方告成，而身亦垂斃。其鞠躬盡瘁之心，視武侯何讓？余故爲之弁其端，以示來者，俾讀斯集，亦有所感動云。

《大征疏》。張任。《寄吟集》。陸憋。《萬山集》。張楙。《續文獻通考》。《三才圖會》。《古今考》。《周禮注》。《海防志》。《稗史彙編》。《吴淞江議》。《謚法通考》。《水利考》。《明農考》。《洪洲類稿》。並王圻。《長吟草》。《恤刑題稿》。《明志稿》。並張恒。《周易本義增删》。陸有文。《讀詩私記》。《諫垣疏草》。《李氏山房詩選》。並李先芳。《夢庵集》。李元芳。

國朝朱瀚《李茂初詩稿序》：余壯年而貧，氣甚壯，雖貧不憂也。既而十年爲退士，則時時憂貧，口授槎谿且十年，往來匍匐不休，家人目笑之，是殆以槎谿爲馬，磨乎不知止，且有憎若者。既而果然。余亦益自憎，嘗攬鏡良久，輒歎息投之於地，蓋甚憎鏡中我也。然我與我周旋久，舍我其誰？相知者，則又時時吟長句以慰勞之，吟罷棄去不再讀，如是者有年。今夏坐陳氏芳訊閣下，苦長日無新詩，讀李、杜、韓、柳詩，又高古不敢輕讀。既而得先生詩讀之，不啻裁縫得並州翦，而薦哀家梨於饞吻也。夫其老而貧，與予同；負氣不肯俯仰人，又同；詩出入香山、眉山，予不敢望。至其於倫常日用間，引繩切墨，快其胸中所欲吐，深鄙夫世之取青媲白，以聲律爲傭丐者，余亦將毋同。于是每對先生詩，喜甚，勝對鏡中我也。因與貧交，時去華共讀之，掇其尤者若干首，俾其曾孫愚録成淨本，且謀梓之。嗚呼！先生，我不及見之。先師魯齋，於先生有渭陽之誼，思先生而未之見，則思先師笑貌，以想見先生之爲人，又不獨以其詩矣。詩原本得之先生諸孫自牧，愚即自牧長子，余嘗口授者也。

《李翰林集》。李名芳。　《珵美軒詩稿》。張其廉。　《檀園集》。李流芳。

謝三賓《檀園集序》：予爲嘉定之三年，始謀刻四家文集。於時長蘅已病卧檀園，予躬致藥餌，登牀握手。長蘅爲强起，盡出所著作，手自芟纂，得詩六卷，序、記、雜文四卷，畫册題跋二卷，合十二卷，題曰《檀園集》，授其姪宜之，以應予之請。遂刻，自《檀園集》始。明年正月，長蘅没。予哭其家，爲經紀其喪，唏嘘不能去。已而刻成，因爲之序。長蘅累世纓簪，科名廿載，文章書畫，絢爛海内。其徒盗竊姓名，及摹勒衒售者，猶足以奉父母、活妻子，而長蘅身没之日，園亭、水石、圖書、彝鼎之外，巖無一金，廪無釜粟，高賢静士之風流，其大略亦可覩矣。爲人慷慨，遇不平事，無問朝野，輒義形於色，然慈惠樂易，其素性也。喜接後輩，周貧交，尤喜成人之美，未嘗有所怨忌。時或發詞偏宕，或詩文感憤，類於駡譏嘲謔者有之。然言者無罪，聞者足戒，正所謂深於風者矣。惜其窮老不遇，徒放浪於吴山越水，盱衡奮袂，以自鳴其不平。故僅存兹集以傳世，使得待詔金馬，延登玉堂，拜稽揚厲，以上繼臯陶、史克之作，令鄙人小夫帖耳咋舌於文章之有用，從此不敢侮易文墨士，亦不偉歟？而竟優游林壑以没，此予之歎息悲惘於長蘅也。嗟乎，長蘅之所流傳，未知雞林等國何如？凡我公卿學士，下至賈豎野老，以及道人劍客，無不知敬慕如古人然，長蘅亦榮矣。然大率珍其畫與書耳。能知其詩文之意之所在者，已不可多得，而况其爲人之大概乎？昔王逸少在東晉時，其精識深慮、高標偉節，識者信爲蔡謨、温嶠之流，而爲書名所掩，至今耳食者，但曉宗其翰墨，此又予之反覆婉折於兹序也。崇禎二年秋七月，友人謝三賓序。

《邀仙閣集》。汪明際。　《裴邨詩集》。閔裴。

黄淳耀《閔裴邨詩集序》：嗚呼！此吾亡友閔君裴邨之詩也。君家世力田，至君乃學制舉業，不就，去學詩。詩成，乃大困，然君好之益力，詩亦益工。嘗往來吴、越間，以篇詠自娱。其居家，或爲童子師，或田作自給。其爲人，事母孝，撫二弟有恩。人有饋之者，君未嘗固拒。或挾富貴衣食之，輒拂衣去，終身不見也。亦以此取怒於人，至推墮溝中，跛其一足。君詩中所謂「嘗切下堂悲」者，蓋指此也。所居老屋數椽，竹厨土銼，餔糜不給。君日仰屋梁語，雖家人呼之不應，其精苦如此！君没日，崇禎之十一年。没之前，爲醉李故人延致家塾，得寒疾歸，未至家數里，力疾盥飾，堅坐舟中。家人驚往逆之，已不能言矣。扶舁入門，一夕卒。卒時，手執一卷書牢甚，家人取視之，則其平日所爲詩也。嗚呼！可悲也已。世謂詩能窮人，歐陽子則謂「詩非能窮人，殆窮者而後工也」。以余論之，唐世以詩取士，上自王侯有土之君，下至武夫卒吏、緇流羽人、妓女優伶之屬，人人學詩，一篇之工，播在人口，故詩人易以得名。降至貞元以後，王澤既竭，而劉魯風、姚巖傑之徒，猶得挾其區區之聲病，所在爲諸侯上客，其恬淡隱約如方干、陳陶者，鄉國之人皆愛而敬之，則謂詩能窮人者，非也。今世以帖誦取士，上薄曹、劉，下迨李、杜，將亦不免於飢寒困踣之憂，况其下者乎！則謂詩不能窮人者，亦非也。若君之詩，清而不瘠，質而不俚，一唱三歎，有古者衡門詩人之風，則所謂窮而後工者，其亦信矣。夫君生平最善余，嘗欲余删定其詩，且爲之序。余有遠游，未果。既歸，而君死矣。索其家，踰年，乃得其臨没時所手執者一卷，爲之出涕。因商諸同好二三子，哀金刻之。嗚呼！君之於窮，固已不怨不憾矣，而猶不能無望於後世之傳其詩。傳與否，未可必也。余之力又非能使君必傳者也，則亦攟拾集比，以遺所不知何人而已。

國朝　《毛詩注疏大全合纂》。《澄城政略》。並徐時勉。《寓園集》。李宜之。《西樓集》。《雪泥集》。《西州合譜》。並張鴻磐。

李宜之《西州合譜序》：《西州合譜》者，子石張子，感念生平師友之誼，述其夢語，屬予弟僧筏所圖檀園、濤閣、司馬公署、梅花莊、西泠寓舍、南城别業也。子石既已記其因緣，各題語於圖之左右，而余爲之序曰：司馬公署，在杭州府治中，徐田仲先生昔爲貳守，嘗退食於此。予於六君子中，獨未識徐先生，而與唐元常之交不深，亦未識所謂梅花莊者。張叔維爲二十年之交，一再遇之湖上，其寓舍皆在昭慶。然予之客游西湖，且二十餘年，自大佛寺至西泠一路，漁莊書屋，閉目可數，而與張三彦雍時時爲文酒之會，春雨冬雪，多就南城别業而下榻焉。檀園，則大父所卜築，以授從父長蘅先生。而濤閣在誦芬堂之後，迺再從弟彝仲所朝夕於斯者。彝仲死而子幼，蓋予之不登濤閣者三年，而檀園亦池荒草合，非復戊辰、己巳之初矣。彥雍、元常死而無後，梅花莊之竹、樹終當付之夢游。南城別業雖稍稍刪葺，不異彥雍生存之日，而到輒傷心，倍於人亡而子繼者。若夫司馬之公署、西泠之客寓，其閲人來往，又可勝歎哉！ 釋氏喻人身之無主也如地，則地固無常主者也。然有時地藉以人傳，而人亦有時藉地以傳不朽。長蘅先生既以檀園名其集，書畫之流傳者復遍天下。天下之人皆知泡庵、蘿龕、劍蜕齋、慎娱室、次醉閣、翏翏亭、春雨廊、山雨樓、寶尊堂之屬在檀園之中，而長蘅爲之主。異日長蘅之名，直與輞川、浯谿同挂騷人韻士之口，此地之藉人以傳也。田仲先生雖不克盡究其政事，而治郡之績已可書公署之廡。叔維畫在妙品，旅泊西泠之日，其絹素往往散入四方好事之家。彝仲工書而善詩，詩有《濤閣二刻》。此三君子者，人、地猶在隱顯之間。彥雍、元常俱能爲詩、古文，而未得窮工竟才，其人尚隱，緣子石所記，而梅莊別業與檀園並傳。此六君子者，遂同不朽於後世。倘所云人亦時藉於地，非耶？ 慨自人心不古，而友道衰，凶終隙末，十恒四五，孰能見交情於死生，如子石之於六君子者！ 子石既篤於師友之誼，其才性更足掩暎一時。舟車所涉，自齊、魯而至燕之薊邱，東則溯浙江而上，南則由白下渡江至浠水，所至縉紳先生及魁碩之士，爭願借交於子石。其間存没之感，寧止六人，而所記與所圖者僅此，則此六君子者，其人果何如？ 而子石之於此六君子者，又何如也哉？ 予與子石，幸同里閈，又忝媚舊，然兩人自以才性相投契，初不以地之密邇及肺腑戚也。年來予每不自戒於血氣，宜爲子石之所告絶，而兩人之交彌久而固，抑不知此兩人誰爲後死者？ 苟以齒序，則猗園一圖，或當繫合譜後矣。昔王右軍當觴詠暢敍之日，而興歎於彭殤，似有不能忘情於生死者。余覽是圖，乃忽不知修年之可戀，而庶幾竊附於六君子之末。此非予之好名，果甚於惡死，而一時哀樂之感，其緣於情，而不可以理斷者，固如此也。

《止老堂稿》。《刑部招稿》。並張景韶。《周易本義觸》。吴自惺。《藝菊譜》。陸一謌。

《孝經略釋》。《孟子略釋》。《詩經略釋》。並柯炌。《杜詩解意辨贋》。

朱瀚《杜詩解意序》：《書》曰：「詩言志。」孟子曰：「説詩者，以意逆志。」作詩、讀詩之道盡此矣。荒於志而工於辭，以錦覆阱也；詳於事而舛於意，以水混乳也。作詩難，讀詩尤難。嘗喻之作詩猶鼓琴也。詩，琴音也；志，琴心也。讀詩，尤審音也。伯牙鼓琴，志在高山，子期曰：「美哉，峩峩乎！如高山。」志在流水，子期曰：「美哉，洋洋乎！如流水。」此作詩、讀詩之公案也。予何人哉，而敢注杜？然聖人嘗以學詩詔當世，自興觀羣怨，以至爲忠臣、爲孝子，而博其趣於昆蟲草木，明乎風雅之宜親也。杜詩詎出風雅下，謂學詩而不讀杜詩，可乎？毛注、鄭箋、紫陽《集傳》各有所見，謂讀杜詩而不分別真贋，探原竟委，可乎？此《杜詩解意》之所由奮筆也。采摭舊聞，與陶莊氏時一商榷，斤斤不敢忽，無非以意逆志，期爲少陵勞臣、諸家諍友，若不自量力，嘐嘐然爭鳴於壇坫之上，余何人哉！

《寒香集》。並朱瀚。《杜詩筏喻》。楊世清。《脈訣彙辨》。李延是。《醫學三要》。《心學編》。並陸元鼎。《衡霞山人集》。李聖芝。《周易參》。《四書參》。《唐詩參》。滕見垣。《陶莊詩草》。李燧。

陸隴其《李先五詩序》：予在嘐城，未嘗得與文章之士相親也。逮沭陽邱藏嶽以李子先五詩集見貽，且爲請序，因歎予之不能知李子有如此詩矣。染鼎者，不足以知味；吹管者，不足以賞音。況乎塵坌之餘，何能高談風雅，爲李子振踔藝苑也哉！然而竊嘗論之矣，詩自《三百篇》來，代有不同，變而不失其正者，詩固不没於人之心也。國風雖不登朝廟，其一時士女謳吟，衹以抒寫性情，闡揚興會，而貞淫舒慘之氣，王者采之，以徵治忽焉。有唐以詩取士，其所奏對，皆質有其文，務以平生所得，著之篇牘。識者尚譏其漸開淫靡，況下此者乎！今之稱詩者吾惑焉，生未嘗探詩之源流與其閫奥也，輒欲誇騷雅之盛事，鄙屈、宋爲後塵矣。而且闤闠之家，人有應、劉投贈之章，詞皆曹、陸，豈當世之人才果若是之盛乎？夫亦徵逐以爲榮名，抑羔鴈以資潤澤乎？予故謂近人之詩，雖有可觀，而求其不没於心如古人者，正少也。李子雖今之人乎，其詩則固有可采者。或見其艷發滃鬱，則以爲其才儁也；見其頓挫渾脱，則以爲其法敏也；見其鴻博雄肆而不竭，則以爲學專而思深也。是則然也，而皆不足以盡李子。吾之所以取李子者，以其品與養耳。夫詩以文身假以爲名利之梯，則非品矣；詩以攝性挾以爲奔走之具，則非養矣。李子少莊著書，評騭諸家，生不出里巷，四方名賢，時招致蒼雪樓，尊酒問業，絶無裘馬聲色之娱，以亂其情，則其品與養可知矣。今日有李子，意吾之所謂詩之「不没於人之心」者乎！太史公云：「國風好色而不淫，小雅怨誹而不亂。」蓋欲進屈原於詩，以揚其盛也。乃吾將進李子於有唐作者，以表其微，獲附於賞音知味之後，其可乎？藏嶽試爲我問：先五抑更有進焉者歟！

《江左闈儀録》。吴鼎位輯。《四書評註》。陸名業。《香域内外集》。釋敏膺。熙增，采入《四庫全書》。《感應篇翼訓》。《槎谿志稿》。並楊志達。《簪花亭四六》。顧瑞麐。

《藝菊志》。熙增，采入《四庫全書》。

王復禮《藝菊志序》：周子云：「菊，花之隱逸者也；牡丹，花之富貴者也。」「菊之愛，陶後鮮有人；牡丹之愛，宜乎衆矣。」余獨謂不然。蓋濂溪慨世故云耳。若士君子律身，出處無二道，隱逸、富貴因乎時而已，原不可以境遇爲軒輊也。夫子云：「隱居以求其志，行義以達其道。」子思子云：「素富貴，行乎富貴；素貧賤，行乎貧賤。」孟子云：「窮則獨善其身，達則兼善天下。」故莘野躬耕，春雨一犁，商巖版築，秋雲萬杵，以及尚父垂釣於渭濱，伏龍南陽之高卧，三聘與三顧，夢弼與夢熊，莫非時爲之，而可歧視者哉！崇安明府陸君，江南疁城人也。嘗於槎谿之上，卜築讀書，名花異卉，琳琅滿目，而尤喜藝菊，徧覓奇種，羅植階砌，真可謂繼淵明高躅而不逐時趨者矣。且其於菊也，有五異焉，皆淵明之所不及者：柴桑深隱，采菊自娱，形諸嘯歌，對花酬酢，豈似陸君，不徒爲一己之玩，以此娱親，供色笑，進霞觴，制頽齡，延壽客，其孝思可異也。東籬璀璨，惟有黄花，槎圃購求，諸色畢備，既炫爛於林泉，復標新於耳目，其品類足異也。更有進於此者，菊比諸花爲最久，顧傲霜之餘，不無夸毗，采釀嘉醖，焉得久留？乃繪爲圖，風雨之所不能侵，冬夏之所不能限，一展卷間，而無時不在，無處不隨，非圖形之足異乎！海内名公巨卿聞之者，無不歌詠盛事，以彰其篤好，欲其永傳。凡所投贈者，積成卷軸，如宋漫堂、朱竹垞、彭南畇諸君，皆予友也，捧讀流連，殊增今昔之感，非紀載之足異乎！抑且廣收博采，集而成志，自經、史、子、集諸書言菊者，則爲考從來；名種流傳，騷人墨客品題者，則爲譜。藝植灌溉，因時得宜，養胎護苗，扶弱除害，則有良法。自古迄今，或賦或詩，或詞或記，諸體無不窮探，以爲佳友流芳，晚香生色，則有藝文。噫！明府之費編摩，勤考訂，菊之能事異矣！淵明雖莫逆，其能有此異乎？余故謂：即此可以徵其才與志矣。夫初隱槎圃也，事親絃誦，山林經濟，偶寓於菊。及其司鐸松滋也，詩擬鄭虔，教侔安定，如菊之清幽華麗，兼而有之。今擢宰是邑，保赤撫字，同菊之栽培；剔弊鋤奸，如菊之去蠹。媲美清獻琴鶴之芳蹤，恪遵文宣求志達道之懿訓，隱逸富貴，無二無分，豈真枳棘爲鸞鳳所棲，蛟龍乃池沼所蓄哉！昔陳孺子嘗宰社肉，父老以爲善，而孺子云：「使平得宰天下，亦如此肉。」吾閲斯志，而知明府他日宰天下，亦如此菊矣。因不辭所請，而爲之序。

《續茶經》。熙增，采入《四庫全書》。

黄叔琳《續茶經序》：嘉定陸君扶照，嘗爲崇安令，進秩當得部曹，需次里居，多病卻掃，不即赴選。其先人所治陶圃，有林泉花木之勝，君徜徉其中，對寒花，啜苦茗，意甚樂之。曩嘗手纂《藝菊志》，今復取鴻漸所著《茶經》，補且續焉。將鋟以傳世，而徵序於予。蓋君素嗜茶，令崇安時，武夷隸其縣治，仙山貢品，甲於寓内。君居官廉，政暇間及茶事，於采摘、蒸培、試湯、候火之法，益得其精。是書之成，良有自已。予嘗考茶之名，不見於經。昔人以茶薺之荼當之。漢、魏以下，茶名浸興，高人勝流，資茗椀爲譚助。然或比之水厄、斥爲酪奴者，亦不少矣。自君家桑苧翁始抉摘精微，著爲《茶經》，遠近傾慕。異時天隨子亦深嗜之，好事者每爲遞泉致茗，清風高致，約略相方，而君又爲編綴缺遺，發揚芳蘊，使千年勝簡，曠焉若新，微獨桑苧有靈，歎爲知己，試從新泉活火，紗帽試煎時一一細品，讀之有不兩腋生風，撫掌稱快者哉！曩予羈寓吴門，君父子以舊好時相過從，數邀予至其園居，清流曲徑，老圃秋容，至今緬想。竊意君雖不慕華膴，而清才雅量，當在山公水部間，正不必似陶彭澤一賦《歸來》，便裹足東籬，茶經、菊譜亦偶有寄焉，未敢以吴松苕霅高隱輩流相儗並也。他時相見，話舊論文，請用君法試瀹一甌，涵澹廉襘，共領清味可耳。

《南邨隨筆》。陸廷燦。熙增，采入《四庫全書》。

王澍《南邨隨筆序》：余往讀新城王司寇《池北偶談》、《香祖筆記》，及商邱宋少師《筠廊偶筆》諸書，有裨國家典故，足爲後學津梁，直追漢、魏，媲美唐、宋，爲本朝説部之冠。非若稗官野史荒誕不經者，可同日語也。嘐城幔亭陸君，好古博雅，自少執經於兩先生之門，學有淵源，表彰其鄉之先哲，如婁、唐、程、李及王常宗、黄陶庵諸先生集，皆爲刊補整齊，又編輯《藝菊志》暨《續茶經》等書行世，而宦游所至，率皆名區，或擅江山之勝，或標洞府之奇，公事之暇，得以留連吟詠，各成卷帙。遷秩部曹，暫以養痾家居，復取平日所見聞掌記之，名曰《南邨隨筆》，問序於余。反覆披閲其義例，一以師門爲歸真，可謂升堂入室者矣。世之人浮沉宦海，奔走風塵，欲如張翰遂蒓鱸之思者，蓋亦寡矣。即或偶得身閒，滯留鄉里，或性躭豪華，或家愁貧困，心猿意馬，居處不寧者有之。得焚香掃地，安其心於縹囊緗帙中，作名山業計，抑又難矣！余老矣，寄居二泉之上，幸身安無事，得與君雍容來往，商榷於文墨之間，是非吾、君之力歟！宜隨筆之内，君恩師誼之三致意也，因不辭所請，而爲之序。

《閩游草》。《松游草》。並陸廷燦。《嘉樹園文集》。《嘉樹園詩集》。《閒窗誌略》。《讀史鈔論》。並葉昱。《鷗侶軒稿》。李禔。《性理提綱》。《有蘭書屋詩稿》。並石球。熙增，采入《四庫全書》。

葉昱《有蘭書屋存稿序》：吾友石子鳴虞，績學砥行士也。少治舉子業，未弱冠，補博士弟子員。沈酣典籍，究心於儒先性理諸書，所爲文命意措辭，原原本本，法備而理周，無勦説雷同之患，無輕猥浮薄之習，而卒未一當於有司，人咸欽其學之醇，而惜其遇之不偶也。嗚虞顧處之恬然，居常事親養志，愛敬不失，倡率諸弟，力敦善行。於居後闢屋三間，讀書其中，庭下常藝蘭數本，因名之曰「有蘭書屋」。間從問安視膳之餘，託興言懷，發爲詩歌，稱心而出，悱惻和平，昔人所謂非徒温雅，乃別見孝弟之性者也。其或登臨眺矚，往還贈答，與夫感事賦物，指遠思深，亦皆從容閒淡，一歸渾厚，而不失風人之旨，視彼飣餖以爲富、組織以爲新者，相去遠矣。往余舊居，與有蘭止隔一牛鳴地，晨夕過從，每於酒闌燈下，相與上下千古，論詩派之源流，辨析正變盛衰之故。余未深於詩，而意興勃發，矗厲剽悍之習未除，嗚虞每導之以雅淡恬和，至今服膺勿失。辛未冬，余去官歸，與嗚虞執手道故，往時朋舊已歎晨星，方期與徐子文叔輩兩三人，重爲詩酒之訂，得以優游終老，乃不三月，嗚虞遽以疾卒難。弟嗚珮輯其遺稿若干篇，將以付梓，而屬序於文叔及余。余逡巡四載，未及爲。今嗚珮、文叔又相繼謝世，嗚珮猶子芑亟請一言。余撫今追昔，方不忍誦嗚虞之詩，將何以序其詩哉！無已，請即以蘭喻。夫蘭生於深林，紫莖緑葉，不與衆草爲伍，不以無人不芳。嗚虞之詩亦猶是也。其植根幽峻，播芳揚馥，不爭艷於穠桃繁李，而皎然獨秀，品格自高，此與修德立道者無以異也。讀嗚虞詩者，其亦紉之以爲佩，而勿爲當門之鋤也。

熙增：

《觀雲樓詩文鈔》。李夢璁。《集夢録》。王紳。《訒齋學吟》。王世樞。

王世樞自序：余在都門時，粱谿侍御鄒小山先生命題，分詠百花詩，得二十絶。既就教崑庠，寒氊暇日，間事灌畦，星晚露初，率多棖觸。因於舊稿，增益百外餘首。然皆目所經見，與凡場圃種藝所恆有，始列吟謡，餘不闌入。且衹以陶寫性靈，不徵故實，如昔人所云少引聖籍、多發天然者，比於野老之田歌、山夫之樵唱，或庶幾焉。猶子紳聞之索觀，不匝月而卻寄，則已分疏，行間字如黑蟻矣。嘉其用意之勤，謂可藉是以掩予之拙也，遂授諸梓，冀與大雅君子共正之。

《兼山詩文稿》。王處厚。《續南翔寺文録》。卷首有「筠齋編」三字，未著姓名。

筠齋《續南翔寺文録跋》：南翔寺詩文、碑記，載在舊志。其後，寺僧皆不能守，即藏書家亦無存焉。今所存者，惟姑蘇都元敬先生《練川圖記》載南翔寺八景，及宋僧居簡撰長懺觀堂碑文而已。乾隆甲午正月日，陸子明照示予明僧文寀《南翔寺文録》，乃邑人汪子翊青得之天台寓齋者。蓋由宋僧妙機傳天台宗教，僧居簡住持台州報恩光孝禪寺。元僧了融、良珦，景定、咸淳間，偕學台、衡，止觀於頑空、覺公間。雲信公著述有集，而撰《南翔寺重興記》僧弘濟者，亦杭州路天竺集慶教寺住持，故《文録》得傳播天台，留藏范氏天一閣中也。但明代詩文尚多遺漏，爰就所見元、明及國朝詩文，並寺中沿革，釐爲二卷，以補其闕，俟異日當更蒐輯焉。

《藥性便蒙》。陳古。《澄懷堂印譜》。葉錦。《五經直解》。《亦邇齋稿》。並陳時敍。

《釣珊瑚莊詩文鈔》。《槎谿志稿》。並張承先。《益學資聞》。李潤。

張允武《益學資聞序》：善讀書者如養生，抉髓於經，以培其元氣；味腴於子史，以充其軀幹。濫觴於外乘，以濬其神智，含英咀華，可以頤性，可以養壽矣。經籍，稻粱也；子史，牲牢也；說部，庶羞酒醴也。人生一日不穀食則氣餒，經月不知味則病瘻，終身不御香醪珍饌，則亦一羹藜茹糗老革囊而已。自世之侈於食味者，每視膏粱爲常膳，而以雋永之味之易適於口也。於是虞初氏之書，遂盛行於後。其最膾炙人口者，卷帙之富，莫若宋李昉等所輯之《廣記》五百卷、洪邁之《夷堅志》四百二十卷，陶宗儀《說郛》二百四十六卷，明唐斌之《說海》一百八十卷、商濬之《稗海》二百三十二卷、王圻之《稗史》一百七十五卷。今其書或不盡存，而未必無望於後人之嗣事也。槎上雲莊李君，博聞强識，夙有書癖，哀其五十年間之所見聞，晨書暝寫，彙爲巨册二十有四，題曰《益學資聞》，其用心之專且久也如是。昔宣尼之垂訓也，曰「多聞多見」，又曰「博學」、「審問」。曾氏之述經也，曰「格物致知」。顔氏之近道也，曰「博我以文」。孟氏之立言也，曰「博學詳説」。今之學者，目不辨朋斜丁屈，撮取帖括，家言一編，即可以弋科名，躋卿翰。而庸耳俗目者流，競豔而稱之，曰：「此固讀書中人也。」遂侈然自居讀書之名，而無忌憚。彼見頭白經生仰屋著書，鮮有不笑而侮之者。倘舉雲莊之所輯視之，彼方拾先進牙慧，以稗乘爲無足觀。試叩其一：《十三經》之爲注疏者幾家？《二十二史》之纂修注補者何人何代？目瞪口呿，面赤而不能對。嘻！吾未知其所讀何書也。彼其人猶之藜藿不糁，分填溝壑，而欲與之語膳祖之珍，大官之釀，其能無河漢乎？韓子曰：「人不通古今，牛馬而襟裾。」聞雲莊之風，其亦可以杜門齚舌矣。余以譾劣，少嗜説部。及壯，始自悔而已無及，迄用無成。今雲莊年開七十，而精神强固，好學不倦，將使是書稍加釐訂，正可與宋、元、明諸家並傳。達則壽世，窮則藏山，此真讀書之明驗也。吾願雲莊卒事於此，俾夫冒讀書之名而無其實、養其一指而失肩背者，稍知嘗鼎之臠而爲之續一絲之慧命也，其爲有益於學問者匪淺鮮矣！是爲序。

《覆瓿稿》。程鏡。

王鳴盛《覆瓿遺稿序》：程二歐先生名鏡，字葆光。弱冠補邑諸生，浮沉黌序以老。平生好爲詩，詩甚工。又好臨池作書，書復臻妙品，而詩幾爲所掩。然知先生者，咸欽其有兼長焉。歿後，門下士李君鼐庭爲戢孴遺稿。曰「覆瓿稿」者，先生所自名也。將謀付梓，而屬予爲序。予謂書之一道有可通於詩者篆之與隸，猶詩家之有古與律也。然許叔重論秦書有八體之下，獨曰：「漢興，有草書。」此一言横亘其間，而無所附麗。豈知邑部之字作阝而居右，阜部之字作阝而居左，以及卽部之鄉字，凡若此類，皆草書也。由此以推，因篆而有草，然後隸書興焉。是隸居草後，非草從隸出也。有韻之文，亦屢變矣。上之極於斷竹續竹、皇娥白帝，下之流爲長短慢詞、葉兒樂府，而律詩於其中，固一大關棙也。故老杜，千古詩家之總萃，而律詩一千，古詩僅四百焉。今人一下筆，即古而不律，何怪終身爲門外人乎！先生律體精粹，細膩風光，殆真能用力於律，而上以追古之朴，下以挽詞曲之淫且傷者乎！是殆猶之羲、獻千古書家弁冕，而多以行草擅長，其真書惟《黄庭》、《保母》二帖而已耳。予故曰：書之道，可通於詩也。抑其名「覆瓿」何也？昔人名集，每多自謙。張舜民曰「畫墁」，晁補之曰「雞肋」，葛立方曰「歸愚」，薛季宣曰「浪語」，樓鑰曰「攻媿」，王翰曰「敝帚」，洪希文曰「軒渠」，董紀曰「西郊笑端」，王文静曰「蠅聲」，管訥曰「蚓竅」。若先生之「覆瓿」，則與劉基、朱同等。今人過自誇詡，拍張叫號，惘然欲推倒一世，抑知詩貴柔弱，而今乃行之以武健；詩尚婉轉，而今乃駕之以直率。吁！先生雖自謙「覆瓿」，後當奉之爲席珍矣。先生將自此遠矣。

《培香吟稿》。程永潤。

張承先《培香遺稿序》：執友程君友竹，好學深思之君子也。窮年兀兀，惟研精於韻語，所爲詩，思致清遠，文采縟麗，有鄉先哲查軒高氏之風，浸假可入唐、宋作者之域。友竹亦欣喜自負，方進而不已。乃天不假年，甫艾而賫志卒矣。予惟詩之爲道，本陶冶性情，從性情出者，如太羹玄酒，無味而味生焉。彼獵取浮豔以爲工者，不足當大雅之一哂。友竹性情純粹，已合乎温柔敦厚之旨，而丰裁言論，穆然静氣迎人。文中子云「静能保名」，少陵云「静者心多妙」。其人其文，決不隨風飄没，則不可謂之無年也，又何憾乎！友竹歿逾年，令子賽堂昆季以遺稿見示，屬予序之。予爲之惻然。昔香山居士敍元居敬集，有「惟將老年淚，一灑故人文」之句。余與友竹，今乃亦類此。爰爲詮次而歸之。其一生梗概，見於余之狀者詳矣，故不復論。

《梅田詩稿》。戚鼎佐。　《攜雪山房印譜》。《攜雪山房詩稿》。並程廷浩。

錢大昕《攜雪山房詩稿序》：曩者與西沚光禄評論我邑詩人，西沚盛稱「槎谿四子」，謂程霞江、霞壇，諸稼軒，李桂岩也。霞江負倜儻俊偉之才，所居有園亭水石之勝，研精八法，深入唐、宋諸家奥窔，而又工於詩。暇日招邀同志，刻燭分韻，酒酣耳熱，擊節高歌，雖玉山倡和之樂，不是過也。予與霞江所居相距不及一舍，常欲訪其園居，作十日之飲，而年來假館吴門，歲時歸里，鹿鹿少暇，顧視攜雪山房，邈如三神山之不可即。今秋霞江介曹公子汾陽，以詩一帙寄示，且言：「近以右臂偏枯，久廢筆墨，而文字之緣結習未除。今檢點生平所賦古今體，汰其什之五六，將付諸剞劂，請先生一言序之。」予惟我鄉前輩，文酒相應和，而各有集傳世者，莫如唐、婁、程、李四先生。霞江生於檀園之鄉，書法吟格一以檀園爲師，栽花疊石奥如曠如眺攬之勝，視檀園殆有過之。而又有諸李諸君望衡對宇，晨夕過從，久要無間，因思松圓僑寓東南不能常在槎谿，即叔達、子柔居各一方，其觴詠亦未必如今日之密，誰謂古今人不相及耶？予衰病久，不作近游。讀霞江詩，不覺見獵心喜，且信西沚之言不予欺也。

熙案：史亭先生原本書目，流傳甚少，間有刻本，亦多漫漶不可讀。熙與諸同人俱未之見也。今仍之。其熙增諸書，皆經見者。

碑刻

唐

《南翔禪院佛頂尊勝陀羅尼石幢記》。高瓘。

宋

《建山門並橋記》。康復古。《重建殿軒浴院記》。范周。《南翔寺僧堂記》。僧居簡撰，趙孟頫書。乾隆丙戌，天王殿災，碑毁。《長懺觀堂記》。僧居簡撰，林英發書，陳熹篆額。觀堂，乾隆間燬於火，碑尚存。

元

《南翔寺重興記》。僧弘濟撰，王都中書。《大德萬壽講寺記》。畏吾兒貫雲石海涯。《槎谿泰定萬安寺碑記》。臨川虞集。

明

《槎谿小學記》。崑山朱觀。《重修大德萬壽寺記》。邑人徐學謨。《重修南翔講寺記》。太倉王世貞、秀水馮夢禎。《白鶴南翔寺新建禪堂記》。邑人唐時升撰，里人李流芳書。《白鶴寺免役舊典維新記》。邑人趙洪範。

國朝

《公建撫憲趙公長生書院碑記》。石崧（熙增）。《白鶴寺蠲賦記》。王惓。《重修萬壽寺記》。里人徐時勉。《慈雲閣記》。里人吴自惺。《重修南翔講寺記》。知縣陸隴其撰。乾隆丙戌，天王殿災，碑燬。《蕭都監土地祠記》。邑人錢顧瑛。《重修九品觀記》。里人楊志達撰，徐樹紳書。《重建萬安寺殿閣記》。上海沈元禄、里人葉昱。《雲翔寺新建觀音閣記》。里人張承先撰，程鏡書。《萬壽寺心月樓銘》。張承先撰，程鏡書。《重建楊柳橋記》。《雙廟捐田記》。並張承先。

熙增：

《重修惠民書院記》。邑人王鳴盛。《建分防公署記》。縣丞李光垣。

南翔鎮志卷十

雜志

凡志於事之無可分隸者，統名之曰雜，蓋取《大易·雜卦》之義。首列寺觀者，鎮以寺名，亦以寺重也。其餘若古跡，若第宅、園亭及神祠、祠墓，皆關鄉黨掌故，一一詳考而備書之。終之以軼事者，雖屬龐雜，可爲見聞之資，博雅君子或有取焉。志雜誌。

寺觀

雲翔寺。舊名白鶴南翔寺。梁天監中，土人掘地得石徑丈，常有二鶴飛集其上，僧德齊即其地建刹，聚徒居之。鶴飛往之方，施財者每隨方而至，無一日不驗。久之，鶴去不返，僧於石上得詩云：「白鶴南翔去不歸，惟留真跡在名基。可憐後代空王子，不絶薰修享二時。」因名寺曰「南翔」。唐開成間，僧行齊駐錫，復有雙鶴來依，莫少卿捐財增拓，鶴尋望南而翔。宋紹定中，賜寺額，丞相鄭清之書。元至正間，僧良珦重建。明正統間，撫軍周忱、歙人任良佑先後重修。以上原本。崇禎丁丑，僧海澄募修，里人黄仰峯、戴百美、王碧山、金靖宇等各捐二三百金有差。國朝康熙三十二年，僧隱璧募修，柱易石，徽人方如鯉倡捐百餘金。以上熙增。三十九年，御書「雲翔寺」額賜之，改今名。雍正間，里人募葺。以上原本。嘉慶初，僧宗唯募修，程攸熙爲疏修成，錢大昕記。御書額，嘉慶十年，朝議大夫李鳳昌恭修。以上熙增。

元釋宏濟《南翔寺重興記》：吴淞江内具區震澤瀰漫波瀾，繇崑阜礬折，東注諸海，涇泖陂湖，洲渚滄洫，流無巨細，咸宗焉。民居與紺院琳宫離，立江滸，據要津，鍾間氣者，爲士君子，爲賢良，爲隱逸，爲仙，爲佛，皆其舂容埏埴之徵也。直嘉定署南一舍，距江五里所，南翔寺在焉。梁天監間，比丘德齊法師開山，時二鶴至止，若有所感然。寺成，鶴乃翩躚而南，地以南翔稱，郡誌異聞記之爲審。舊隸崑山縣。案《圖經》，光化二年，行齊禪師復庵於兵燼舊址。豈兩齊公異世同文者歟！唐開成間，錫今額。宋端平，丞相鄭公清之爲大書其扁。衆恆數千指，宫室修麗，猶石梁方廣應真之居。雖香燈鐘鼓久而弗渝，其興墜之跡，則隨運推遷也。宋末造，兵饑相躡，甲第豪門靳於施，室廬圮毁，振復爲艱，產殖不能以贍其衆，營供務者病焉。登薙染之籍，必輸粟若干，補饘粥之不足；又不足，則乞諸鄉黨鄰里，忸其貿貿可憐之顔，至於齠齔辭親，斑白不能以僧者。至元二十八年，大浮圖石田珦公，踵乃翁新谿融公之武，始謀振其衰。先是闌柝之戒不謹，夙夜行旅視廊廡爲康莊，蹂踐虧洩，寺日以陋。公乃喟然歎曰：「繩樞甕牖之家，必也嚴其藩屏，奈何大招提謾無禁哉！」乃爲山數仞，峙鎮其背，被之楡柳，樹之松柏，粲然而榮，鬱然而陰，俄平楚山林矣。又疏瀹其斷港絶潢，以宣潮汐之壅，夷其曲徑旁谿，以便輪蹄之役。不數年，生意津然也。乃謀諸大弟子即翁宗具出橐金，倡於衆，市膏腴以增歲入；更輸粟之制，以輸上田；較昔之費什之一，利實倍之。於是阡陌日闢，倉庫日充，僧堂聚齋，熙熙若衆香之國。石田物故，即翁嗣席，西方聖人之殿，首祛其蠹弊迫隘，而崇侈煥麗之，實泰定二年十一月二十九日也。若塔廟幢刹，周廡維垣，以次而作，將從事大雄之殿，齎志以歿。至順辛未，住山冢孫曇證，曁曾孫普現、普基、普傳、道印鳩材僝工，述先志。越二年，癸酉七月二十九日，撤而新之，延袤崇高，各倍其舊者三之一。是殿也，巋然衆宇之雄，凡道場所宜有者悉備，會其費三十萬緡，壹皆證已橐竟之。證字中巖，以惇謹稱里閈，爲予詳言如此，願有以告於後。余謂南翔歷千百祀，起仆相尋，振興之績可究者，唐之開成、宋之祥符、嘉定，未有不施而成者。乃今之興也，厚其積聚，侈其室廬，非徒不厲民，而終厥緒於證公，若其祖父之手。矧子姓振振未艾，得非新谿石田父子之煦嫗培養，以垂裕其胄裔，而憑藉爲久遠者，深且厚也。新谿諱了融，里之大姓朱氏，石田諱良珣，景定、咸淳間，偕學臺、衡，止觀於頑空、覺公間。雲信公著述有集，行業有記，不復贅。後人居斯室，享斯禄，不儆厲奮勇，原吾先聖人之所以克久存者，以償其受，而岸然不顧，安乎哉！時至元三年丁丑正月日，前杭州路天竺集慶教寺住持沙門宏濟撰，正奉大夫、行户部尚書、兩淮都轉運鹽使王都中書丹並篆額。

明王世貞《重修南翔講寺記》：去嘉定縣之南二十四里而遥，蓋有南翔寺云。寺所以稱南翔者，當梁天監間，有異僧德齊止錫其地，規爲阿蘭若，甫決算，而雙鶴依之。晨起放鶴，鶴往之方，必有客至，則爲檀越，布金其地，委輸若神鬼，不日而成上刹，以雄麗冠東南。德公化，鶴亦望南而翔，不復返。或云：鶴之游也，留詩於刹之楣，《郡乘》載焉。以其俚或傅會，置弗録。垂五百年，而爲後唐之開成，寺且圮矣。復出異僧行齊，止錫如德公，雙鶴復依之行。公感其事，爲大衆説法。有莫少卿者，盡捐其橐緡而拓飾之，雄麗踰於舊觀。行公戲謂：「鶴，吾事畢矣，恣汝所往。」鶴應聲盤舞，遂亦望南而翔，不復返。行公尋亦化。當是時，震旦之士，毋論緇白，咸以二齊公爲一身，而後雙鶴之即爲前雙鶴也。其語留珠林中甚著。至宋紹定中，天子知之，遂賜寺額曰「南翔」。至元而講有堂，禪有廬，會食有所，蓋以時次第新之。及明正統中，而大圮，司空周忱氏過而慨之，以邑賦之羨粟倡，而諸善知識和焉，其觀遂復故。至嘉靖中，小圮則小飾。萬曆初，益大圮，上雨旁風，飄搖其外，蠹蝗叢蝕其裏，勢且及像，像亦多損剥。寺僧自重悲之憫之，計無所出，徬徨四顧而嘆曰：「乘軒者源源且不乏，而不及一鶴耶！我則不德，不能若二齊公何以使鶴。」適歙中有一善知識，爲任良佑氏，其貲金五千，嘗泛大河而遇風，以舟免，歸德於河金龍之神，捐千金之橐，新其廟矣。既而嘆曰：「是神也，尚不能不賴如來之力，以脱大鳥喙，而我敢忘其所自！」即挺身出任其費，若木石，若甓埿，若塗塈，若脂澤之類，計可二千金，曰：「去我橐中之半，不致凍餒妻子也。」逾月而以貨賄器用來，又逾月而以匠石工師及諸役作來，蓋不及歲，而大雄氏之宇焕然一新，佛及菩薩、阿羅漢、天王諸像，皆奕奕神采生動，瞻者肅然。僧自重等來謁予，請爲序，次其事。或謂：寺創自梁天監，天監之主非即所謂武帝耶！我初祖達摩直斥之爲「人天小果，有漏之因」，二齊公獨不聞之耶？而今任氏復效之，吾子固不自愛其筆札，毋乃讕語，以辱我初祖。余竊不然。夫童子聚沙之因，至受鐵輪王位，而及其既登阼也，以摩阿力役鬼神，一夜而成八萬四千塔，徧於閻浮提，而尚未證五地，何者？以難易之勢殊也。武帝挾半天下之貲，而作此小有爲事，固易易耳。且其難不在有爲，而在無爲；無爲之地，不過識本來面目。武帝不之悟，而沾沾焉挾以爲功德，宜初祖之一斥而欲醒之也。若必以初祖律二齊，則徧閻浮提何所著大雄跡？且令我大雄無一蓋頭茅，何以標象教於後世，作人天眼也？然則任氏者，安知不爲二齊公化，且爲莫少卿化？又焉知二鶴之不一爲任氏，而任氏之異日不爲鶴耶？任氏者苟不住色，而行布施，則固初祖之所深許者也。予故筆之授自重，使勒石以詔來者。

國朝陸隴其《白鶴寺記》：丙辰七月，余以公事泊舟南翔寺前，吏有持寺記來閲者，言寺建於梁天監，盛於唐，祥符常有二鶴飛集其上。或自東飛來，必有東人施其財；自西來，則施者亦自西至。其他皆隨方而應，久之，鶴去不返。僧齊法師者，號泣甚切，忽於石上得一詩，有「白鶴南翔去不歸」之句，因以名其寺云。蓋此寺之興久矣，豈非以鶴之清高標異，人樂傳之，而寺因之以久耶？嗚呼！鶴一禽耳，猶能以清高之姿，標異於世，至於千百年之久，而其跡不泯，而況乎人秉五常之性，有六藝之教，大可以經緯天地，小可以振育一方，有非鶴之所能企其萬一者，而乃泯泯無聞，不可勝數，可不悲耶！即以茲土論：自天監以來，仕且游於此者，若干人矣，其跡至今顯然可指者，幾人耶？方其來也，人莫之喜；其去也，人莫之思。如蚊蠅之偶集而偶散，何曾二鶴之不若乎！此無他，大道之不明，汩於欲，溺於習，而不能自振拔。故雖有五常六藝，萬倍於鶴之本原，而汙穢迷溺，反出於鶴之下，宜其泯泯而不傳也。茲土之南不十餘里，有吴淞江者，此大禹之遺跡也。在天監以前，又幾千年矣。當時禹之經營茲江也，其駐劄何地，用夫工若干，雖已遼遠不可知，而至今臨流者，思禹功不衰。嗚呼！又何鶴之足言。余因南翔之寺有感，而爲之記。

錢大昕《重修敕賜雲翔寺大雄殿記》：南翔鎮有雲翔寺，創自梁天監中。大雄寶殿前尊勝陀羅尼雙石幢，則唐乾符中建也。我嘉設縣，始於南宋，一邑古跡，莫先於此。舊名白鶴南翔寺，以梁僧德齊、唐僧行齊俱感白鶴之異，而鎮亦以寺名焉。迨國朝聖祖皇帝敕賜墨寶，遂改今名。創寺以來，繕修不一，最著者唐，則莫少卿氏。前明正統間，則周文襄公忱。神宗時，僧自重募任良佑氏獨力舉之，王司寇弇州爲記。迄今二百年於茲矣。上雨旁風，日就圮壞。殿中柱石朽蠹，將有覆壓之虞。寺僧宗唯偕其徒臯雲肫然募修，得李君桐園首捐重資，諸善姓踴躍樂施，於嘉慶二年夏經始，閱一載落成，核計凡二千四百餘金。蓋工料所費，較任氏時又不同云。宗唯謁予於紫陽書院，求文以記。余觀釋氏貝葉之文，多至五千四十八卷，而廣譬曲喻，約之止於一善。今諸善姓此舉功德圓成，倘彼所云善緣非耶，而不盡此也。今夫維桑與梓，必恭敬止。士大夫宦成遂初，懸車故里，往往徜徉流連於其間：所謂某樹，我先人所種；某水某邱，吾童子時所釣游也。矧此數百年古跡，爲一邑最者耶！抑堪輿家有言，寺居鎮之中，鎮以寺始，一寺興廢，係一鎮盛衰，諸善信萃處於此，推睦婣任卹之誼，敦扶持友助之風，有不願康樂和親安平爲一書者耶？二梵之福，君子弗道，其爲一身一家計者，私而陋；爲一鎮一邑計者，公而溥。吾知諸善信樂施之意，在此不在彼矣。若宗唯習於佛者，修三摩地，乃本分事。能以誠心感動檀越，舉二百年將圮之業，焕復舊觀，雖未必比肩二齊，亦庶幾與自重相媲美耳。是役也，以大雄殿爲主，而殿前石幢向爲颶風所倒，亦更建之。聖祖墨寶，則桐園敬謹重加裝潢，俾供奉，以永鎮山門。俱宜記也，因牽連而書之。

唐戴叔倫《白鶴寺訪慧上人詩》：「仙槎江口槎谿寺，幾度停舟訪未能。自恨頻年爲遠客，喜從異郡識高僧。雲霞色釅禪房衲，星月光涵古殿燈。何日卻飛真錫返，故人邱木翳寒藤。」

宋僧居簡《經槎谿南翔寺詩》：「荒破齊梁地，宏開釋梵家。令威新化鶴，博望舊乘槎。風蝸經幢石，蓮敷品觀花。同聲六萬字，羊鹿换牛車。」

張商英《南翔寺詩》：「白鶴南翔閲歲年，鶴飛僧逝世空傳。行人欲問前朝事，寶刹巍巍落照邊。」

元葛天民《南翔寺詩》：「南翔建自梁天監，白鶴不歸江自轉。深禪空憶祖師齊，昔有老堪今有遠。我趁江鷗訪遠公，遠公不在吴天晚。七歲驅烏有幾房，三宿苾芻無半面。殿角參差高入雲，一堂可著千僧飯。古柏槎枒不計年，何如屈鐵包霜蘚。古意偏關倦客懷，歸舟有句無人遣。明日中流遇阿英，連朝細説南翔院。少待崇蓮寶刹成，春風共看巢梁燕。我欲婆娑借數椽，子當力學如吾願。一任江花惱殺人，閒中自數花飛片。」

僧純讓《南翔寺詩》：「天監四載蕭梁朝，齊公老禪摩雲霄。鐵錫飛來槎浦上，槎浦水接銀河遥。山靈驚喜老禪至，陰贊經營成佛寺。每看白鶴落誰家，大啟度門行布施。殿堂廊廡千百楹，日月照耀金碧明。旃檀不異兜率院，祇園忽若王舍城。迨今憧憧龍象共，多似石橋五百衆。天台教海少林禪，百步穿楊應弦中。解空尊者手杖藜，芒鞋踏踏霑春泥。六時檢點蓮花漏，真燈焰發青琉璃。年年一月履端賀，徹見靈山獅子座。六萬餘言福氣優，三十六旬彈指過。神通采菽拯青提，新秋落葉風凄凄。諸賢復解倒懸苦，大家高踏西方西。僧珠還有摩尼顆，照破山河千萬朵。頻伽獻果鹿銜花，湧價騰光無不可。庭前老柏存此心，拔地參天歲月深。縱歷風霜有榮悴，不受半點紅塵侵。希賢之人入聖域，希驥之馬全驥德。毛繩利著等浮雲，禮樂春容同古色。鏡湖瞜叟雙鬢銀，百事不理爲陳人。虚空見我開口笑，賓中主兮主中賓。喧笑入耳醉不悟，葵仰堯天酬雨露。玉燭長調百萬春，金輪統御三千土。」

王逢《南翔寺詩》：「雙鶴南翔寺，開基天監年。千僧圍殿燭，獨客艤書船。紅過飛花雨，青交煮茗煙。留題遂忘別，況值月華圓。」

劉若水《南翔寺詩》：「千載梁朝寺，曾聞瑞鶴翔。橋梁眠螮蝀，煙水幻瀟湘。柳綻饒春意，雲浮淡日光。葉舟催渡急，歸思獨徬徨。」

蘇大年《南翔寺詩》：「千載南翔古道場，層樓傑閣冠諸方。衣傳鷲嶺曇花現，經出龍宫貝葉香。老屋半題唐歲月，斷碑多刻宋文章。行人欲問前朝寺，古檜蒼松滿夕陽。」

顧阿瑛《南翔寺詩》：「在昔南朝選佛場，鷲樓湧殿簇迴廊。畫欄薝蔔千年樹，寶殿摩尼五色光。雙鶴南來天影白，幾潮東去海聲長。此生自是逃禪者，著我雲深第一房。」

明僧溥洽《游南翔寺追和葛天民韻》：「白鶴南翔何日返？香雲不斷春風轉。屋爲鱗次枕江安，江作蛇行門外遠。的的明燈金殿寒，沈沈複道長廊晚。老翁矍鑠皓鬚眉，愛客將迎笑盈面。自言天監拓基來，食指數千猶共飯。斷碑壁下試摩挲，龜趺剥落埋荒蘚。茫茫往事比寒潮，蒼煙落日愁難遣。就中何處愜深游，玉甃清池開別院。二齊已去老堪徂，故壘空來舊棲燕。吾宗有弟知此懷，炊黍功名豈榮願。便呼阿買寫新詩，硯池瀲擁清水片。」

龔宏《南翔寺詩》：「煙市塵難到，分明隔斷流。巖廊閒日月，花木自春秋。一宿成清夢，此山堪白頭。明朝王事急，回首思悠悠。」

姚廣孝《題南翔寺詩》：「齊師不返鶴南翔，梵刹如雲始自梁。護法天臨朝擁殿，放禪僧出夜巡廊。碑殘亭下思皇宋，桂老階前識李唐。事業已今千載後，空王誰道有興亡！」

周忱《留題南翔寺詩》：「縱有官程且莫催，招提暫借小徘徊。一雙白鶴南翔寺，千古清風化樂臺。涼思侵人秋雨霽，晴光入户曉雲開。山僧静坐消長日，笑我紅塵熟往來。」

張任《讀書白鶴寺僧房詩》：「半榻來分退院僧，布衾紙帳解囊縢。篋攜舊硯池如鳳，几設新詩字似蠅。驚鐸曉風侵斷夢，窺窗夜鼠盗殘燈。不知春色今深淺，欲探鄰梅開未曾。」

國朝葉方藹《南翔寺詩》：「四百南朝寺，惟應此處探。仙禽不可見，古木自相參。月下洸聞唳，雲中或駐驂。偶然白衣過，人笑是蘇躭。」

張大受《游白鶴寺詩》：「試問南翔寺，何時白鶴歸？梁陳遺跡在，江海遠煙微。殿瓦苔方滿，秋林葉正稀。空尋舊碑碣，暮色冷侵衣。」

江宏《題白鶴寺詩》：「萬家煙市古槎橋，湧出珠宫倚碧霄。風度閣鐘松院静，雲依殿霤石幢高。仙禽已去名千載，殘碣猶存話六朝。欲問昔賢留詠處，僧廊寂寂草蕭蕭。」

寺有禪堂三，曰淨因、崇善、淨繼。僧房八，曰悟元、三緣、涵春、海會、翠雲、雪方、服膺、圓照。後增大悲、觀音二閣。又有經幢石、梁朝井、九品觀、雲卧樓、禎明檜、博望槎、齊師鶴、鶴跡石，稱「白鶴寺八景」，歷代名流多有題詠。今禪堂已廢其二，八景惟九品觀、梁朝井、經幢石存。

元楊維禎《齊師鶴詩》：「三生石上有因依，雙鶴偏從石上飛。自笑老禪能事畢，不隨雙去復雙歸。」

國朝柯炌《鶴跡石詩》：「雙鶴淩空玉羽鮮，開基片石已千年。影依金翅歸禪定，頂現驪珠照講筵。碧草襯苔長彷彿，閬風扶翼去蹁躚。悠悠不剖荆山璞，爲與生公結淨緣。」

李燧《鶴跡石詩》：「莫漫追陳跡，平蕪歲月深。仙禽應未老，斷碣已難尋。夜雨殘僧夢，秋風過客心。空餘荒址在，撫景動悲吟。」

楊志達《鶴跡石詩》：「鶴爲二齊來，僧寂鶴亦去。空餘一片石，鶴立聽經處。」

顧瑞麐《鶴跡石賦》：南翔寺鶴跡石，相傳梁天監時，高僧德齊思營蘭若，隨有雙鶴南來，飛翔於此，施者千億，遂成雄刹。厥後有僧行齊嗣興，二鶴馴擾不去，亦如德齊故事。唐人劉綺莊《崑山編》多載之。及龔希仲《中吴紀聞》，趙松雪、王弇州諸君碑記，班班可考。夫仙禽不返，遺跡猶存；釋子長歸，餘徽莫並。騷人賦物，敢希明遠之千言？詞客揮毫，漫擬韓陵之一片。賦曰：維海隅之名勝，誌卷石之嶔崎，因霜禽而顯跡，構金刹以標奇。斷雲根之突兀，鑿山骨之瑰琦。亞虎邱之磅礴，比鷲嶺之陸離。鎮祇林之北向，列楂水之西湄。溯遺休於兹寺，實啟美於二齊爾！其石則硍碣嶅峊，磈硊磊落，方可四圓，高逾五尺。青苔駮兮翠滿陂，紅荔纏兮丹盈砌。一片晶瑩似鏡平，千年零落同碑裂。玲瓏應爲道生顛，秀削堪邀米芾揖。岜崿初疑虎豹蹲，盤拏幾見蛟龍立。漱齒可清高士心，彈棋好著仙人膝。平泉醒酒，何須更羨贊皇公；銀漢支機，不藉遠攜海上客。於是爰集神僧，戾止仙禽。秋空野曠，霧淨雲澄，圓吭修趾，丹頂霜翎。游戲乎芝田，飲啄乎蘭汀。聆鐘魚而振響，指金錫以遥徵。翔高天之廖廓，迴暮靄之杳冥。弄香臺之霽景，舞珠閣之清陰，唳松間之皓月，踏花外之明星。斂飛容於碧落，思逸翮於秋亭。狀鴛鴦之比翼，類鳳凰之和鳴。徜徉宛轉，躑躅翾翾，朝朝暮暮，恆棲遲乎此石之硼磳爾，乃施者不貲，觀者如堵。靈草葳蕤，卿雲布濩。非衛國之乘軒，豈吴人之入墓！異雙鶴之飛來，創二梵之福宇。捐廣宅於莫卿，錫嘉名於梁武。截瑪瑙於五峯，徵楩豹於三楚，界銀繩而作隄。屑金粟以布土，築精舍以周遭，濬長流而洄洍。陰陰十畝曼陀華，亭亭百尺婆娑樹。移山當户翠交飛，割霞熳壁紅都舞。講臺静啟聽經，時感乎馴鵝；丈室深扃守户，不驚乎伏虎。若其㕑堂宏敞，鷲刹莊嚴，龍鱗璀璨，鳳翼璘瑞。危岑環以右抱，傑閣起而左旋。舍利騰輝而四照，貝多成種於三禪。湧珠幢於霄堮，竪石塔於雲巔。神鬼勞以役其力，般倕巧以窮其年。比月如雲，像西域百千萬億身之化；塗金釁玉，占南朝四百八十寺之先。陵移谷换，日往月徂，名藍傾圮，古殿荒蕪，僧已去矣即黄壤，鶴不返兮歸紫都，已矣哉！落日徘徊，秋草蒿萊。華表無聲雲寂寂，野田有影雪皚皚。徒留乎青山之片石，增後人弔古而興懷。然而事與歲遥，地因人重，碑刻子昂，記傳希仲。晉平之石，得虞守而宣奇；荆山之石，以楚王而致貢。碇舟輕陸績之裝，攜鶴分趙公之俸。豈與夫奇章位置，張祐輦輸，供林園之玩賞，費丹青之形摹，鉤奇剔詭，作爲無益之圖也乎！重曰深山之石，維其貞兮。藏輝抱璞，彌永固兮。胎仙留跡，絶塵埃兮。作鎮蘭宫，標名勝兮。千秋萬禩，同不朽兮。

熙案：楊勷平先生志云：古卧佛殿，在大雄殿後，柱礎尚存，相傳燬於火，則寺中尚有古卧佛殿，今鮮有知之者。

山門。宋僧遇賢、皓暹、贊能等建，並於山門前甃石爲橋。

宋康復古《建山門並橋記》：大雄氏教，流冒東土，始漢盛唐，攝持羣情，響若有所覩，趨猶有所安，豈悉羨逸而惡苦之然耶，而具慈仁聖神權化之然歟？未然者何？四海一信，不威自勸哉！勸信拳至，吴越之俗，他無能逾。伯牧之郡，子男之邑，塔廟差置，壯羅民坊。至於澤皋壟闠之間，黨伍保聚之勝，必象刹崛起，鐘唄相聞，崇侈豐尚，靡焉弗支。姑蘇屬邑，粤惟崑山，境土衍沃，俗淳家富。距縣百里，鄉名曰臨江；鄉富之聚，地曰南翔。聚有佛祠，祠由地名。本厥經始，廣遺實初，紀乃傳聞，見之他説。跡今祖緒之録，先是僧曰遇賢，勵精願力，追補前廢，潔介有後，代嗣得人。得嗣之傑曰皓暹，規化卓茂，祠徒用興。迄兹主僧曰贊能，慧月願從，即賢、暹之徒裔也。行果中植，常善導人，華隳潔汙，廣舊圖新。爰發襯橐之積，度材用之費，鼎立外閈，翼引旁廡，前爲橋梁，甃丹跨虚，出無揭涉之患，居有闗防之謹。二緣始謀，議漏率至，衆樂所舉，捨不讓先。成構奂麗，蜿虹飛翬。何勸募，不勞而忭競其輸也如是？噫！葺建之利，在教有之，將屬福而漸善爾，其滋爲乎？然嗇蓄之憂，生趣所重；施報之覬，人欲之偕以如是者，服是舉也。於益之獲，得不爲深乎斲飾戒？休託文載，實蔓所愧，直筆見辭，用紀成績。

山門内有磚塔二，東西相望，大可三抱，高三丈許，八角七級，旁各有井一。曩時山門前後、左右及報濟橋面，皆民居直逼天王殿前。乾隆丙戌正月，橋上民房失火，延及天王大殿。從此地面廓清，磚塔巋然雙峙，千年物也。今民房基址各捐於寺。兩塔前人記載、題詠俱未之及，不知建於何代？

天王殿。明天順三年，僧慧□建。萬曆四十年，歸道人創修，僧廣曉助之，僧不了立闕勸募修成。國朝乾隆三十一年，天王殿及山門災。今未建。山門前舊有二井，災後建井亭二。 觀音殿。順治甲午年，寶華堂僧慧默重募建。 鐘樓。明萬曆四十年，歸道人及寺僧虚默相繼募修，未就。僧廣曉擊鐘誦經勸施，尋病。徒大源竣工。國朝雍正間，張國賢重修。乾隆間，胡承煜續修。明封域《登南翔寺鐘樓詩》：「登樓獨自倚東風，望斷雲山古北雄。俯瞰直疑郫郭小，大觀殊覺海天空。年年楊柳依人緑，在在杜鵑啼處紅。歸去不妨鐘報晚，踏花香襯月明中。」 崇善堂。在大雄殿西北，僧廣曉静修之所。明萬曆間建，今廢。 淨繼堂。在崇善堂西北，僧義淵建。今廢。 淨因堂。在大雄殿後，明萬曆丁巳建，唐時升有記，李流芳書。國朝康熙六十年，僧隱璧建大悲閣。明唐時升《白鶴南翔寺新建禪堂記》：白鶴南翔寺，創於梁天監中。自唐至宋，屢廢屢興。至萬曆之初，歙人任良祐，貲不滿五千，而以其十之六重修大雄殿，雕甍畫棟，金碧炫熿，爲一方之勝觀。獨未有禪堂，使南北雲游之至於斯者，無所托處焉。丁巳，比邱性忍、海澄與居士李長蘅謀，出衣鉢之餘以興事。乃募四方檀越，銖錙而累之，身執畚鍤之役。爲堂五間，東西廡各七間。至己未之秋，土木就緒，求余文，以志其本末。夫比邱之道，浮栢萬里，托鉢千家。混跡市廛，則恐累麒麟之行；棲身林麓，則虞逢虎豹之羣。於是假息招提，隨行梵唄，夕共苾芻之戒席，朝分麻麥之餘餐。爲法分勞，寧辭腰下之石；片言契合，或解髻中之珠。道俗瞻仰威儀，天人必加贊歎。乃有言者曰：「枳棘多刺，薰蕕易移。王法有舍人無驗之條，聖門有無友不如之戒。凡兹淨衆，倘溷非人，始類敗羣之羊，道俗遭其躑躅，終爲當户之犬，行人惡其喋啀，既亂清規，仍貽後患。諸佛弟子，得無念此乎？」余謂之曰：「五都之市，寧免容奸；千室之鄉，豈封比屋！倘因噎廢食，以瑕掯瑜，世必笑之。矧佛慈廣大，同體衆生，真性圓通，曷分人我！倘六時之内，習性參禪；三寶之前，低頭作禮，則聖凡之雜至，皆師友之良緣。披沙而得金，固欣逢於此礦；用石以攻玉，奚致憾於他山？中絶愛憎，外捐違順，則建此堂者，何異給孤之園；居此堂者，實爲成佛之路。性忍與其徒，福不唐捐矣，夫何慮乎？若夫新近而憍慢不生，遠離而嗔恨不作。是在普覺之諮請，如來之詔告，當與十方往還之衆共最之者，不必重論矣。」國朝程廷浩《晚憩淨因堂詩》：「叢林探靜穴，偶趁夕陽過。一徑菖蒲滿，重簷蝙蝠多。清心持半偈，素手笑千那。爲念紅塵客，空成白髮歌。」悟元堂。在寺東南隅。又有寶華堂、慧香閣，今廢。三緣堂。在悟元堂北，又有雨華齋。程永潤《雨華齋看石榴詩》：「檀林春盡落花深，灼灼丹霞映緑陰。焰似智燈明佛座，光同慧日照禪心。法華名朶依然在，安石奇枝不待尋。他日重過攜共賞，應傳鉢韻和高吟。」涵春堂。即藏經樓。明萬曆間，徽人任良祐建。國朝康熙間，張宏綱捐修。雍正四年，樓燬於火。有香林堂、揀經堂。柯炌《藏經樓詩》：「直北高樓暎德雲，金經函帙篆龍文。太虚萬卷從天見，時教三乘自我聞。檻外日華春藹藹，簷前花雨夜紛紛。應多講座高僧到，共入香林法界熏。」海會堂。即九品觀。舊時西北隅，緑楊成林，修竹滿徑。觀門内有荷池，池心石塔，池西彌陀殿。建於明萬曆壬辰，徐學謨子兆羲爲疏。國朝雍正戊申，張國賢修，楊志達記。嘉慶初，管、周二姓募修，程攸熙記。舊有長懺觀堂，乾隆間燬於火，碑僅存。柯炌《九品觀詩》：「竹木森森一徑迂，蓮臺長得護衣珠。花開深院鶯啼少，石漱清泉衲淨無。香篆晨拈聞梵唄，禪燈夜點好跏趺。仰瞻猊座光明接，宋代名家塑像殊。」石球《九品觀玩長蘅先生書壁詩》：「令節梵宇靜，日漾蓮池水。象設經千年，妙相如有喜。鼎新古殿角，燕泥刷經几。剥落壁上書，點畫留遺軌。我友顛旭徒，躭玩味逾旨。爲語修治初，護持費口齒。」勷平楊翁《勸存舊壁》：「不有耆宿在，畫墁蚤及此。」翠雲堂。在馬公講院右。雪方堂。有三元殿。明季寺僧募建，李流芳爲疏。又有守鶴樓，今廢。沈白雪《方僧房坐雨詩》：「白鶴南飛幾度秋，緇衣若箇是湯休。何人到此能題句？有客來時共倚樓。五月桐風三徑寂，半窗花雨一庭幽。何當暫息塵勞足，與爾棲遲日夕留。」 **服膺堂**。一名古松堂，禎明檜在焉。陳後主禎明年植，俗呼羅漢松。明季燬於火，枯後重生，今已萎。柯炌《禎明檜詩》：「千年老檜有神蹤，留得孫枝瑞藹重。十丈龍鱗甘露灑，三圍鐵幹白雲封。興亡幾度悲風入，榮落依然碧蘚從。爲問禎明何代是？晨昏樹下一聲鐘。」 李燧詩：「地靈殊未歇，老檜上干霄。臘已齊雙樹，名還占兩朝（陳有禎明年號，後梁爲貞明）。鶴棲青欲暝，霜逼翠寧凋。落木深秋後，游人慰寂寥。」 楊志達詩：「羅漢是阿誰？舉頭見蒼叟。冰霜飽經歷，堪作歲寒友。」 程鏡《讀書古松堂贈大愚長老詩》：「叢林高尚病維摩，白鶴邨頭舊築窩。小圃一弓紅蘚滿，新桐成把緑陰多。智珠常現光明相，慧劍能除煩惱魔。最喜朝朝聞粥鼓，葛巾團扇數相過。」 **圓照堂**。有地藏殿。明天啓元年，僧從心建。旁爲十王殿。圓照堂在其西。明季燬於火。國朝乾隆間，寺僧日如建觀音閣，張承先有記。 **經幢石**。在大雄殿前，刻尊勝陀羅尼經，始於唐咸通八年，至乾符二年幢成。宋太平興國五年，僧子湘等捨衣鉢重修。元元統元年，建大殿，因移向前，添新易舊。二年，重鐫經字。國朝乾隆五十四年，遭颶劫倒，折其一。嘉慶初，僧宗唯募建。元僧宏濟《經幢石詩》：「天風微裊經幢石，恰似點頭聽法時。想見三神鼇抃舞，碧雲低度玉參差。」 國朝柯炌《經幢石詩》：「危立雙幢秀石成，深鐫經卷法書明。憑虚奕奕龍神護，映徹高高天宇清。長鎮靈山風雨靖，宏開梵網講壇平。游人仰止西來意，自覺幾微禪悦生。」 程廷浩《雲翔寺雙石幢歌》：「松風揭地秋陰積，石幢經雨苔花碧。曾是南朝選佛場，刼塵不泐禪天石。禪天創寺昉蕭梁，青鴛古殿遥相望。齊師薙草卓錫處，聽經雙鶴還南翔。禎明古檜霜皮坼，轆轤空憶寒泉脉。剩有槎江一片雲，時留幢影雙棲跡。雲光不斷鐘聲來，粥魚茶版琳宫開。繽紛花雨不著地，石幢倒影雙崔巍。崔巍石幢露斑駁，上有鴻經不可讀。劖雲刻翠乾符名，山花木葉僧伽録。空庭拂石復何人，細雨斜陽春復春。剩與山童來擲瓦，況經灰刼幾成塵。即今刼火餘雙殿，毗藍風力存方便。賴爾雙雙離垢幢，點頭無語鋒稜見。不知曾否識齊師，屼立蒼茫問辟支。佛火未消龍漢刼，令人千載懷當時。」**梁朝井**。有五，二在山門外，二在磚塔傍，一在大雄殿西。俗呼八角井，久旱不竭。元僧洪濟《梁朝井詩》：「大同寺前甘露水，分到槎頭一眼泉。講舌欲乾春晝永，茶煙飛上古松巔。」國朝柯炌《梁朝井詩》：「江水湯湯踏葦去，波瀾豈向此中看。須聽梧雨增新汲，不爲谿潮改舊觀。形按八方中氣備，源從一脉石泉寒。蕭梁傳後何人渫，滌垢離塵僧衲殘。」**雲卧樓**。不知何時廢其址，在大雄殿西北。或云三元殿後。順治庚子，雪方堂僧超洪，募建七佛閣於三元殿後，欲仍以雲卧名。已蓋瓦矣，徐時勉有記，超洪之京師，閣乃廢。康熙戊午，超洪於圓教寺建藏閣，有雙鶴旋繞三匝而南，超洪默念因緣，賦詩見《練音集》。元釋繼《題雲卧樓詩》：「上人不作出山計，結樓只辦和雲睡。大牀高枕百無聞，鼻息如雷撼窗几。但覺神游華氏國，不知身寄羲皇世。試問元龍挾豪氣，何如元規雅風致？野花啼鳥春無際，只許希夷同此意。」

寺基，在唐時一百八十畝有奇。京儲，歷代僧自運，明初，惰誤京運，寺隨傾廢。周文襄忱重修時，憫寺僧以民差滋擾，具疏奏請，得邀免。後僧棄賣基地，存一百畝零，尚苦輸賦不支。國朝順治四年，糧道王㦤力請巡撫題免稅糧，尋蒙俞旨，亘古未有之殊恩也。明趙洪範《南翔寺免役記》：白鶴南翔寺，創自梁天監。僧德齊止錫其地，有雙鶴依焉。隨其所往乞施，靡不滿意。寺成，鶴遂望南而去。至唐乾符間，僧行齊重修，亦感白鶴導募之異，而有莫少卿者，盡捐宅以拓其址，方廣一頃八十畝有奇，四水爲圍，四梁爲界，寮舍六十三，僧徒七百餘。其景有八，曰梁朝井，曰齊師鶴，曰博望槎，曰鶴跡石，曰禎明檜，曰望鶴樓，曰經幢石，曰九品觀。蓋其盛也。歷宋、元以逮國初，寺且圮矣。英廟時，周文襄公巡撫江南，捐俸貲萬金，又移檄闔縣，户出斗粟，以鼎新之，而刹宇復還舊觀。代而遞降，里甲中以民差擾僧者，往往有焉。當憲廟時，僧金永禎具疏伏闕，命下院道與郡縣勘明結報，優免徭役，給帖遵守。延及穆廟時，前帖更新，至今不改，所從來久矣。會近有均田役之令，不知者竊議焉。寺僧復踵前説，以白之當道，賴邑侯萬公慨允優卹，悉循故典。予今按寺之僧舍，僅存十所，址各分隸，中央自山門以入，爲金剛殿，爲大士殿，爲大雄殿及禪堂，猶存舊額。其新建者，列於左，則有賢聖、城隍、伽藍、三元；列於右，則有地藏、白衣、彌陀、土穀，僧居羅布其側。山後，則僧衆窀穸於斯。覈前莫氏所捐之域，除俗占而外，非殿址則僧居也，何隙可畊，何徭可堪乎？倘前者得邀聖恩以免之，今則不得藉賢令以復之，則僧徒將無寧宇，有不星流鳥竄致，金碧之觀淪爲邱墟者幾希矣。是役也，守不擾之成跡則幸在僧，綿無窮之香火則幸在寺，奠千年之梵宫則幸在鎮，壯離位之巨望則幸在邑，總皆萬侯之所培植，不將追文襄之跡，而後先媲美耶！余故志其巔末，使勒石以垂不朽。萬侯諱任，登崇禎甲戌進士，貴州銅仁籍，江西南昌人。國朝王懩《白鶴南翔寺蠲賦碑記》：丁亥仲春，予于役董漕，循練川，溯海上，止憩白鶴南翔寺。衲僧慧默偕衆謁予。予索寺志觀之，知寺創於梁天監，其寺基出片石，方徑丈餘，常有二白鶴飛集其上。有僧齊法師至其地，遂建寺於此。其後鶴去，有詩影現石上，曰：「白鶴南翔去不歸，惟留真跡在名基。可憐後代空王子，不絶熏修享二時。」因名其寺曰「南翔」。考寺之建，蓋巋然千百年古刹也。爰自周文襄公修建以來，歲月既久，陁落過半，若大雄殿雙趺没塵，金剛像四楞踼地，俛仰之餘，喟然興歎。默公因進曰：「寺之不飭，僧之責也。寺有不便於僧，僧不能安於寺，則非僧之罪也。」問故，曰：「基廣而賦重，歲若干征。僧遂相率他徙，因此寺益圮。」乃知文襄公曾議免役，未議免賦，宜乎緇流之不支也。今欲起寺廢，莫先安僧；安僧，則莫先去其害僧者。於是矢蠲賦之願，力請之，先後兩撫臺咸允厥議。時邑侯唐公瑾同心樂善，率行無斁，俾上不病國，下不病僧，旁不累同井，一事而三善備焉。益知法不孤起，而事由人興，百年頹敝，一旦維新，敢曰予一人仔肩，補文襄公未了公案。殆大雄氏冥熏默佑，故法輪屆心，各各踴躍，如吴梅邨太史、晉水盧䮾臺諸君子，莫不棄象馬如脱屣，共襄勝舉。亦緣默上人精修苦行，遐扇真風，克樹此四衆大法幢耳。亟宜勒之貞珉，俾後代爲齊法師嗣續者，香積無飛輓之粟，袈裟免布縷之征，將見鶩棲舊殿，還復舊觀，石上「不絶熏修享二時」之句於斯徵矣。吾願居是邦之賢者，有以善其後也。是爲記。

熙案：鎮以寺名，雲翔寺我鎮所繫，恭奉聖祖仁皇帝賜額，自應詳誌。爰增圖及禪堂、僧寮興廢修舉並詩文，較他寺尤詳云。

大德萬壽寺。元大德初，僧良珣建，爲成宗祝壽。明洪武間僧慶餘，嘉靖間僧可貝重修。徐宗伯學謨有記。國朝順治間，僧超界重修。舊有浮屠遺善堂、九龍居、貫雲石碑記，並廢。後有玄武墩，相傳爲良珣墓地。前有山門及金剛殿。乾隆二十四年，重建。後里人重修，胡承煜竣工。大雄殿東有七佛閣，爲禪堂，僧完魯開戒於此。嗣法大雲，梵行精嚴，世壽八十餘。元貫雲石《萬壽講寺記》：皇元有國，惟兹廣福，在念在民，是以經教宏揚西意，大覺緣力千萬，不自一門而入，或由聲聞，或由莊嚴，六根蔓鼓，直抵心地。謂證如來身者，必造是妙。故自教其像，而禪其性，可定可慧，靡不在焉。若一像有見，則刹那爲千萬億像；若一像有心，則刹那爲千萬億心。若一心成佛，則刹那無心亦無像。《圓覺經》云：於此證中亦無證者，一切法性平等不壞，是知一燈二燈，恆河沙燈，蓋由一燈之光。統繼道者，雖百千釋衆，蓋出一佛之心，一師之舌耳。若一天台立教之基，當作如是聞。玄悟道應普潤廣教石田大師良珣，以童祝髮，示勤於南翔丈室。南翔者，梁之名刹也，碑具存焉。少述祖於慧日大師了融，亦勝國衣紫僧也。師有志寂静，每至餐寢，卷帙近膝，雖吹照幾何，志無少困，怡然自如。所謂有志竟成者，果可誣乎！師愕然曰：近百光陰，本非我有。既以佛日處身，宜尚報本，妙莊廣被羣生，上有所酬，下有所濟，昭昭如也，冥冥如也。乃於嘉定州治東南廿餘里，以一頃爲基，環而池之，當南甃石爲梁，其流西溯太湖，東走滄海。梁外矗石阿育王塔，又列屋以朝寺，備茗以潤行旅。梁北兩井皆亭，左右峙之。門初内也，庫店相望湊；大山門東，鐘其樓，而閣其藏，廊繞兩廂，楹數不可枚紀。對照二殿，左像觀音，繼以香積庫樓；右像無量壽佛，屬以雲堂、浴堂。轉勢而迎大雄殿位，殿後法廊百餘步，如人雙髆，由肩之項也。直抵大閣位，尊盧舍那居千佛中，金身鑄刻，半之下列五方，凡五佛。夾道而行西，又其位前池而後殿，總曰觀堂，環匝重廊，列其僚舍。夾道而行東，又其位閣彌勒尊佛及阿羅漢數尊，半干以覆丈室。諸殿閣總枕於萬壽之山，前照七級寶塔，鈴風摇漢，疊嶂賓列，雲氣襲人，春曉含情，生意不絶。物物自能潤澤，星斗舒芒，雨煦露濡，氣象淩空，遥遥然有若南山萬壽之祝，奚俟乎嵩岳三呼者哉！惟師已囊土地年粒入寺，永備營繕之産，寺規宏修，鏤棟彩椽，金璧絢燦，晝垣朱壁，玉石欄砌，九簷流翠，萬影參差，巍巍乎雄絶海濱。西壁繁費，莫已知也。然而不求施於衆，不經勞於人，諸匠百工不邀而至，比邱衆一心非懈，諷經雍肅，亦師之有道也。嗚呼！余嘗觀夫有官，或於廨第，營諸倉庫，指其匠而有刑，取諸工而有罪，尚或避役而不趨。使其不刑不罪，調諸掌握，來如膻蟻，其有望望然不舍去者，果何道而能若是哉？成廟十一年成，額曰「大德萬壽寺」。武廟至大初元、仁廟皇慶初元，二制悉優其刹。聖人好生，有位師以報本爲心，蓋一人以大德爲心，四海以萬壽爲祝，實師之願焉，寺之永焉，甲乙傳焉，子孫保焉，師開山祖焉。其嗣嫡圓明妙智真覺即翁大師宗具，膺師之心，以宣相力。嗟夫！凡物出師之一心，成合萬人之祝；由師之志誠，感人之共志也。其合志者，非師之力也，師之誠也。今夫行之有道，傳之得人，豈偶然哉！余生北庭，歷方儒業，以文游東南，偶憩海濱，以所見聞爲師述翰文石，欲傳不泯。予美其精誠報本之意，故記。（《杭州統志》云：慧日，天台人，從柏子庭講天台、衡麓之學。元至正間，住天竺。明洪武初，召入京）

觀音殿。舊在大雄殿東，殿宇頗窄。康熙間，僧雪坡重建於大雄殿後。乾隆間，僧就中構精舍，於西曰棲鴉堂，其上曰心月樓。殿前喬木數章，拂雲蔽日。里中寺觀，惟此據叢林之勝。張承先《心月樓銘》：就公禪師住持大德寺。觀音殿西偏焚修清苦，竭鉢盂之羡，於所居建樓五楹，次及翼樓、廊廡，先後告竣。余嘗摳衣登覽，佛光朗照，心地空明，恍見珠宮貝闕生天之處。因取前人「心月有光都暎徹」之句，以名其樓，而爲之銘曰：「博望舊跡青海濱，三槎如帶相回縈。市井星聚萬竈屯，巋然三寺鼎足分。在東隅者大德名，有元王孫參上乘。創寺祝聖享萬齡，王孫往矣五百春。瓣香遞嬗及大清，重輝佛日寶氣騰。普度聖像靈異徵，炷香頂禮蓮座盈。厥有導師疏遺經，精嚴戒行守口瓶。朝虀暮鹽辛苦營，聚沙成塔禪宗興。手建高閣煥三層，紫竹成林障如屏。九蓮七佛同峥嶸，香雲捧日光熒熒。大士歡喜妙相形，導師小果今圓成。良公道法如親承，毘盧樓閣永不崩。諸天拱護長明燈，我今作銘附梵音。大書刻石鎮山門，億萬斯年視此銘。」

無隱堂。在金剛殿西，僧石巖、湛如焚修之地。僧壽俱八十餘。

泰定萬安寺

元泰定間，僧義榮建。明永樂間，僧法永重建。國朝乾隆間，僧湘湄修。前有金剛殿、觀音殿，俱湘湄重建。寺後土阜，舊有祖師殿，今廢。新安姚長浚同姪廷模改建準提閣。寺中禪堂在大雄殿後。僧寮三，東曰慈濟堂，西曰慈泮堂，後曰慈雲堂，俱先後增設。元虞集《萬安寺記》： 昔有觀世之盛衰，而徵諸其地之園囿者。 余謂觀今日之盛，則於浮屠氏之象教，見（内缺四字）閣樓。 觀自京師至於郡邑，無不得以極其廣大壯麗，雖王者之宫，曷以加焉！ 至於金珠具氈旛蓋之獻，王公大臣貴人崇敬之禮，米粟租税之入，象馬舟車之用，赫奕衆多，未易悉數。 若林泉、卉木、禽魚之美，特奉佛供僧之餘而已，豈非世盛之明驗乎！ 予游吴中，自城郭之近，達乎郊野，凡山水勝處，必有名刹在焉。 其安禪而高居者，亦且筍蒲潔修，窗几静好，日與佛菩薩、阿羅漢諸天人居，運大乘以讚明聖，則其事矣，無徵徭之苦，無愁擾之歎，休休然以終其身，以傳其世，夫何可及也。 向使農無餘力，賈無餘貲，工無餘勞，吏士無餘暇，則孰與爲此哉？ 故曰： 觀天下之盛者此也。 嘉定州有僧普現，來京師謁余，爲《萬安寺記》，而溯其淵源之自，曰： 昔受業於南翔寺，寺爲梁天監中齊禪師所創。 千餘年來，僧之居是者益衆。 先是法師珣公、具公出其私財，即寺之東一里，别爲寺焉。 規制有加，買田租以食衆者尤厚。 事聞，朝廷五有璽書之賜。 以其成於大德間也，謂之大德萬壽寺。 近者，具公之嗣曰義榮告其師曰： 「吾得地於西南，坐按三槎之浦，前接淞江。 吾將悉出己力，作爲精藍，使三寺鼎立，爲吴郡之壯觀，不亦可乎？」乃作法華道場，彌陀、觀音之殿，説法之堂，周廊崇門，后築土山環之，植松杉萬餘。 其工三年巋成，而榮公殁。 其徒曇證嗣之，分法派者四，其徒普現、普基贊其事，而後佛閣、大雄殿、鐘鼓經樓、方丈僧房、懺堂、庫司香積之厨、雲堂浴堂，諸佛之象，衆僧之給用，以次而備，又有加於萬壽者。 以其成於泰定間也，故謂之泰定萬安寺云。 予嘗入侍内殿，每見天子於建寺造象之事，深致意焉。 以爲上可以答祖宗之神靈，下可以拔羣生之憂惱，惓惓然出於至誠而不可易，然則凡此乘庶富之實，立勝妙之因，豈非上之恩力所致哉！ 觀世盛於浮屠之宇者，吾又於普現所述而有徵矣。 故爲之記。

國朝沈元禄《槎谿泰定萬安寺碑記》： 乾隆十三年，槎谿泰定萬安寺重修訖工，住持湘湄師，偕予友程子文譽，持元奎章閣學士虞公所爲記示余，請一言以誌始末。 余反覆其文，而知寺之建，始於大德，萬壽法師具公之徒義榮及其孫普現、普基後先纘成，而並乞公文，以記之者也。 然則寺之落成，雖在泰定之初，而榮公之創始，與普公之善繼實在前。 此仁宗皇慶、延祐間也。 案仁宗即位之初，謂翰林國史院是非係天下公論，比御史臺尤重，特陞其秩從一品。 又不撓於羣議，專任世祖所簡拔舊臣，以典其事。又以温公及周、程、張、朱諸大儒從祀孔子廟。至延祐元年，詔自今宦者不得復授文階，而用齊履謙繼吴澄爲國子祭酒。其議論舉錯，皆深達治本，與前此成宗大德在位十三年，同爲有元守成令主。宜其時，民物安阜，而農有餘粟，賈有餘資，工有餘功，吏士有餘閒。而榮公與其師具公，始得於富庶之時，以立勝妙之因，而萬壽與萬安兩寺，遂相繼而成於大德丁酉、泰定丁卯三十年間，而與蕭梁白鶴鼎峙一方，以壯吴畛千載之美觀。而虞公亦即一方象教之隆，以侈兩朝休養之盛，而其文之雄偉，遂與《洛陽名園記》並爲有關世運之文，而可傳之於無窮也。自是以後，又歷七甲子，至國朝乾隆九年，中更元、明易代之變，雖榮公所謂前案三槎、後環土山之形勝，仿佛尚存其故，所植松杉萬株已蕩然於灰刼之餘，而殿閣亦隨之以燼者非一日矣。今住持湘公，鋭志恢復，募金若干，鳩工匠，聚材瓦，晝夜督率，始得稍復規模，而前殿、大殿、後閣、齋堂尚有茂荆之歎，湘公乘時力圖，盡復前賢勝跡。大殿後準提閣，里中姚氏感湘公之誠，獨捐復整。而前殿、大殿並得衆擎落成。湘公其亦無愧法門知識哉！慨自大德以至泰定，五帝遞禪，不迨我聖祖皇帝享國六十餘年之久。而我皇上即位之初，盡蠲本年至康熙五十五年逋賦，而自元年丙辰至今十三年，又再捐直省兩年田租，以躋斯民於仁壽之域。而又天縱多能，萬幾之暇，親灑宸翰，以增佛日之光者，且遍於遐州僻壤，而與列聖之龍章鳳藻後先輝映。此豈有元諸帝，僅奏小康之效者，所可擬其萬一者哉！然則因九重之崇奉以倡，善信之樂輸，其上作下應之機，譬猶弱草偃風、夜蟲就火。又得程子與湘公誠心復古，未數年而百堵雲興，萬□林立，琳宫梵宇之壯，實過於榮公祖孫締構全盛之時，爲將來祝聖迎祥之地。而予幸得目睹其勝，爲之詳述其前此未有之盛，而並敘其生乎太平八十年間，不識不知鼓腹含哺之樂，以傲虞公於四百年之上也。

葉昱《修建萬安禪寺殿閣記》：嘉定爲吴下邑，邑之南二十餘里曰南翔鎮，川原平衍，民物殷庶，甲於嘉邑。然地濱海，近吴淞，受東西南三面潮汐之匯，無高山大麓障蔽其間，形家以鎮之佛寺，鼎立三方，謂能襟帶羣流，控壓巨浸，爲萃秀鍾靈之所，非祇屬浮屠氏精藍棲息處也。原三寺，白鶴創於梁，大德、萬安兩寺遞建於元，其規制宏遠，莊嚴華麗，實成一鎮巨觀。顧時代遷遠，白鶴、大德歷經修整，猶未甚失當時之舊。獨萬安自元、明以來數百年，日漸頹廢。考元虞學士集記，彌陀、觀音之殿，説法之堂，周廊崇門，俱鞠爲茂草，而佛閣、經樓、雲堂、方丈則盡屬邱墟，未嘗有過而問者。寺僧湘公，幼持律戒，志行端嚴，每於頹垣壞壁中，蒿目傷心，思欲繼述前修，興復舊跡。歷幾十載饑寒之苦，積瓶鉢所餘，先修大雄殿，次及觀音殿，琳宫寶像煥然一新。其後土山磽确，舊所植松杉萬餘，無一存者。公徘徊咨歎，擬建樓障之，而苦於力不能逮，時以爲憾。新安姚君恬庵，積善篤行君子也。感公之志，而恤其艱，出巨貲千餘金，爲建準提閣，及兩廂經樓、懺堂、厨庫房屋，皆次第興舉，峥嶸巍焕，耀日干雲，十方瞻仰歎讚，謂非恬庵之力，無以成公之志；非公之矢願誠確，無以動恬庵之踴躍捐輸也。而公猶以舊時山門未復，彌陀殿僅存瓦礫，無以壯觀瞻，而功行實缺，至積憂成疾，疽發於背。已瀕於危，夢神告以食瓜可療，嚼數片，病良已，瘡漸平復。乃更謀諸里中好善之士，多方設法，勸募興建。又積十餘稔，里之善男信女，乃各懽喜抒誠，隨力贊助。公更竭其餘積，鳩工庀材。經始於乾隆三十年十月，訖工於三十二年之十月。山門、彌陀殿落成，公已臘近八旬，志雖償，而心力大瘁，耳聾目眩，頽然一老衲矣。然猶不忘舊典，虔奉《大悲經》咒，晨鐘夕鼓，課誦之聲，不減於昔也。余素與公交，知公最深，服公之志定行堅，於修建殿閣之始末，苦心殫力若此，以復古刹之巨觀，以全一鎮之形勝，不可不備記之，以勒諸石，俾示後人，知所觀感焉。公趙姓，崑山世家子，名先伊，字忘所，别字湘湄，年十五披剃於寺，受拂於常熟破山之格庵和尚，格庵招公住破山，公不可，駐錫萬安者周甲子矣。

萬壽觀。明嘉靖間，道士李守仁募建關帝殿，徽人任良祐建玉皇閣，明季燬於火。國朝順治、康熙間，募建關帝殿，並建三元、斗姆兩閣。（熙增）乾隆、嘉慶間，三元、斗姆兩閣，方日輝、諸文泰先後募重建。**東林院**。在東林莊橋北，久廢。**雷祖殿**。在尹家衖内。乾隆四十一年，以廢園改建。**一鶴山房**。在州城隍廟後，有水上樓。羽士韓渭居之。渭字素川，能詩工書，見《米堆山人集》。渭徒包鯤，字天池，能嗣其法。**三星閣**。在廣福庵内。乾隆四十二年，陳時敍、李潤募建。**焚化院**。在市西，今廢。周士彬《夜泊槎谿焚化院詩》：「鐘聲隱隱梧桐院，燈火微微楊柳橋。潮上月明閑繫艇，夜深人醉試吹簫。」

庵院

仙經堂。在白鶴寺南。德安令王春祖宅，宋寶祐中改建。（熙增）國朝乾隆間，許國柄修元武殿。嘉慶初，道士陸澄千、姚通秀修山門。程攸熙有記。新安程天澤詩：「何年羽士閟仙經？符籙猶傳此最靈。雲散玉霄移絳節，月來丹室誦《黄庭》。古壇瑶草春長在，深院香花晝自扃。遠客獨來尋舊跡，天風微按步虚聽。」**東林庵**。在走馬塘。明萬曆間建。李流芳建閣於後，題爲東林庵。庵前銀杏一株，爲槎谿十景之一。（熙增）明李流芳讀書處。國朝康熙間，上海朱瀚流寓於此。嘉慶間，庠生程廷俞女未嫁，隨母修行其中。十一年，邑紳士以貞姑陳縣請獎。朱瀚《秋晚東林閣寄懷文庶詩》：「高閣一憑眺，芙蓉寂寞紅。經年主人出，荒徑石苔封。樹暗孤煙外，川明落照中。故園秋色好，無使緑尊空。」釋宏演《題東林閣北窗詩》：「地静渾如白鶴觀，庵荒那有紫衣僧？閒雲竟日自來去，笑問何人似我能？」**廣福庵**。在州城隍廟左。國朝康熙間，里人公買毛氏地，建禪堂、置齋田，以留頓行脚住持僧悟性，號密因，誠修梵行，能通鬼神事，問之，輒不語。（熙增）今禪堂、齋田俱無存。**花光庵**。在南鞠字圩。元元統間，僧普觀建，向供五通像。國朝巡撫湯公斌奏黜後，改塑財神。（熙增）嘉慶初，寺僧序三募修。**真聖堂**。在天恩橋西。徐時勉《真聖堂古梅，在真聖堂西偏，虬枝入雲，緐花高映空碧，二三百年物也，埋名荒邨久矣。予未入秦時，曾聞之。今年春，始一游覽，走筆賦之，兼以志感》：「舉世皆尚名，雅俗並馳騖。孤山舊種梅，千載發幽愫。靈谷青谿旁，鄧尉磧山路。花事雖如雲，游人成螘慕。春風一相吹，山川喪閒素。吾廬四里餘，老幹出雲霧。不知幾百年，遺落依古墓。石柱半已折，盤根竟誰護？居人姓氏移，興廢莽回互。幸不摧爲薪，更免蟲蟻蠹。衆卉欣有託，孤高本無懼。蒼皮嚙冰雪，獨力争飈颶。

横笛少高樓，啁啾無翠羽。苦竹與黄雞，田夫成族聚。東風非世情，春來尚知處。開落無盡窮，游人歎遲暮。更憐耳目外，隱德亦如樹。名山廣招邀，臯壤不相遇。寄語好事人，囂静不同趣。孤笻偶游尋，莫遂聞聲赴。若成桃李蹊，又阻幽人步。」六如庵。在金黄橋外。明天啟六年，僧智證募建。（熙增）國朝嘉慶七年，李鳳昌重修。萬一煌《過槎谿六如庵詩》：「新涼生岸圃，禪室夜清泠。風度籬前艇，雲間谿上亭。蟬聲遷樹響，人語隔林聽。漫道言歸晚，松扉月不扃。」圓通庵。在焚化院東，即三官堂。香雪庵。在鶴槎山麓。舞鶴亭。在鶴槎山半。康熙間，六如庵僧梵吉建。普善庵。在王家橋鳥字圩。永寧庵。在花園浜口。貞孝庵。古祇園。在抱龍涇西北。本陸氏別業，後爲僧居，今廢。四香庵。在猗園北。（熙增）今廢。積福庵。在走馬塘。楊樹觀音堂。在曹家浜。其南岸蘇氏墓，銀杏一株，大可三四抱。今歸於庵，張承先有記。（熙增）嘉慶初，忽火自根出，旋燒至樹杪，救以水不得熄，遂燼。郁家觀音堂。在姜號十九圖。定慧庵。在西成橋，里中王氏女建。女名慧坤，夙有善根，幼即長齋奉佛，少長誓歸空門，從靈巖自公披剃，苦修梵行終其身。熙案：四香庵以下，原本另立尼庵在祠堂之後。僧、尼棲止靡定，如前所列東林庵，今亦爲尼所居，何必區而二之？今併庵院。

神祠

宋岳鄂王廟。康熙間，塑像供雲翔寺。後建廟於古松堂前。其東林庵北，亦建廟。（熙增）古松堂前廟已廢。

宋楊忠惠侯廟。康熙間建，在吾尚塘南。侯諱滋，本邑祁崗人，仕宋爲兩淮安撫使，以邊功歿，理宗敕贈護國忠惠侯。西境司祠。一在仙經堂，一在郁家觀音堂。明張中丞任童時，神著顯應。詳見軼事。都監司祠。在雲翔寺三元殿右。 紀王信祠。在上槎浦華家橋。 漢相國蕭公祠。在東林庵北。順治間，里人戴子樓捐地建。鄼侯錢顧琛《蕭鄼侯祠記》：邑之南翔鎮有土地祠，相傳爲漢相國鄼侯所血食也。余稽祀典，有功德於茲土者則祀之。鄼侯未嘗身歷槎谿，著有功德，何由世世廟食不衰？余不敢信以爲然，但邑之南境數十里内，漢初功臣若紀王信、陳曲逆侯平、樊將軍噲、梁王越，無不祠祀一方，則余又不敢疑其爲非是。癸亥，廟宇鼎新，里人徵余一言以記，謂神之舊祠不一，皆絶遠市闤，且卑庳湫隘，不足以妥神靈。順治年間，里人每夜聞騶從傳呼聲。有吴聖照者，城歸甚晚，路過戴氏園，見有「漢鄼侯」燈籠前導，隨從執火把者無數。後戴子樓燕歸，亦目睹之，因歸語家人。其室人彭氏，力贊子樓捐地建祠，以俎豆之。子樓歿，彭氏苦節守貞二十年來，足不履家園，亦未嘗一至廟中祈福。庚申，戴氏被盜前一日，廟僧夢鄼侯敕部下往護彭節婦，毋令罹盜凶鋒。盜來時，若有叩節婦門者曰：「强盗至矣。」節婦驚避出户，賊已從屋下林立庭中，竟奔節婦房，競取其資。節婦向不出户，昏黑中不識門徑，時若有人翼之以行者，呼家人羣起逐之。盜遁去時，縱火焚其廬，火亦不救自滅。此雖節婦之氷操，足以感動神祇，故神爲之默佑，然亦足以見神之能爲一方禦災捍患、福善禍淫，信而有徵矣。余聞其言，因思聖王之以神道設教，無非欲人曉然於禍福之報，歷歷不爽，因之樂爲善而懼爲不善也。今鄼侯之默佑節婦，陰殛强徒如是，是誠足以享一方之血食矣。余故樂爲之記，以勸世之爲善獲福者。 梧桐廟。 張仙廟。 陸華邨祠。一在萬安寺，一在百歲樓，一在東王家橋，一在仙槎橋，一在花光庵，一在高家場。 李二公祠。一在吾尚塘，一在唐家橋。 泗瀝司祠。在真聖堂橋西，一在老厙，一在新厙。 東境司祠。在大德寺無隱堂前。 金龍四大王廟。在雲翔寺雪方堂前，歙人任良祐建。 五方賢聖殿。在雲翔寺内。五方賢聖，不知何神，相沿濫祀已久。 施相公祠。在曹家浜。 五路堂。在東林庵旁。 魯班祠。在賢聖殿旁，乾隆二十四年建。

熙增：

吕仙祠。在東林庵。**楊忠愍公祠**。在東林庵。**邑侯查公祠**。在州城隍廟右。公諱逢盛，遼陽後衛人。程侯邑志謂公爲人樸實，少機智。没後，見神於民，民患痢病，咸禱祀之。**軒轅帝殿**。在新街。嘉慶初，里人以民居改建。**周宣靈王廟**。在州城隍廟旁。**花神廟**。在州城隍靈苑内。乾隆間募建，塑花神像，許國柄董其事。

南翔鎮志卷十一

雜　志

第宅

明

恩榮堂。封公陸孟宣建。　承慶堂。　嘉慶堂。　具慶堂。並少司馬張任曾祖清建。　明葉盛《嘉定張玘顏其堂曰承慶、嘉慶、具慶，介余門陸生愉求言垂後》：成斯堂矣，美奐美輪，以啓厥後，蟄蟄振振。居斯堂矣，思曷致兹，積善所貽，何以承之？維其嘉矣，慶乃克具，允懷勿替，庶幾永譽。

居易堂。兵部員外郎張楙故宅。　積善堂。參政張恆故宅。　壽光堂。臬使楊錦故宅，後歸李流芳。

乃在兹。雲沙重護宅，潮汐宛通池。野鳥嘑花徑，漁人唱《竹枝》。白衣諸故老，伏臘互傳卮。」　三可堂。刑部李汝節、給事李先芳故宅。　潛成堂。徵君張鴻磐故宅。　石琴堂。貢生吳自惺故宅。　蒼雪樓。王氏建，黄淳耀書額。鴛鴦廳。南靖令徐恂故宅。止老堂。刑部郎中張景韶故宅。

國朝(以下熙增)

承翼堂。廣西巡撫李錫秦宅中有賜書樓，恭藏列祖聖訓五册，共一百十二卷；硃批上諭一百十二册，御製詩章墨刻三十一册，御書福字，御賜匾額。閒存堂。長蘆運使葉昱宅。德暉堂。寧國府知府程侯本宅。長春堂。舉人陸廷璧宅。益謙堂。禹州知州汪士鈺宅。壽椿堂。崇安縣知縣陸廷燦祖宅。來燕堂。封公王紳宅。紳授徒其中，四座絃歌，寒暑不輟。聚星堂。舉人陳時雍、教授陳時敍故宅。蘭衍堂。贈公朱璸玉宅。浴德堂。贈公朱思濬祖宅。垂裕堂。贈公張俊儒宅。和鶴堂。贈公李文錫宅。嘉蔭堂。陸海宅，慎郡王贈額。

園亭

宋

怡園。寶慶間，陸紘闢。熙案：長洲朝散郎凌雲稱其「壘石穿池，亭臺竹木，甲於里中」。今園址不知所在。後載馬家衖怡園，異是。宋芳岳《龔文之邀姚士元、孫大用及余集陸冠垂怡園》：「名園槎水香，秋雨濬煙光。不厭來游數，頻看應接忙。詩壇非獨霸，酒壘自相當。歸路無憂遠，荷亭旅夢涼。」

明

西爽居。文學陸永璋闢，沈澄記。今廢。

五岡園。在十二都。鴻臚寺丞張梓闢，中有五岡梓，因以自號。今廢。

計氏園。在泰康橋東。熙案：此園國朝張國賢居之，遂名來鶴園。國朝程永潤《來鶴主人招賞園菊未赴》：「名園長喜露珠零，菊綻黃花綴曉庭。簾卷疏風金剪屑，林飄細雨鶴梳翎。吟依處士情添逸，杯汎寒香醉莫停。笑我郊游歸未得，只餘幽夢繞芳屏。」（主人張鴻圖，國賢孫，好藝菊，自號菊逸）

三老園。贈公李文邦別業，今廢。

天香閣。在仙槎橋北，陸孟宣建。有亭，有沼，花卉竹木左右紛列。今閣僅存。（熙增）

韋花軒。在仙槎橋南，陸承宗別業。今廢。徐時勉《陸山人園圃八首》：「身是天隨後裔，世同桑苧生涯。但得市南有地，肯令春到無花。」「階前籬下閒思，小白輕紅開偏。今年春雨偏多，三月楊花不見。」「春去鉤輈鳥語，晝長犖确棋聲。嫩竹又添疏影，新荷欲捲殘英。」「竹中除地方丈，蕉下啓户三間。但覺衣裳盡緑，豈知髩髮已斑！」「白紵青團初換，緑陰黃鳥無言。正縛苕花掃地，又聞茶客敲門。」「菊種遍搜槎里，門庭宛似柴桑。嘉賓不嫌冒雨，濁酒何辭過牆。」「白雲冉冉在天，落木蕭蕭未已。還憑一片商風，留得滿園錦綺。」「給事西莊自鎖，平章舊宅空春。不及菰蘆處士，長爲松菊主人。」

檀園。在北市，舉人李流芳闢。今圮。李流芳《小葺檀園初成》：「短築牆垣僅及肩，多穿洞壑注流泉。放將蒼翠來窗裏，收取清泠到枕邊。世欲何求休汗漫，我真可貴且周旋。一龕尚擬追蓮社，不用居山俗已捐。」李元芳《清晨獨過檀園觀荷》：「新荷當晝便含光，要看全開及早涼。帶露愛紅兼愛緑，迎風憐影亦憐香。林深鳥宿聲還寂，水漲魚游隊各忙。思折爲筒聊遣興，不勝卯酒滲枯腸。」葛一龍《雨集長蘅檀園》：「梅雨到先客，客止雨未止。漸看園沼平，已浸石齒齒。幽花濕更香，老樹枯不死。所居即空山，所味亦如水。」程嘉燧《題檀園次醉閣》：「爲愛檀園開北閣，兩回三宿小房櫳。坐深曲洞香燈焰，睡美疏欞曉日烘。白拂花飛方丈雨，素屏灘響一牀風。但名次醉猶嫌俗，合作禪棲住遠公。」閔裴《飲長蘅檀園》：「臨谿淺步雨香攜，夏緑深深聽晚鸝。高士門庭惟尚簡，野人來去自無稽。幽情共惜園中夜，後約還留石上題。殘醉更憐分手處，柳風吹月一船低。」宋珏《過檀園追悼長蘅李三兄》：「仙游彈指頃，淹及小祥期。昔歎驢鳴晚，今傷宿草遲。風流真頓盡，神理尚離披。無那西州路，重過復痛悲。」「君去日云遠，我來何所親？影堂空有火，華屋似無鄰。壑暗蘿懸月，廊鳴雨釀春。誰能當此際，忍淚不沾巾？」「未得還閩海，金閶擬卜居。偏尋方外侶，盡讀世間書。此意久相約，追思今總虛。白頭猶滯客，不是爲無魚。」國朝朱瀚《檀園蘿壑在山雨樓下，時紫薇盛開，落花滿地，昔長蘅先生吟詩作畫處》：「樓上人已去，樓下花太息。一片臙脂紅，中有蛟龍跡。」唐瑀《過李長蘅先生故居》：「槎枒枯柳宿寒鴟，亂筱攲橋水半池。欲認檀園無路入，菜花黄蝶出疏籬。」

猗園。在東里。通判閔士籍闢，後歸貢生李宜之。園中樹石，俱朱三松位置。國朝乾隆間，洞庭葉錦得之，重葺，更拓其地，仍顔曰古猗園。（熙增）乾隆五十三年，紳士勸募捐置州城隍廟爲靈苑。嘉慶十一年，紳士勸募修葺。明李宜之《猗園成小築詩》：「自可身如客，何妨寓是家。質錢爲屋小，伐竹補籬斜。燕任營新壘，池休漲淺沙。最憐千樹緑，月色不曾遮。」李宜之《猗園詩》：「用世吾衰甚，避人今漸深。種蔬行有課，窺竹本無心。借水成三徑，搴雲補一林。委蛇俱户牖，咫尺亦登臨。梁月分初影，溪杉列遠岑。堂虚延桂馥，閣迥失桐陰。真率蓮花漏，紆徐貝葉音。暫閒同木石，至樂在魚禽。獨往仍攜屐，客來誰把琴？吴裝方汗漫（子虚在金閶），楚訊更浮沈（子石適楚）。直待春紅滿，遥憐夏緑森。此時文酒社，家釀許同斟。」國朝沈元禄《古猗園記》：乾隆丙寅冬，葉子魏堂得緇仲李先生猗園而增飾之，鳩工於丁卯之春，落成於戊辰之秋，仍名之曰古猗園，而自爲之記。以予之習於兹園久，請復爲文以誌，乃如其意而書之。園在廣福禪院之西，門在水北，由石道達門。門西向，入門繞廊，自南而東折，爲幽賞亭。亭之對，有門曰澮游。入門有堂，巍然高峙而四達，曰逸野堂。升其堂，則一園之勝，可一覽而得大凡也。堂之前爲廣庭，右爲奇峰，左爲荷池，而桂林則承其後。當中秋玩月庭中，則桂香從兩腋襲人衣袂，恍疑身之在廣寒也。由堂而南，疊石爲山，虚中爲谷，曰小雲兜。穿谷而去，爲「鳶飛魚躍之軒」，晦翁夫子所手書也。軒三楹，東向，石作雲狀以墊其足，下俯曲沼，前對茂林，盛夏納涼，都忘溽暑。自軒而南，皆修廊，廊盡則爲竹圃。自堂而東，繇石徑有曲廊，廊之北環扉雙闔，爲主人休息之所，游人之所不至。自南而東，爲孕清亭，方廣數尺，環以曲闌，游者至此，可列坐而休焉。東爲采香廊，廊盡有亭。亭之左作水週之軒，爲書畫舫，在戲鵝池之上。

由右徑得長隄，夾岸俱芙蓉、桃柳之屬。堤右有梅花亭，棟宇基址，皆肖梅花。一簣陶山人爲之記。由堤而南，有小山，爲小松岡，三面皆水，松杉滃然，與西水軒相望。繞岡而南，有石橋曰罄折。渡橋而南，即竹圃也，其中有方亭曰怡翠。由亭而南，則堆阜突怒，高聳林表，喬木森立，下臨清池。每當風日晴美，憑眺其間，則楂之仙宮梵宇，與高甍巨棟，環列於北東西三面者，一如丹青水墨，畢獻其技於眉睫之間。至其南之平疇萬頃，當梅雨初足，新秧乍分之候，緑煙披拂於輕波細浪之間者，尤足令人怡情永日。總而論之，奠一園之體勢者，莫如堂；據一園之形勝者，莫如山。魏堂之爲此堂也，以爲非宏敞軒豁，不足以稱茲邱之傑特，而重樓複宇、小軒長廊、石徑曲屏、橋梁亭榭之屬，遂因之而踵事焉。且於其地之陋者拓之，路之直者迂之，居之疏者密之。於是升其堂，登其邱，而園之向以曠擅長者，至是而奥亦無不足焉。自山而南，曰環碧樓，樓凡五楹，當盛夏時，登樓憑檻，凱風自南而至，農歌與桔槔欸乃之聲互送，亦可領田家風味。樓下爲彷雪之堂，復爲複道數楹，翼樓之右，樓居園最南，牆外即環以河，舟楫之所由入也。由此而東，路旁皆以柏爲屏，有曲廊十數楹，中構一亭曰孤山，香雪繞亭，樹梅百餘株。廊以外，皆修竹。緣屏而北，復緣谿而西，有浮筠閣，半浮於水，亭亭孤立。約齋俞君以浮筠之斡擬之。自此過浮玉橋，緣谿而北，登小山，有亭曰嘉樹。再北，爲嵒棲之廊。其外數椽，則園丁、鶴、鹿之所棲也。有谿橫繞小山之下，自西而南，入戲鵝池者，爲泛春渠。過板橋而西，夾路皆梅、杏，緣渠皆桃、柳。逕盡有亭，即彷雪處也。由亭而北，復得一亭，曲欄四圍，下臨方池，左列修竹，右爲桂叢，曰荷風竹露。左有小廊數楹，曰繪月，蓋廊東嚮，月出而牆壁皆如繪也。廊盡，有軒三楹，與荷風竹露相望者，柳帶軒也。外有曲室十餘處，曰春藻堂，曰清磬山房，曰坐花齋，曰聽雨軒，曰藥欄，曰壺春，曰翠靄樓，曰嶺香閣，曰蝶庵，曰拙逸，皆燕息之所，故不復記，而但記其名。

張撰方《古猗園賦》：吾愛緇仲之濟美於大阮兮，洵高才之翩翩。得別駕之故園兮，瞻菉竹焉猗猗而可憐。邀比玉與孟陽兮，隨叔父而昕夕歌詠於斯焉。迄今雖已歷百年兮，然登高岡而蔭喬木，其流風餘韻尚儼然於眉睫之前。維葉君僑居於槎谿兮，遠隔故山之林屋。想先生芳徽兮，慕思構之遺躅，遂購之而拓地兮，疊奇石而繚垣牆。開蔣詡之三徑兮，闢摩詰之西莊。即瀦泉而爲沼兮，擬觀魚之濠濮。覩鳧雁之浮沈兮，羨物類之咸若。危亭突而鑑影兮，蕭齋豁而遐矚。維臺之高且安兮，不啻子瞻之超然；松杉歷久而成陰兮，又似乎子由之東軒。當雲起而日沈兮，則許渾倚閣而撚髭；方殘夜而水明兮，則杜甫登樓而賦詩。仿屈子之水周堂下兮，疑米顛書畫之舫；傲柳州之愚谿兮，勝樂天之池上。邃廊曲而臨流兮，盤渦折而爲壑。石梁駕如虹影兮，簷牙俯如鸛啄。既種竹而盈塢兮，又藝菊而成畦。類與可之篔簹兮，比淵明之東籬。因疇昔之肇基兮，殫經營而恢廓。非欲據爲己有兮，冀先明之或可作。仍其額於勿替兮，徵圖詠而方新。前有檀園之密比兮，後有陶圃而爲鄰。主人多藝而好事兮，陳圖史於几席。風之朝與月之夕兮，恆褰裳而蠟屐。予曾過此而非生客兮，與魚鳥而熟識。自今幽興極而來往無期兮，允謀歡之良圖。若摹繪其景物兮，愧匪才而將奈之何？

薖園。在鶴槎山西，張崇儒闢。有老桂四十株，築招隱亭，爲松圓、比玉諸公觴詠之所。今廢。國朝楊世清《薖園耆英會詩序》：谿北三里，張氏薖園在焉。中有招隱亭，植桂數十本，間以梅杏，環以翠篠，真幽人之居也。昔長琴山人雅與松圓詩老、長蘅先生輩善，時時過從，觴詠弗絶。五十年來，園屢易主，爲主人者，且未必朝夕於斯，宜乎游躅罕至，意昔之供人茂對者，漸蕪没於寒煙灌莽中矣。乃物不矚於耳目，反得謝暄囂而養天和，所謂數十株者，固已干霄合抱，偃蹇連蜷，花時一林黄雪，香聞數里。予時一寓目，竊歎前輩讌游，未覯此盛。今盛矣，而不逢騷人墨士爲之婆娑吟眺，雖咫尺紅塵，與寂寞空山等耳。若其樹之古，花之繁，林之密，恐鄧尉硯石亦當遜此。噫！人生少而壯，壯而衰，迨乎髩霜髭雪，皤然憊矣。卒未有以自異於儔伍，視此桂之老而益榮，久而彌芳，令人樂就而不敢昵，其相去何如哉！雖然是花也，避豔陽而迎秋爽，小山叢桂，淮南招隱之所爲作也，則夫游賞自與老人爲宜。予屢欲偕耆年過之，每屆花候，輒以他阻。己未秋閏，乃得邀集庵、荇庵諸老，償夙願焉。艤舟北郊，載酒挈榼，席於樹下，緑陰爲幕，深沈高敞，花未全放，而香風滿襟，顧而樂之，獻酬交錯，分韻嘯歌，蓋坐而忘歸焉。昔香山洛社，彼皆名位與齒德齊，故千秋傳爲盛事。座中諸老，固多潛德，予自顧涼薄，何以堪此！顧炳燭餘光，未敢自棄。念昔九老之年，比吾儕皆長，藉令假年可望，未知此生復得幾會？因自顧太息，且訂菊酒於九日而别。詩先後彙集，集成，余爲之序。同會柯翁集庵，年八十四。時子荇庵，年七十五。滕子省廬，年七十三。嚴子榕齋，年七十一。殷子謦齋、汪子補庵，年皆六十八。沈子天庸、王子麗生，年皆六十六。張子南松，年六十五。吴子荻洲，年六十一。邵庵石子、恬齋李子，皆周甲。予則稀齡也。若曹亦亭、張青厓、譚珠土、滕繡生，皆盛年，倣狄監、盧尹例，亦得與會。辛未閏七月晦日。明程嘉燧《過魯生郊居探梅》：「白鶴山邊遠寺紅，月斜江路竹濛濛。幽人獨訪寒梅野，暮雁羣飛小樹叢。林下蒼苔仍濁酒，興中碧水更春風。由來送客經過地，無那鄉愁歲歲同。」前人《八月夜過張魯生西齋詩》：「秋月當門秋水深，岸花寂歷野蟲吟。西窗舊事人誰在，谿雨梧風夜罷琴。」國朝沈白《楊西來結耆英會於邁園詩》：「叢桂小山在何處？聯舟北指鶴灣渡。虬枝鐵幹蝕苔痕，樂府曾傳桂之樹。耆英高會共婆娑，楊子談經載酒過。回首前賢觴詠地，香霏黄雪更如何！」張佳緒《過魯生邁園看桂》：「故園風物費追尋，每到深秋訪桂林。喬木已更三姓主，繁花猶見百年心。西風老屋堆殘葉，落日閒庭歸暮禽。卻憶舊游題壁處，蒼涼蔓草一沈吟。」江剡《過張氏邁園》：「十里名園舊草堂，黄茅蓋屋土圍牆。到門嚦鳥覺春暖，閉户讀書知晝長。玉茗殷紅珠照葉（園有寶珠山茶，百年故物），李花晴雪日烘香。前賢觴詠風流地（謂長蘅、比玉、忍庵諸先生），掃石題詩坐夕陽。」

嘉隱園。在鶴槎山北。刑曹張景韶闢梅花甚盛，嘐城十景，有鶴槎梅信是也。後七十餘年，景韶玄孫復植百枝，蔚然可觀。尋廢。國朝柯炌《重陽後三日過張半桐園居，登鶴槎山，月出始歸》：「天放晴光補重九，有約不赴負吾友。竹樹蕭疏小閣清，逸興酣餘酌大斗。土阜數丈鶴歸來，幸免頑石呈粗醜。一望雲物意蒼然，稻粱半黄棲萬畝。青黛隱躍西南天，信是茸城九峰否？吁嗟茸城吾昔游，蓴鱸澄碧三泖秋。文光直射潮頭去，莽莽笑傲凌滄洲。而今髮白面皮皺，俯仰人世心懷憂。上溯不得見太古，漢代經術徒冥搜。少陵自許稷與契，不計三峽流泉浮。何如眼前一杯酒，遥酬青山開我愁。須臾長天霞餞日，五色成瑞三色矞。光芒反逼入雙眸，鬢眉羽化情緣失。東方之月已徐升，翔陽揖讓下崋崒。清空相望轉兩輪，何者爲主何者賓？方壺圓嶠豈外此，世人本是神仙人。神仙縹渺在寥廓，秋水芙蓉太輕薄。金粟廣寒種異香，蟾蜍天漢洗靈藥。終羡摩霄鶴數羣，得向虚空一着脚。」張凝元《寒食日集庵偕諸子過嘉隱園看李花詩》：「東風芳草路，細雨禁煙天。多病思張署（昌黎《寒食日酬張十一詩》：「李花初發君始病，我往看君花轉盛。」時予小極），看雲共玉川。虚疑惟霽雪，寧稱伴金鈿（李有九標一宜緑髩）。野外無佳釀，慚君逸興偏。」前人《嘉隱園李花詩》：「花城如雪照孤邨，月下風前總斷魂。輪與老夫常就醉，誰人來叩玉川門？」

隻鶴亭。徵君張鴻磐闢。熙增：園中昔有大枸杞一株，亦名杞園。自明迄今，數易主。今許國柄居之。張鴻磐《歸玄恭過訪杞園，有詩見贈次答》：「春殘雨色尚如麻，尺水新波又泛槎。正想百篇同對酒，肯無一事爲尋花。定交夙慕雷陳誼，敘舊何慚孔李家。五十餘年真一瞬，風流如在孰云遐。」（尊人文休先生曩在寒齋，命觴染翰，彈指五十餘年矣）國朝《張允武雨夜宿杞園芳訊閣詩》：「江館多高風，夕陰斂邨塢。蕭蕭夜氣清，陂塘五月雨。空階語暗蟲，疎桐響細乳。懷賢此幽幌，殘燈青穗吐。」

潘氏園。在抱龍涇南，潘鏢所居。今廢。

國朝

陸氏園。文學陸一敬別業，今廢。上海潘堯中《記略》云：儼若先生爲嘐之儒宗，晚年搆林皋一區，爲長公宸求息心洗豪地。父子文章之樂，一時無兩。亡何，先生已往，長公即其故園葺而廣之，以「歸鶴」顏其堂，誌思親也。

釣珊瑚莊。諸生張凝元讀書處。張凝元《鶴槎邨居詩》：「矗矗過牆筍，斑斑落徑花。陂深科斗鬧，山靜僕姑譁。重碧宵沽酒，新旗午鬭茶。溪翁閒話久，皓月上窗紗。」

戴氏園。貢生戴子來闢，今廢。

怡園。在馬家衖內，贈公程時彥闢。今廢。岑巘《怡園記》：嘐城爲蘇之東南隅邑，其南二十里許，曰槎谿。説者謂此河上仙翁浮槎地，故名槎。或曰博望侯乘槎至此，故浦有三，並以槎名。谿流縈抱，頗饒逸致。今去漢日遠，漸成闤境，無復有曩時之勝矣。程翁遂齋，黄山逸流也。從其祖浮家於此，愛其地偏而風古，遂卜居焉。翁丰神閒灑，志節矯抗，嘗曰：「吾白嶽產也，鬱鬱處闤闠，毋乃令山靈笑人乎！」於是即其宅後之隙地，擴而爲園。其前曰「玉山草堂」，軒楹宏敞，環匝竹樹。其東曰南樓，晴雨風雪，有四宜之概。西則架水爲軒，曰水繪。稍折而南，壘石千仞，結鴛鴦亭其上，曰雙清。其左則崇山疊嶂，碧樹參差，嵐影霞光，如置身天際。轉而有石梁，則絮吹水面，花啄樹頭。再蜿蜒而南，苔蘚相剥蝕者，雪岫雲崖，芝岩桃谷也，玲瓏變幻，不可端倪。由仄徑而入，則翁之幽憩室也。最上則有采香閣，天空氣爽，撲人眉宇。復迴旋而下，過赤闌宛轉橋，有樹曰流香，碧潭印月，清沁入骨。北入朗潤堂，聯云「坐香飄桂子，語雋挹蘭孫」。實清華佳境也。復峭折登危陂，凡吟「紅畹香雲濤，攬秀瞰碧嵒」，天然一畫癡，諸勝一一盤薄。又振衣盤石級而上，則綺雲樓也。五雲璀粲，天語輝煌，起就日瞻雲之想，俯瞰傴僂公、壽雲峰、霞飲臺、嘯月墩、醉翁石、老龍鱗洞，彷彿米顛下拜，蕩胸決眥，捲瀑飛湍，伏岩起壑，逸響淙淙而下。地不畝許，而層樓傑閣，複道迴廊，溪山縈繞，游其景者，如入畫圖，目不暇給。正所謂人巧極，天工錯也。噫！夫人挺立霄壤間，遇有不齊，其能結山水之緣，得風月之無盡藏者幾人？翁獨以逸情高致，逍遥於是，非所謂煙火神仙耶！霞舒雲卷，幽襟激昂，陶弘景之以白雲爲怡悦，真可想見，而黄山白鶴，亦無不在几席間。樸庵張閣學顔之曰怡園，有以哉！辛巳仲冬，余再過槎上，亟訪之，卧游十日不忍去，因點筆而爲之記。

陶圃。在東林莊橋北。贈公陸培遠闢，藝菊極盛，名人題詠成帙。族子貢生廷熾亦搆鏡漣軒於南里。宋犖《題陸扶照陶圃藝菊圖卷》：「竹柏周遭映四鄰，茅堂瀟灑葛天民。桃源只在柴桑里，卻笑時人浪問津。」孫致彌詩：「傅延年可制頹齡，養志深心見過庭。歲種寒香三十畮，劉家譜當竟陵經。」「辛勤穀雨分秧遠，絡繹重陽載酒來。在莒願君心莫忘，山塘五月見花開。」（開猜常以好義與予同難）　張雲章《過陸氏陶圃詩》：「不鎖松筠三徑開，林泉招我共徘徊。旗槍盡入君謨録，琴鶴仍隨清獻來（君崇安署中，有清獻舊跡，而武夷山茶品第其高下，著《續茶經》）。圃足嘉蔬同野蔌，厨羅俊味潑新醅。知君不厭相過數，别袖揮時首重回。」

頤園。在尹家衖，職監張履素闢。今廢。張鵬翀《頤園漫興》：「漫羨神仙境，多應似此間。石初生緑髮，花欲妒紅顔。水淨開明鏡，雲低作遠山。每來幽興愜，心共白鷗閒。」　葉昱《頤園詩》：「短短牆垣十畝間，雙扉不捲緑谿灣。林花狼籍埋荒徑，石壁傾頽落蘚斑。堂少琴聲蟲語亂，庭無鶴影雀情閒。傷心最是芙蓉汫，曾醉紅衣倒玉山。」

巢寄園。貢生朱嘉禄闢。熙案：即戴子來乎尹閣舊址闢成園，張鵬翀有記。葉昱《巢寄園詩》：「百歲光陰能有幾？人生天地皆如寄。鶴鳴子和出高松，結巢千尺藏霜翅。雅尚不屑同卑棲，爲築山園竊自譬。有竹有花清且幽，一邱一壑身位置。讀書課子得餘閒，對弈垂綸務適意。平生不慕纂組榮，惟是栽培方寸地。我昔曾經半日游，廿年驅逐傷顑頷。倦翼未還息故林，君已先予塵溘棄。園中老樹長新枝，一一臨風挺深翠。多君種德善貽謀，後嗣濟濟青雲器。阿閣嵯峨巢鳳凰，翩然飛鳴爲世瑞。披圖不盡人琴思，髣髴題詩猶夢寐。」王世樞詩：「昔在君家園，五載涉寒暑。看栽岩際花，教洗庭內樹。至今夢寐中，猶識經行處。春深鵯鵊鳴，雨歇鵓鳩語。暇即管絃張，時還肴核旅。樂哉此巢寬，我欲寄衰羽。自從出門外，紅塵撲眉宇。師席厭喧呶，賓筵畏傴俯。回首澹蕩游，儼若判今古。我游最云熟，因憶能悉數。疑艇在中央，垂楊夾牖户。後爲葭蒼館，左有鷗盟嶼。小彴跨環谿，雕欄抵迴廡。我詩苦荒落，字跡更莽鹵。緣重故交情，搜腸漫覼縷。其時候正秋，明月夜向午。吟成百感生，頓足再起舞。良晤豈終睽，曰歸計已屢。扁舟潞河灣，蠟屐煙江渚。款扉話前塵，一笑相爾汝。」嘉樹園。在滕家衖内，長蘆運使葉昱别業。熙增：今惟玩鵝小檻存。葉昱《小園閒坐偶作》：「雖無庭館鬭豪華，瀟灑園林儘可誇。滿徑緑陰楊柳樹，一叢紅豔刺梅花。日隨雨過穿雲出，蝶趁風來逐燕斜。最喜晝長閒坐處，兒童敲火煮新茶。」逸圃。在阮家浜。職員金應麟即陸氏易安草堂改闢。熙增：今廢。張鵬翀《題逸圃雙瑞圖詩》：「名園啟秀茁天葩，異瑞雙徵洵足誇。芝合四重雲爛漫，榴舒五色日光華。聯芳自應科名草，次第看開旌節花。奇種問君分得否，吾家還擬返仙槎。」時鈞班詩：「一片煙霞閬苑春，紫鸞舞罷息飈輪。看花洞口迎樵客，種藥山中伴羽人。自有雲漿凝草樹，須知石室少風塵。仙家百卉徵靈異，取次神工爲寫真。」

熙增：

程家園。在鎮北。中有揖青閣，與鶴阜正對。程虔五闢，後即其墓也。程廷浩《九日招友飲揖青閣》：「憑高須得地，九日快同游。岫列軒窗靜，觴飛笑語稠。亂煙秋水渡，衰柳夕陽樓。何以酬佳節？黄花插滿頭。」程鏡《家鉅揚招同人讌集北園》：「避人小築隱花邨，枳作藩籬松作門。高樹過雲留不住，清池浸月釣無痕。吟風每聚忘形侶，話雨還傾率意尊。他日詩名徧吴下，北園一集繼檀園。」桐園。在雲翔寺東偏，李鳳昌築於宅後。大學士劉墉書額，中有寸草軒，板輿奉母之處，没後追憶言哀，和者甚夥。劉墉《題桐園詩》：「聞説桐園好，黄癡畫不成。林間一水秀，窗外兩山明。花月光常滿，芝蘭香更清。鄴侯此小隱，吟咏發幽情。」錢大昕《和李桐園寸草軒詩》：「春草新抽一寸低，慈暉難駐黯悽悽。熊丸早歲充晨膳，烏哺今來剩夜啼。禄養總虚三釜願，紫封已自九天賁。佳城不遠堪圖繪，欲倩東吴妙手倪（元倪宏有《林屋佳城圖》）。」「蟠根仙李溯源深，奕葉清風金玉音。竇氏靈椿傳舊德，宣文紗幔記良箴。吹薪難忘劬勞澤，孝筍猶餘潔白心。手奉桮棬重灑淚，髩邊爭禁二毛侵。」「音容回首北堂遥，忍見陔蘭霜後凋。采菽幾曾違夙夜，倚閭誰復望昏朝？鬱葱宰木封如斧，寂寞庵粱静似寮。聖代即今旌望孝，弓車會見日邊招。」「白雲迴望碧山限，讀禮時時記曲臺。表石尚需歐九筆，陳情真見李虔才。風號林樹長銜恨，淚滴庭莪莫制哀。此稿便應鈔十手，要將名教滌塵埃。」

蘭陔小築。葉如山即其父達手植花木闢成園，錢大昕有記。

移愷草堂。程攸熙僦瞿氏屋，庭中卉木頗繁，顔之曰「移愷」，攸熙自爲記，所著書有《移愷雜説》。

古跡

博望仙槎。相傳昔有古樹，柯幹穹窿，繞於兩岸，可通人行。後於此建橋，遂以仙槎名，而郡邑志俱載博望侯張騫乘槎事。元僧弘濟《博望槎詩》：「使槎西泝河源去，卻轉天潢海上回。不獨葡萄曾得種，當時還帶竺書來。」國朝吕王輔詩：「博望虚乘奉使槎，猶遺存跡寄天涯。南通潮汐連三泖，北鎖煙花接萬家。風緊游魚穿細荇，月明歸雁點平沙。客星牛女今何在？難問溪邊蘆荻花。」熙案：王子年《拾遺記》云：堯時有巨槎，浮於西海。槎上有光若星月。槎浮四海，十二月一周天，名貫月槎。是堯時已有浮槎之事。唐時詩人，皆以乘槎爲漢張騫事。老杜亦云：「乘槎消息近，無處問張騫。」然騫本傳止曰「漢使窮河源」而已。張華《博物志》云：舊説天河與海通，有人賫糧，乘槎而去。十餘月至一處，有織婦及丈夫飲牛於渚。因問此是何處，答曰：「君還至蜀，問嚴君平則知之。」還問君平，曰：「某年月日，有客星犯牽牛宿。」未嘗指爲張騫也。宗懔《荆楚歲時記》言漢武帝使張騫尋河源，乘槎見織女牽牛。此博望槎之附會所由始也。其事已不足憑。乃近人王宗濰《槎浦詩》云：「博望兒孫種浦田，竟似博望侯遺種。」於此史亭載入《藝文》中，熙爲删去。而明曹學佺《蘇州府志勝》云：「張騫乘槎，曾過其地，今其地張姓最多。」真堪令人捧腹。

蕭梁古寺。建於梁天監中。龔希仲《中吴紀聞》臨江鄉有白鶴寺是也。内有八景，詳見《寺觀》。元焦白詩：「雙鶴南翔去不還，黄金佈地即爲山。樹封苔蘚山門古，僧坐林泉夏月閒。護法諸天來座下，聽經馴雉立花間。一輪寶藏涵秋水，時有神龍夜叩關。」國朝吕王輔詩：「烽火臺城祇樹凋，海濱剩有一枯條。風吹破衲僧歸寺，月送疎鐘人候潮。橋隔市喧聲寂寂，苔封鶴跡影蕭蕭。闌情最是禎明檜，每聽呼名痛六朝。」

東林銀杏。在東林庵内，大可數抱，黛色參天，三百餘年物。柯炌《題東林庵銀杏詩》：「老樹緑初夏，森然對法堂。乍來延爽氣，久坐下斜陽。密葉疑風雨，修枝合棟樑。花開人不見，俗眼爲誰忙？」朱瀚詩：「老樹緑初夏，一樓生晚涼。相看維兩鬢，最好是斜陽。水鶴有時下，山精不敢藏。無須問僧臘，紺殿閟齊梁。」吕王輔詩：「爛銀殼本宣城種，移植南槎古院東。半壁蝸廬餘佛火，一叢鴨脚戰霜風。聲如梵語塵囂隔，影落禪關夢覺空。有客盤桓時把卷，相將曾入畫圖中。」

北園老桂。張崇儒別業，多植桂樹，故名。其亭曰「招隱」。詳見《園亭》。張景韶《招隱亭看桂詩》：「巖桂縱横滿院香，相將花底伴花光。一尊共酌平生愜，半衲閒逢笑語長。枝外鳥聲憐舊客，林間竹色瀉新涼。夕陽分袂時歸步，回首前邨意未忘。」吕王輔《北園老桂詩》：「刈稻場邊認蓽門，昔賢曾此不窺園。百株老幹青苔徑，萬斛寒香黄葉邨。夕照熏爐人影醉，西風揉雪雀聲喧。東君幾易花無主，未朽應思雨露恩。」

西院芙蓉。在焚化院張鼎熙書齋。有池，栽荷極盛。李泡庵流芳題曰「芙蓉汧」。李宜之《芙蓉汧納涼詩》：「來往荷香裏，竹中惟一涼。鳥將閒共樂，蟬與静無妨。汲水波臨岸，開軒緑滿牀。科頭君訝否，門外欲斜陽。」吕王輔《西院芙蓉詩》：「方塘十畝灌蔬畦，栽遍芙蕖貼岸齊。擁翠唐妃語太液，膩紅越女浴香谿。全無力忍斜風度，分外嬌看落日低。何事水波爭瀲灩，戲魚逐隊葉東西？」 **南塢屏梅**。鎮東南。吴氏闢曲徑縈迴，旁皆結梅爲屏，迷漫滿目，清芬襲人，過者如游香雪海。吕王輔《南塢屏梅詩》：「疎枝環結徑三三，齊放無從辨北南。高列琉璃防點額，曲排雲母趁巡檐。寒香侵屐欺叢緑，晴雪迎眸蔽蔚藍。纖手漫教花上印，羅浮客子夢初酣。」 施燧詩：「誰將寒玉琢屏風？扇扇黏枝兩兩同。畫幅不須絣作素，塞門合以雪名宫。週遮松柏聯三友，横直街衢勒五驄。卻少旗亭能貰酒，月明惆悵趙師雄。」 童孝本詩：「瓊枝巧結似珠宫，四面玲瓏一徑通。扶杖疑來深雪裏，穿林恍入白雲中。影寒好伴千山月，香遠還飄十里風。雅淡正宜高士夢，欲思紙帳卧花叢。」 **槎阜社燈**。鎮北里許，有土阜號「鶴槎」，每上元夜，邨落社燈，絡繹而來，登阜遠眺，目不暇給。重九日，里人登高於此。張鴻磐《鶴槎山登高詩》：「山移龍岫已難蹤，白鶴江邊一堠崇。把菊客思陶氏徑，入林人有阮家風（公紹姪邀往）。天高九茸晴峯見，木落孤鷹側翅雄。北望長安莫惆悵，賜糕曾否大官同。」 吕王輔《槎阜社燈詩》：「松筠繞阜碧層層，星月光中拾級登。隱現千邨寶炬列，依稀萬頃火雲蒸。龍蟠驚攫眠珠去，馬度疑乘汗血騰。試問插萸吹落帽，何如眼底上元燈？」 張揆方《鶴槎山登高詩》：「節值登高恰恰晴，鶴槎山麓綴霜英。花黏谿女銀釵脚，葉亂邨翁蠟屐聲。壓擔花糕入廛市，盈筐紫蟹上江城。老夫也逐游人隊，一種癡情莫與京。」 張允武《鶴槎山登高詩》：「一邱已足息塵囂，踏閣攀林興頗豪。黄葉不知人病酒，紅裙也逐客登高。微茫塔影煙中樹，指點宗峯海上濤。欲問齊公舊時鶴，斜陽衰草遍亭皋。」 **鶴灣漁艇**。鎮北百弓。其地有林木垂蔭，水復深廣，漁舟常聚之處。吕王輔《鶴灣漁艇詩》：「鶴頸溪流止一灣，腥風陣陣集魚蠻。網翻桃浪跳金鯽，笛響蘆花起白鷳。簑笠夜留淺水宿，笭箵時載夕陽還。江湖常悔收竿晚，輸與生涯咫尺間。」 **太平競渡**。太平橋在市心，四水滙之。每端節，龍舟競渡於此。游舫銜尾，聲歌間發，爲里中勝事。吕王輔《太平競渡詩》：「萬户闐塵水一泓，驚聞金鼓忽齊鳴。玉虹四繞星旗轉，畫鷁重圍龍箭輕。手捧蒲觴看泛泛，髩簪艾草望盈盈。汨羅獨醒成千古，何用彈丸弔太平！」 **天恩賞月**。天恩橋在鎮北，高出林表。月夜登眺，野曠天低，心神爲盪，俯看南北，水瀓澈如匹練。吕王輔《天恩賞月詩》：「不是垂虹鎖巨川，半灣脚底湧蟬蜎。置身直擬浮槎客，撫景寧追擲杖仙。色冷印殘千里跡，影低畫破一溪煙。未邀好酒丹陽尹，莫野風光笑獨專。」

熙增：

蕭寺鐘聲。白鶴寺居鎮之中，鐘樓最爲高聳，寺僧晨夕叩之，聲徹遠邇，發人深省。**薛灣潮信**。薛家灣南出虯江，秋潮漲發，奔迅可觀。**桂院占秋**。一鶴山房道院中，有桂二本。乾隆庚子四月，發花，是科里中有報捷者。自後皆驗。士人每屆大比，輒於四月往探秋信。**鴳林消夏**。大德寺棲鴳堂前，喬木參雲，避暑其中，炎威頓失。**止舫觀魚**。猗園中，止舫前臨大池，游魚出没，有濠濮間意。**平橋折柳**。鎮西楊柳橋，相傳送客贈行於此。安定氏環植楊柳，兩岸緑陰，與波上下。**雙塔晴霞**。雲翔寺山門内，有兩磚塔，亭亭雙峙，晴霞映之，如雷峯夕照。**三槎霽雪**。三槎浦地瀕曠野，雪後泛舟，彌望如玉。

祠墓

祠

明

兵部左侍郎張任家祠。在東嶽廟東。**四川布政使司參議李先芳祠**。在方家灣白字圩，塑像祀之。祠廢，移像東林庵閣下。**上谷宗祠**。在侯家灣。本練氏，以邑侯練公達爲始祖。熙案：程侯邑志云：

練達前任知縣爲樊鎮。舊志，鎮於洪武辛巳由御史調，在任四年。永樂初，復召爲御史。洪武辛巳，乃建文三年。次年，靖難兵入。則《職官表》内，達在官歲月，無從增入。舊志俱未入表。自趙志列入《職官表》，遂削去《樊鎮傳》，以泯其歲月未符之跡，非信史也。韓志達或官丞、簿，非令，似有見。竊考沈璧《練公傳》，公以明經舉薦，任浦城學事，陞嘉定尹，善教善治，當道賢之。又考練公入名宦祠序、《侯氏宗譜》序，並云公「蒞任甫三月」。今史亭原本稱邑侯，恐有泥程志而非之者。附録於此。

國朝

沛國宗祠。在蘆涇，始於無閒氏。六傳至宋桂林宣撫使永山，二十餘傳以來，俱付道人守之，有田二十畝，俾耕而食，春秋供祭祀。（熙案：楊勷平志增入）

陸氏宗祠。在仙槎橋南。

清河宗祠。一在金字圩，一在曹家浜。王鳴盛《張氏祠堂記》：張君蘭堂求予作祠堂記。案其事見禮之變而得正者三焉。張氏自友竹公諱鳳，生於前明嘉靖二十六年，卒於天啟二年，無子，以須氏甥思德爲嗣。友竹以上因亂佚，其牒不可詳，抑友竹實以須繼張之所由始也，故奉爲始祖。思德號敬竹，爲尚寶司少卿須公之彦之族裔，其後於張也，祝曰：「他日有子二，則以其一還須。」已而僅有子一人，曰紹允，字君聘。君聘始有子二，曰邦祖，字民頌；曰邦裕，字民譽。乃急命民譽歸須氏宗，而長子世承張。夫異姓之不得爲後也，夫人而知之矣。然而友竹之以敬竹嗣也，張氏宗支無可嗣故，況有民譽之復歸也，斯亦亡於禮者之禮歟！記曰：「禮時爲大。」又曰：「協於義而協，則雖先王未之有，可以義起也。」古者大夫三廟，適士二廟，官師一廟。廟之爲制甚大，每廟惟祭一代。貴爲大夫，所祭至曾祖而止。今之隸名國子監及府、州、縣、衛學爲諸生者，殆亦古官師之流，然不敢立廟，但爲祠堂，祠堂之制殺於廟多矣。故奉始祖以下，合食一室，不爲泰也，詎非隨時行禮而可以義起者歟！然則張氏之祀，友竹公以下及於祖禰也，固宜抑。又思之古者支子不祭，祭必告於宗子。今無大宗、小宗之别，宗法可不立。然長幼之節，不可廢也。民頌公二子，長曰國賢，字茂公。茂公生五子，長曰俊仁，字漢臣；第三子曰俊儒，字有珍。漢臣公子四，長曰洪道，無子，以弟洪猷之子成器嗣。成器子式丹。初，茂公嘗以所居有隙地，欲規爲祠，未果。已而析産，地歸有珍公。公乃庀材鳩工，創立之。工既竣，仍命洪道主祀事。有珍公爲國子監生，爲人慷慨尚義，多善行。監貢生廣勤公洪業，即蘭堂考也。蘭堂名成績，字紀常，亦入上舍，賢而好文，有子六，皆才。而伯式玉、仲式金、叔式慎，並爲諸生，增葺其祠，將事唯謹。夫以有珍公之創爲祠，以迄於蘭堂，而長房長子世承厥祀，有宗子支子之遺法焉。張氏其亦猶行古之道歟！爲後之變，廟制之變，宗法之變，而皆得其正，三善備焉，吾於張氏見之矣。若曰汰哉，專以禮許人，則吾惡乎敢？祠在嘉定縣南翔里芥字號二十八圖白字圩，東西三丈六尺，南北十八丈，其門廡、堂室、房序、間架之數，水石、卉木映帶景物之美，已具詳徐丈樹紳記中，茲不覼縷云。

平原宗祠。一在小涇橋北，一在陶圃内。**濟陽宗祠**。在方家灣。

許氏宗祠。在南街。葉昱《許氏宗祠記》：許翁撰序與先君生同里閈，交相得也。嘗挾重資商豫章，往來白門、京口間，相扶攜左右者，垂三十年。余幼時以父執事翁，翁亦視猶子也。翁娶金氏，生二子，長廷元，次廷相。廷元娶姚氏，卒，繼娶張氏十年，而廷元死，無子。張氏年三十，青春守節，即矢死靡他矣。廷相娶王氏，亦十年而廷相死，無子。時翁九年於外歸，而玉折蘭枯，煢煢兩媳，皆稱未亡人拜膝下，孫枝未茁，似續難期。嘗與先君言，而悲涕欲絶也。已而納倪氏爲妾，生一子廷發，娶王氏，甫一年而廷發又死。翁此時夫婦景逼桑榆，一室三孀凄然飲泣，已屬人生大不堪之境矣。乃不數年，而第三媳王氏又死。張氏與次媳兩人，中宵作苦，形影相依，猶爾窮愁有伴也。迨王氏撫養一子文龍，爲之娶婦，而王氏又以疾死。時張氏年已及艾，奉事舅姑，竭力盡禮。姑病，籲天求代死，則棺槨、衣衾殯殮之具，皆一身經理無失。後數年，翁歿，亦如之。其賢孝有足稱者。又躬親耕織，朝夕辛勤，節縮衣食，銖累寸積，而奉舅姑及夫兄弟、娣氏七喪同葬於祖塋之旁。又舉夫原配姚氏柩，與夫合葬，而虚穴其右，以爲己窆室。嗚呼，是非氏德性堅定，賢孝純篤，焉能以一婦人而撑持門户，歷盡艱難，終始一節，而又躬舉大事，無缺無遺如此者乎！先是翁生二女，長贅翁舜田爲壻，女死，即以次女繼舜田。翁所遺田、房，爲壻理逋負，變賣殆盡，所存僅住屋一所、墓旁地三畝而已。氏孀居幾六十年，零丁孤苦，無所不至。前歲，年八十有五矣，念家門衰落，一朝風燭，魂魄焉依！乃邀同族衆，將身住屋改立許氏宗祠，建神厨、設栗主，序昭穆，春秋享祀，胥於是焉。屋凡若干間，門牆、堂舍皆葺治而新之。以一間授文龍居，俾守護祠宇。餘屋收賃值，以供春秋時祭之用。其一切己身後事，皆前備戒，勿以貽累族人。嗚呼！如氏者，不誠賢乎哉！今士大夫家席豐履厚，高堂華屋，僭擬無度，而曾不念及前人建宗廟，以妥先靈而崇祀事，有藉名立祠，而按户醵錢，爭多論寡，或動經歲月，而未克成功。嗚呼！如氏以苦節一婦人，而舉事完備若此，氏不誠賢乎哉！許之姪民箴，忠信端謹士也，與余比鄰，屢爲述氏生平及建祠始末，屬爲記，以鎸諸石，俾許氏子孫世世無失墜焉。

南陽宗祠。

在嘉樹園内。祠堂一家私祀，雖未必盡合典禮，然即是可徵追遠之誠，非無關風教也。張司馬、李黄門，皆鄉先生，可祭於社者，豈以其家祠而置之？其餘亦案其世而編入。熙案：楊勷平志云：報功祠，邑人祀張子石鴻磐，在邑西關外。以祠不在里中，故張志未之及。今祠已廢，附誌於此，以存其跡云。

熙增：

安定宗祠。

在鎮北程園内。

廣平宗祠。

在抱龍涇西。王紳《程氏南翔支祠記》：水源木本之思，人孰無之？宗祠者，妥先靈，所以報本反始也。然有力者爲之恆易，若必糾族人銖積寸累，以期蕆事，則其成也難，而孝思愈足形其不匱。新安程氏，皆出晉元譚公後，惟江邨一派，則自宋時江介軒公，諱松，以内姪爲姑夫，後承程姓，至於今不改。前明鄉飲賓禹門公諱應蛟，率其子贈中憲大夫恆吾公，諱德遠，遷南翔。恆吾公生三子，長允懷公，諱時敏；次乃來公，諱時修；次贈中憲大夫遂齋公，諱時彦。占籍嘉定焉。允懷公子譽章公，諱豐，舉於鄉，廷試授守府銜。而遂齋公尤能光大前業。宛郡太守谷源公諱侯本，其第四子也。遂齋公四傳至予門人攸熙，家已式微，承其尊甫友竹諱永潤遺意，與其世父耐之名永穎，念宗祠之在新安者先人歲一至，今子姓或跋涉維艱，爰糾族衆議之，計丁若干、人月輸錢若干文，積數載，遂購地於抱龍涇西，而建祠也。祠成，攸熙請記於予。予稽之《禮》曰：「三王祭川，先河後海，或源或委。」今斯祠也，於新安則爲委，在南翔則爲源。稱支祠，委之謂也。奉禹門公爲始祖，别子爲祖源之義也。予嘉耐之伯姪，能經始其事，而其族人咸勉出其力以成之，其孝思爲何如哉！於是乎書。**湘湖宗祠**。在州城隍廟西。**隴西李氏宗祠**。在北横瀝東岸。翁方綱《南翔李氏宗祠記》：宗祠之設，爲人子孫者，推孝思於無窮，所謂禮以義起者也，故循而行之，歷古今不廢。南翔李氏，先世爲金陵上元縣人，自歲貢生敬堂公，於明神宗時始遷嘉定南翔里，遂土著焉。五傳至鳳昌，特授五品職，進階四品，榮贈其祖父，闡發先世之幽光，更推尊祖敬宗收族之孝思，立祠於里之北。奉歲貢公爲始祖，蓋遵别子爲祖之義也。地固爲前明李長蘅先生宅，鳳昌新之煥之，凡門廡序寢，悉秩然有條。里之人瞻仰斯祠，靡不油然而動孝思。方綱嘉其能爲凡爲子孫者勸也，故樂得而記之。**潁川宗祠**。在州城隍廟西。**吴興宗祠**。在東楊家衖内。**高陽宗祠**。在杞園内。**安定胡氏宗祠**。在走馬塘北岸。**江夏宗祠**。在洛陽橋東陸家場。**沛國宗祠**。在東楊家衖内。**紫陽宗祠**。在東嶽廟西。

墓

明

封寧晉知縣陸孟宣墓。在陸華浦，四明楊守陳撰《壽藏銘》。子寧晉令愉祔。**禮部主事陸奎墓**。在俞杜橋重字圩。**封刑部郎中楊瓊墓**。在方家灣東。**廣東按察使楊錦墓**。在五福橋。**德安知縣王春墓**。在十二都鞠字圩，子縣丞瑞祔。**南靖知縣徐恂墓**。在木龍濱巨字圩。**百歲翁朱證墓**。在十二都壹字圩紫藤浜，有古銀杏兩株尚存。**贈山西布政使張玘墓**。在西伐字圩。**兵部員外郎張楙墓**。在焚化院河字圩，歸有光撰銘。**鄖子丞張子敬墓**。在周涇原緣滿橋，學使王圻撰誌。**鴻臚寺丞張梓墓**。在德星橋位字圩，歸有光撰銘。**孝子張仕墓**。在東嶽廟南中槎浦。**贈安吉知州李文**

邦墓。在第二塘北。　楚府教授吳鑾墓。在西伐字圩。　江西參政張恆墓。在十三都致字圩。　江西萬全都司倉大使陸思忠墓。在虛字圩。　登州府同知李汝節墓。在上槎浦西稱字圩，子四川參議先芳祔。　貢生陸有文墓。在虛字圩陸華邨廟後。　河南府通判閔士籍墓。在曹家浜虛字圩。　庶吉士李名芳墓。在上槎浦東稱字圩。弟舉人流芳、子貢生宜之、姪諸生杭之祔。李氏兩墓，東西各別。邑志誤合爲一，今考正。國朝張承先《謁長蘅先生墓詩》：「博望乘槎處，清流抱一灣。何年眠李白？終古謝家山。拜墓嗟雙鬢，看碑拂蘚斑。松圓隔千里，瞻望淚潺湲。」　蕭山主簿沈秉直墓。在中槎浦火字圩。

國朝

澄城知縣徐時勉墓。在虛字圩，父貢生康國同墓。　貢生吳自惺墓。在中槎浦悲字圩。　貢生李敬堂墓。在闞家橋西人號十七圖潮字圩。　徵君張鴻磐墓。在西伐字圩方伯墓左。父承寵同墓，子貢生誼思祔。　贈僉事陸培遠墓。在花園浜。　贈寧國知府程時彥墓。在東張涇鳥字圩。　霍山訓導倪沈暘墓。在北鳥字圩。　懷甯教諭李正墓。在推字圩。　贈户部主事葉啓津墓。在姜號十九圖。　贈户部主事葉天錦墓。在人號十二圖虞字圩，子長蘆運使昱祔。　甯國知府程侯本墓。在鶴頸灣端字圩。熙增：　孫無爲州巡檢士棠祔。　贈崑山教諭王政惠墓。在屯橋西北道字圩，子崑山教諭世樞、贈潁上知縣杰祔。熙增：　孫恩貢生、封潁上知縣紳，曾孫潁上知縣處厚同祔。

所録塚墓，皆茲方膺一命、受封典及名人魁士之足稱者，非誇佳城鬱鬱也。獨惜李孝廉、張徵君俱無主後，一抔之土行且湮没於寒煙宿草中，安得有如前令李公昆陽者爲之增修培築、表厥姓氏，以永其傳乎？志其墓，不勝慨歎。

熙增：

文林郎、江西贛縣知縣、贈奉政大夫、嘉興府海防同知李夢璁墓。在屯橋光圩。文林郎、安慶府教授陳時敍墓。在鳥號三十七圖賴圩。贈文林郎、福建福清縣知縣朱思濬墓。在井亭橋北。贈朝議大夫李文錫墓。在人號八圖中槎浦東翔字圩，與祖處士友伯、父贈奉直大夫一經墓相接。王光祿鳴盛銘。貞女程氏墓。在東張涇。

附以下俱原本。

王氏祖墓。仙經堂後，德安令王春祖墓。歸氏祖墓。在東伐字圩，刑部侍郎歸子顧祖墓。曾氏墓。在新華浦之原。案：王德安、歸司寇，俱鄉先哲，重其人，而及其祖，宜也。曾氏爲崑山周康僖公外舅，康僖爲築墓，曾氏子孫世居其傍，迄今辛木森然，古藤繞徑，土人遂以名其地曰「曾家墳」。故志之。僧墓。一在鎮西焚化院，一在雲翔寺東夾道，一在雲翔寺後界山。道士墓。在陳師衖内。

重號義塚。周家橋北。康熙間，新安戴良景置。官號義塚。曹家浜南一所，南半里許又一所，俱雍正間歙人羅采置。芥號義塚。青龍橋東。乾隆間，里人程虔五置。人號義塚。石家橋。乾隆間，里人嚴文、程鴻逵置。

南翔鎮志卷十二

雜　志

紀事

我嘉邑瀕海沙積，地不宜稻。前明徵兑本色，力不能支，几議廢縣。萬曆十一年，大宗伯徐公學謨倡議折漕糧以銀輸。太倉邑民瞿仁等狀上大司農得請，民困稍甦。然當時部議，暫准改折一半。嗣後，隨年題請。二十一年，永行改折，纂入全書，著爲令。天啓四年，朝議暫兑，署縣張公承詔懇請撫按提免。至崇禎十四年，軍事緐亟，半兑本色。令下，萬姓惶駭，泣訴撫、按，抗疏不允。署篆司李倪公長玗懇應、淮二撫以豆、麥搭兑，勉竣一年。兑期踵迫，僉謂非得負才望、識窾綮者伏闕不可，乃公舉徵士張鴻磐，扶疾入都。鴻磐既至，適有旨禁民疏。時大司寇嘉禾徐公石麒，鴻磐舊友，爲乘間以請，得准封進。七月初八日，具奏。二十六日，疏下户部議。户部請敕漕、撫察産米處，抵足原額，具覆。總漕史公可法、撫臣黄公希憲遵旨會議，米一石折銀一兩，解往天津，就彼地買米輸納。奏上，奉俞旨：嘉定漕糧，照疏改折，别縣不得妄援，著爲定例。是役也，司寇徐公凡七造大司農之第，復爭之朝房，頭面盡赤。鴻磐嘗歎息謂：「無徐公，則無嘉定。」然無鴻磐，何有徐公？論者謂：自宗伯徐公議折後，六十年中反覆不一，至鴻磐而隻手回天，迄今不易。宗伯始之，鴻磐終之，於桑梓實有再造之功也，嘉民世世子孫其可忘諸！

案：是時大司農爲孝感傅公淑訓，先儀部主試楚闈所得士，公主議加税，清議所不滿。獨折漕一事，爲福於嘉定。蓋藉公事以報私恩，因一家而及一邑也，後之人不可不知。

張承先識。

張鴻磐《請照舊永折疏》：奏爲瘠邑，地不産米，水不通漕。伏懇聖明，照前永折，以蘇垂絶事。切照嘉定僻濱海陬，沙土高仰，粒米不産，仰食外郡。國初，概派本色。至成、弘間，人民逃亡，逋賦廿萬，建議廢縣。廟堂駭聞，八經撫、按核實上奏，部覆奉旨永折，載於令甲，垂六十載。邇來江南水旱頻仍，江楚禁糴，販負既遠，嘉食獨艱。三年之中，旱魃虐吴，嘉定木棉盡槁，糠籺皆斷。以地不産米，受禍最酷。方始籲天，求蠲卹之仁，忽奉十四年「半兑本色五萬三千二百四十六石」之旨，萬民駭亂。時萬知縣行取赴京，本府倪推官署篆，目見野無青草，市寡炊煙，强者魚駭獸散，捕獲無從；弱者鵠面鳩形，難施鞭扑。

不惟無漕，兼恐無折，士民泣控撫、按。隨蒙具疏哀籲，奉旨速議。計部以恐誤漕限，僅酌豆、麥搭兑，淮、應二撫又酌從麥抵，而垂斃之民騷然莫應。幸倪推官設法勸輸麥事勉完，臣等乃敢萬里赴京，泣告君父。夫貢土乃經國之典，輸將實氓庶之分，況内外交訌，輓輸莫算，宵衣旰食，日廑聖憂。臣等素知忠愛，何敢不竭地之所出，爲皇上補軍需之萬一哉！顧國初三江載濬，水利大興，吴淞巨浸，入川達滄。嘉定小邑，藉以灌輸，十田五稻，以土之毛輸國之貢，本色之派，所從來也。不料陵谷變遷，大江忽爲平陸，支河遂已絶流，斥鹵積沙，旋濬旋淤，桔槔莫施，禾種遂斷，僅種木棉一色。以棉織布，以布易銀，以銀糴米，以米充兑。舟楫不通，糧艘莫集，百里擔負，輾轉折閲，糴之，則嘉定一石比旁縣之二石；兑之，則嘉定二石不及旁縣之一石。是以人情甘心流徙，而不知有生處之樂也。今本縣原編十五萬之外，二十餘年來，三餉之疊加又五萬餘矣。官布、絲絹復入考成原編、加編，又四萬餘矣。即就折銀計之，泗洲、桃源等處，每石折銀五錢，嘉定折至九錢，又四萬餘矣。縱皆豐稔之年，盡木棉之入，竭蹶終事，力不暇給，縣官徵比，不免怨懟。然瀝血剜肉，實賣男鬻女以不敢挂欠者，感朝廷永折之恩也。若復半漕，則無論蚩蚩小民，皆連臂走險逋竄，計不反顧，即忠紳義士欲爲國家保鄉閭、爲祖宗守邱隴而不可得，勢不至廢縣不止矣。何也？庶民之分，可生可殺，而必不可使木棉生粟米，陸地挽漕艘也。勢有所必窮，情有所必至也。至於倉廥之費、舟航之費、疏鑿之費，各累巨萬，而臣不及言者，謂今日止就本色計有無，不爲度支商工費也。又至僵殣之害、疫癘之害、盜賊之害，靡有孑遺，臣亦不敢言者，謂今日止就熟歲權利害，不爲災荒祈軫恤也。伏乞皇上念題覆八次，勘合必真，休養百年，凋瘵未起，敕下户部，將半復漕兑，永永全折，則民生再造，重地亦安矣。

侯峒曾《壬午復折奏疏序》：國家下數十萬艘以轉漕江南，惟嘉定得免。蓋其地無一粒之産，無大河之通，故終弗可以漕。漕之而民皆流亡，議欲廢縣者，自成、弘之後也。縣不可廢，漕不可免，而姑擬以鏹代者，自萬曆初也。蓋自我起家以來，歷見邑漕因改之情，于今三世。自萬曆之二十一年，始定永折爲令，而先曾祖參政公敍之。又至于天啓之四年，議者復欲改漕，以備軍興，父老哀請中免，而先君太常公敍之。又至于今天子之十五年，復議漕復折如初，而予又得敍之。此六十年以來，民生之休戚略可覩，而余齒且衰矣。方萬曆之言漕也，當是時，法令疏闊，府庫尚充，鄉薦紳先生盛于朝，邑舊令或仕于京師，熟知而畢圖之，宜其易也。今天下蕭然繇費，天子焦思竭慮于上，大司徒側足避罪于下。一邑之利害，彼非不知，顧有所不暇惜也。譬如四體焦糜，而呼一指之痛，人必不以爲然，是故皆難之。初，復漕之詔下，闔邑震恐，莫不思掘尸壞田，奔走驅竄。司李伯屏倪公來署吾邑，謀所以平圖之，則曰：「斯事體大，非孰識窾綮而悉忠以圖，勢必不能得。」于是皆請張先生子石行。張先生行，而上其書，天子以爲然，下諸職者熟議之。議上，竟得復免，著爲令，他邑弗得比焉。嗚呼！蓋聖人之心，視通萬里，其恤之備，其察之詳，旋議旋復，一惟乎民命之安危，而初不以成言定，是故反覆推較，寧暫緩關門五萬餘石之餉，而終不奪我嘉。然則，吾輩今日猶得以長男字女，守有此土者，皆朝廷始終覆蓋之仁，賢使君竭蹶圖救之心，江南劬勞安宅之福，輻輳交會，而得以保此也。以守關之重不易我嘉，則其他軍興之緩于此者可知矣。以粟芻繇亟之時，而終無所累；異日寇盜蕩平，天下無事，其蠲除給復，又可知矣。是豈不尤幸也歟！若張先生者，千里叩閽，炊煙斷絶，不避勞險，潔誠濟公，要爲難能也。《詩》云：「凡民有喪，匍匐救之。」是可不謂之匍匐者歟！夫爲民請命，功成而不言，賢豪長者之業也。導揚聖明，宣悟閭里，卿大夫之事也。監其所以因，察其所以革，永守成憲，無輕建易，計臣之責也。予原夫因改利害，而爲之序，非獨諭其世，亦將以告後之人。張鴻磐《崇禎壬午，嘉邑有旨復漕。予伏闕籲折北上，留別倪公祖、朱封徐諸父老二首》：「京城誓絶素衣裳，黽勉兹行爲梓桑。斥鹵青黄空極目，災傷殣胔正相望。呼庚勢急綸三至，叫閽功艱淚萬行。敢謂噬臍成畏怯，男兒熱血在心腸！」「炎歊五月氣如蒸，病骨長軀暗自驚。父老扶攜增涕泗，邦君慰送若平生。慚云識路休遺老，妄冀回天只恃誠。十萬芻糧億民命，已拚度外置吾身。」黄淳耀《送張子石游燕詩》：「紫芝一曲舊菰蘆，又入燕京問狗屠。卿相未堪呼作友，流民且欲繪爲圖。清談藝苑推黄馬，長策中原獵短狐。他日平臺訪遺逸，應知市上有郇謨。」「荒城百里絶炊煙，累繭煩君獨籲天。轉漕更無韓滉米，治裝惟醵沈郎錢。空江蟹斷孤舟外，長路魚星匹馬前。見説南司新抗疏，不須張目向時賢。」

康熙四十四年，歲祲，餓莩載道。里中士民陸培遠、程時彦、陳範等捐重貲，設粥廠於雲翔寺，日兩餐。二月十五日始，至四月初七日，計費米二千一百四十九石有奇。又續賑，六月十三日止，活饑民無算。雍正十年秋，海溢。明年，大疫，民大饑。復行煮賑，新安羅采獨設一廠寺中，就食者雲集。時通鎮物力維艱，董事者雖多方勸募，而人心終不踴躍，可慨也。

市井惡少無賴，所謂打降、白拉者，是處有之。南翔爲甚打降？逞其拳勇，凡搶親扛孀，抬神扎詐，諸不法事，多起於若輩。白拉聚集惡黨，潛伏道側，候邨氓入市，邀奪貨物。或私開牙行，客商經過，百計誘致，不罄其貲不止。此等惡習，最爲民害。康熙四十九年，里中士民顧天祐等繪情呈縣，知縣事程公申請各憲嚴禁，勒石永遵。（碑立雲翔寺）雍正中，邑侯聞喜趙公復加嚴緝，杖斃一二，始斂跡。歷今逾五十餘年，猶頌德不置云。夫脚夫、樂人聚夥結黨，私畫地界，搬運索重直，婚喪勒厚犒，莫甚於南翔。種種惡習，人知之，而積弊已久，莫可如何。康熙二十五年，士民石崧等目擊脚夫肆横，激於公憤，環籲當道。此輩投託勢要，把持有司，幾致反噬。賴邑侯山陰聞公廉明，力請撫軍趙公嚴飭，立碑永禁。（碑在雲翔寺）案積如山，害除而崧等身家亦破矣。至樂人分界之禁，雍正間，士民陳孝諧等具呈勒石。（碑在大德寺觀音殿）前人殫力爲地方除害如此！

邑里之保正，即古之閭胥、比長。古則尊之爲官，今則卑之爲役，時代不同也。然保正雖卑，有巡察稽查之責，於地方非無繫。槎里市廛，跨連八圖，每圖向設保正一人，苦于事權不一。清獻陸公令嘉定時，八圖止設正、副二人，著鄉約生公舉，每歲終一更。行之日久，縣丞與鄉約生朋比，所舉未必得人。縣官欲矯其弊，務遴殷實充當。彼殷實者，不屑爲，方規避，而願充者率奸滑射利，雖仍當湖舊制，而于地方究鮮所益也。善體當湖之意，端在賢有司云。

鎮西郊有練天生者，明邑令練公達裔，凶悍陷法。乾隆四年，遣戍陝西之朝邑，于戍所娶婦，生子雙鳴。天生死，雙鳴年十八，于四十三年投牒縣官，負父骸行乞，歸葬于侯家灣祖墓。葬畢，故鄉無生業，仍赴陝。以未冠之年，數千里之遠，而不忘其本如此，真不愧練公子孫也。

陳畹芳，貢生陳綸女，嫁婁東。壻暴戾，游蕩傾家，無屋可棲，歸依母家，賦《感懷詩》八章。其首章云：「窮通委命不須論，知是天公定此身。白璧出囊無玷缺，明珠歸匣免埃塵。靈椿惟剩清宵夢，花蕚猶餘昔日春。愧我有家重作女，又將生計累慈親。」淒愴惻婉，遇人之不淑，可悲也已！

熙增：

我鄉紳士，多束修自愛。龍公圖牧我州，盧公焌宰我邑，凡南翔紳士，接見時，禮貌倍優。此賢牧宰之用心旌别，亦足徵我鄉風俗之淳也。今龍公擢淮揚道，盧公擢邳州牧，里民猶謳歌其德云。

自雍正十年後乾隆二十年歲饑，里中捐賑，一應章程，曾有釐爲一書者。六十年大饑，中丞奇公豐額檄令煮粥施賑，邑侯姚公學甲集紳士議。我里紳士李鳳昌，侃侃主城鎮分賑之議，公一切委任之。南翔分八廠，男女分處領籌，赴廠領粥，無擁擠之苦。自二月初八日，越閏月至三月十五日止。捐輸者踴躍爭先，章程最爲盡善，不泥二十年成書也。嘉慶九年，春雨連緜，罕有晴霽。五月間，又連旬大雨，河水溢岸，低區水深數尺，秧苗盡爲浸没。常、昭、吴各縣預爲防護，禁止糴販，米不出境。嘉定素産木棉，向賴鄰邑運米接濟，自商運不通，米價驟增，至每升四五十文。六月初旬，南翔各米鋪以食户計，存糧僅可支三日。民心皇皇，咸憂缺食。里中紳士朱掄英等，先後呈請邑侯許公知璣、趙公曾，發碾常平倉穀平糶，民困乃甦。十年，二熟又苦歉收。十一年春，邑侯吳公桓勸各富户捐賑，親赴各鎮，諄諄勸諭，不動聲色，豪無騷擾。南翔日漸衰落，各富户仍踴躍捐輸。公令各圖保正，先造饑户册，每户大口若干、小口若干，給票，大口每日錢若干文，小口每日錢若干文。南翔于雲翔寺各廟宇分設五廠，每届五日，各饑户持票赴廠領錢，較之煮粥賑米，在董事者省糴運之煩，而饑户以五日之錢小本經營，又可稍沾微利，其所裨非淺鮮也。

翔鎮八圖，每圖向設保正一人，時謂一鎮八虎。清獻公改令八圖衹設正、副保正二人。史亭前已志之矣。迨後正、副之外，私立幫保名色多，游手生事之徒附焉。歲終一更，則奸滑者串鄉約生及夫束，揚言欲舉某某，皆家小康而畏事者，求賂遍，乃舉奸滑者充焉。保正之害，何可勝言！清獻公良法美意，初不料一法出，則一弊生也。自臨湖吳公桓宰我邑，仍各圖設一人，事權既分，射利亦微，游手生事之徒不能附，地方益臻寧謐。有治人，無治法，誠哉是言！

人家婚喪，列鼓八面，喧闐盈路，名曰隊鼓。有力者恆用之，以爲炫耀，不知始於何時。楊勷平先生志有之，則其來已久。向惟南翔如此，今近地亦有用之者。俗尚華靡，此其一端也。

勷平先生志云：元夕有滚燈，鳴鑼鼓，執火炬，前後擁數十人。邨社龍燈入市，往往争鬭成訟，今其風未革。又社司各分廟界，時或羣赴一廟，筵宴觀劇，互爭坐位，糾衆械鬭。

不惟滋事，亦且瀆神，尤爲惡習。

勷平先生志云：　明時設約正、約副，不獨講解鄉約，凡地方事得行調處，並許指報。國朝湯大中丞斌諭令止憑敬謹講説，不得干預地方事務。因念明季南翔隴西氏爲約正，遇事必言，奸頑懾息，卒致禍遺厥宗。湯公誠遠鑒也。今約正、副之名久已裁汰，朔望恭讀聖諭，每在白鶴寺，邑侯傳生監二人，敬謹宣誦而已。

槎谿小學，明嘉靖間，邑侯李公資坤修文廟既竣，諭于邑之四門十六鎮皆立小學。南翔即雲翔寺中公廨改建。迨後他鎮小學或有存者，南翔故址鞠爲茂草矣。國朝康熙二十五年，太學生楊世清因湯大中丞斌奏毁淫祠，欲就鎮中五方賢聖殿改建，呈縣行學。時已製就聖位及四配位矣，以地方沮格，中輟。復籲藩使宋公犖詳撫具題，已奉批行，旋擢撫江右，其事遂寢。子庠生志達，呈學政張公奉文批就空祠設立，卒不果。今其址已成土阜，並建棲流所，棲止流丐，可慨也已。

程宣，字虞鄰，諸生，攻苦力學，早卒。妻陳氏，年三十，朝夕哀號，嘔血瀕死。舅攸熙以撫孤諭之，乃勉從。無何，孤殤，氏私製殮時衣履，欲殉夫。庶姑謹防之不得間，以悲痛成瘵疾，踰年遽卒。氏殉夫之志未嘗一日忘也，乃以諭阻，病卒於夫死之次年，不得入烈婦傳，哀哉！

王上舍鳳岐女，讀書識字。鳳岐愼于相攸，問名者概弗許。鳳岐卒，妻陸氏承夫志，亦不肯輕許人。女年逾四十，字七匯某爲繼室。未迨吉，某死，女願歸夫家守貞，事姑孝，撫子婦慈。此嘉慶十年事，年例未符，然女年近艾，可卜其矢志靡他也。附誌于此，以俟後之輯志者采擇焉。

蘭桂，朱氏婢也，忘其姓年。及笄，主人以妻家童德發，生一女。德發暴疾死，婢矢志不嫁。未幾，女痘殤，婢煢煢依主以居，給炊汲之役，僅餬其口。守節四十餘年，無疾而卒。嗚呼！如婢者亦可謂傭中佼佼者哉！

曹氏，太學生王長慶妻，生一子一女。嘉慶丁卯冬，夫病，彌留之際，氏知不可挽，遂先夫自經卒。時距志成後二載，紀于兹，以備續。

軼事

里中土著最久者，推仙槎橋陸氏。其始祖熟諳韜略，曾參岳忠武王軍事，王遭害後，遁跡練祁市之南郊，自稱「槎谿野叟」。家乘所載如是，惜失其名，並無他書可考證云。

元邑志載，宋秦觀《南翔寺詩》「練祁江上梁朝寺」，考之乃原秦約詩，訛作少游耳。全詩云：「練祁江上梁朝寺，風物渾如祇樹林。龍駕潮頭聽梵唄，鶴歸月下悟禪心。神僧飛錫淩空去，上相題詩與客臨。欲撫殘碑問遺事，風摇鐵馬度清音。」

西郊張氏，系出鄎伯，宋南渡後居此，其家藏横渠先生遺墨原本。裔孫翊，號耕隱，以示宋文憲潛谿先生，先生爲題其後曰：「至正丁酉，某自龍門山中來吴，涉于東海之濱，止于練川之上，晤張耕隱，閲其始祖鄎伯先生遺書翰墨，歎曰：岡陵之高也，吾知其有時而頹；川澤之深也，吾知其有時而涸。不頹不涸，其惟聖人之道乎！昔者，先生一見兩程，盡棄其所學而學焉，排諸子，遏百家，而徑趨于孔氏之庭。道在己任，若探虎穴而得子，入龍宫而得珠，故能勇撤皋比，文章經世，傳之子孫，世守勿失，爲其有功聖門故也。嗚呼！聖道之有神護如是，耕隱其寶之哉！」耕隱後横渠三百年，今距耕隱時又四百餘年，訪之清河後人，無有知其事者，豈神亦不能永護之使勿失耶？爰録潛溪文，以垂後云。

張司馬，童時就外傅，屢過西境土神祠。神示夢廟祝，以都堂晨夕過此，迎候爲勞，命築牆蔽之。公後果以都御史撫粤西爲名臣。徵君張鴻磐題神祠聯云「靈爽示先知，識中丞于童稚」，紀其實也。公又與邑中徐宫保學謨讀書西隱寺。寺故有妖，偶于月下現形，公同宫保叱之，妖隨遁去。公卒後，子儀部其廉于寺傍建竺林院，供公及宫保畫像。宫保自爲記此二事，里人至今稱之。

陸儼山《外集》載《槎谿張輅七賢過關圖一絶》云：「二李清狂狎二張，吟鞭遥指孟襄陽。鄭虔筆底春風滿，摩詰圖中詩興長。」的是唐音，宜見賞于宗匠，但張輅不知何時人，無從考據。

姚江袁雪堂，失其名，操履端嚴，里中陸紹宗延爲西賓。時雪堂方讀《禮》。開館日，主人迎候，至則傫然衰絰杖而就座，親賓咸駭愕。主人益重之。世稱蕭穎士衰麻見李林甫，林甫惡而斥之。觀此，賢于古人遠矣。

張鶴谿仕，素以孝稱。任涇陽丞，有總戎與保定守爭禮，各以狀上華亭徐文貞。文貞貽仕書云：「宗學足下：聞保定守與總戎有隙，誰任曲直？廉、藺爭長，而卒爲刎頸交，此可風也。爾宜諭之。」宗學，仕字也，以微員而宰輔委任如此，甚矣，孝之能感人也。

明嘉、隆間，有唐子翊者，失其名，隱居槎之南郊，與程天澤爲友。天澤贈之詩曰：「海邊自識留明月，槎上誰看卧白雲？」子翊答詩有「今古幾人青史内，乾坤一榻白雲邊」之句。及卒，天澤以詩哭之曰：「日落三槎上，烏啼萬竹叢。農談傷故老，野哭走兒童。」又曰：「貌古心尤古，時違願亦違。春秋麟自泣，文采鳳爭輝。」觀此，子翊實一詩人，而著述無傳，僅有短歌行一首，並前二句，附見天澤《槎海留觀集》中。天澤字伯潤，號一齋，新安人，流寓槎里。

明末，我里徐克勤時勉，與嘉定朱令古之尚、太倉顧麟士夢麟、管君售士瑋、張受先采、張天如溥、吴縣楊維斗廷樞、長洲朱雲子隗、常熟徐貞夫濟忠、楊子常彝、許子洽重熙、馮已蒼舒爲應社，其序曰：「夫舉代綴文，啣吺擡拜；林樾之子，不修初服。曉大對，及出享脂牛，登犂彌，痡彼團焦。中抑何最？茅鱓家鹿，不稍虯蜈蚨蝠也。相若雨師之神，伏未聘雨。或爲新絲，筝結紅殷一葉，間白色衣帶，置巾箱中，青赤斑斕。下爲膺玠攫拏，然菥號即起，不俟華木皮鑪甌，香水震咒，已從閻浮提作海潮音，雨清浮水。矧應龍畫尾，四竇漾潒，鬴毛櫝媦，建馬令之種，惟倮匈者夙佛焉。嘻合以來，虞知天性。曙戒蟲没，既當思所磨鉛大。其性介稽古，酌酒切脯，種瓜誦經之約，咸以繚締覺酷，騷除糟核，辟龍頭，上博山，形得之昇天。復似，俱名國龍。法五事，暨脱落乖龍諸苦，不爲離車牽捕。或遁入宣律師中，指節則保有蘭根矣。況直質，義既絪《六經》，苓茙風刓不行。士皆宛氣，非得超回内白、茂正辮華者，胇附抗行，離顯其事，恐諸臣諢官，阿匼亞道，鑽笮耿著，不屋思革子操三士窮也。于是應社之舉，欲崇谹爾。疋德言古處，不必弘方達裁，朗誕秀點，標許伯號。但以條袓素功，涫涑黎庶，本迪蘇世。鶇鳩失鳴，凡祩祪斧，市以逮犀比椎紒之屬，黄兒盧首，皆棄髙實，廢熐蠡聚庸，而縠犓于庚申，則孔子當生夜，兩蒼龍再見，寧跨闕下，卜師二茅，狗捋九館中羊珠也。」文甚奇奥，存之以備一格。

李泡庵流芳，詩畫俱入神品。當時巨公嘗曰：「看長蘅與孟陽吟詩作畫，爲生平第一快事。」爲人外通中介，意有不可，如山岳不能撼。天啟中，吴人建魏璫生祠于虎邱，合郡官吏望風趨拜。邑侯謝三賓問于流芳，流芳曰：「拜是一時事，不拜是千古事。」卓哉斯言，真足千古！

黄岡胡公士容，萬曆間令疁，多惠政。後秉憲蓟鎮，以不拜魏璫祠逮問縣賕，擬辟。嘉邑民痛公被誣，且公廉吏，賦何從補？相率稟請謝侯三賓，公議每糧排捐銀一錢七分，不日而千金具，星馳赴京代完。此通邑士民好義，實槎里倡之，主其議者，張徵君鴻磐也。

李繩之，奉佛甚謹，每日虔誦《金剛經》，寒暑不輟。一奴謀弒逆，藏斧入書齋。值繩之晝寢，斧下，輒有蓮瓣嵌之，不能傷。旋寤，叱之退後。夜又登卧榻，亂砍而出，謂必死矣。繩之熟寢，不覺也。明晨，案上《金剛經》刀痕無數。見《王簡平集》，載趙志。

里中李氏，累世貴盛，文章譽望高天下。其子弟皆抱異才，傲睨一世。又疾惡如讎，羣小側目久矣。遭國變，遂乘機殺掠，幾赤其族，殆未知持盈保泰之道歟！而鄉里傳聞，謂其以勢淩人，牽制官長，比諸土豪地棍。此耳食之談也。

東郊花園陳氏稱故家，其族有嘉選者，工詩畫，好談兵。崇禎中，游京師，進呈書畫，授武英殿中書。尋罷歸。今「鳳池清祕」額尚存，而邑志失載，其人其事，鄉里鮮有知者。

貢生李拱，初名陟，少參先芳之孫。負才跌宕，不可一世。嘗游閩，買二姬歸。時有扶乩者，拱以終身叩之，乩贈以長歌云：「明珠不事飾，大圭不待琢。藻繪色易渝，雕琢工乃俗。洵美潘安子，筆花縵以縟。雖著《閒居賦》，終爲几上肉。正平意氣豪，誰料黃祖酷？漁陽鼓猶急，身葬江魚腹。世狹賢者難，途窮達士哭。文章不值一文錢，氣節徒爭蝸角邊。不如山蔬一盆粥一盂，圖書萬卷歡吾顏。何必燕姬與趙女？松作笙竽水作絃。燕姬歌，歌宛轉；趙女舞，舞芳妍。正恐舞罷彩雲散，歌殘薤露連。人世之樂須臾間，仙家之樂無窮年。殘棋數著移今古，清酒一壺眠洞天。歸去來兮歸去來，青山一帶含蒼煙。明月照不盡，好風吹正閒，原留一片清涼地，幾許勞人不肯還！」未幾，難作，拱死于亂民之手。

雲翔寺西，有甘屠者，往往僧來喻以佛法。一日，棄屠業，將屠刀、肉鉤打爲釘，助寺釘佛座。忽雷雨，拔釘置几上。至今佛座釘孔宛然。見趙志。

槎南有姚生者，素心險，構怨于陸某。某充糧長，乘馬夜歸，姚偵至，中途操刀伏橋下。馬至橋，躑躅不進，陸鞭之，馬始進，而陸已殺橋下矣。是夜，月暗幽，寂無知者，馬逸歸，驚嘶不已，若有訴狀。陸妻知夫必死非命，持燈尾馬至橋，夫果死。妻哭曰：「正犯未獲，何以雪冤？」馬即前行，首鼓姚門，姚出，即嚙之蹴之，其妻執以赴官，鞫實，論姚棄市。（熙考程侯邑志補入）

李宜之猗園中，舊有海棠一株，蔭可數十圍，花時爛漫奪目。宜之每于花前召客，爲詩酒之會。順治乙酉，李氏遭慘禍，園歸他姓，海棠漸枯悴，五六年不發花。宜之中州歸，詢之淚下，謂「花神有靈」，因賦絶句百首弔之。花不負主人，主人亦不負花矣。

張徵君鴻磐，貴游遍海内，過從無虚日。晚年煢獨，猶輪蹄絡繹。臨卒遺命，不受一楮。于是親友相率，赴靈幃一拜，謂之拜别。至今遂成風俗。其葬也，有一僧一道來，臨穴慟哭而去。僧爲雲間張吏部若義，道則不知其何許人也。

張徵君書法妙天下。在本邑，方駕婁、李真跡流布，人多藏弆，而其精神團結最爲遒勁者，則雲翔寺楹間兩聯。嘗有客過之，瞻仰良久曰：「此顔魯公得意之筆也。」翌日，又視之曰：「筆力更過魯公矣。」摳衣再拜，低徊不能去。此客不知何如人，意必具法眼藏者。

吴門畫師張永輝，善傳神，續繪王鳳洲《吴中往哲圖》像，世稱畫史。康熙壬子，來游槎里，訪張少司馬瀛峯公像。公玄孫凝玄出視之，爰爲補入。凝玄爲書鳳洲所作小傳。于是里中朱道連、金玉函、汪長魚、李息厓、張半桐、唐雪井集於柯集菴穀受堂，邀永輝寫照，七人彙爲一圖，而各自爲景，仿佛西園雅集。集庵爲文記之。歲遠，集庵無後，此圖不知歸於何所。六人中間有後人，知之者鮮，而所謂《吴中往哲圖》亦末由一見。甚矣！名跡之易湮也。

廣東肇慶府，有《平蠻碑》，爲我里張大中丞立。在古崧臺御書閣。新安汪司馬道昆撰文，吴郡周天球書丹。見之名人詩文集，甚夥。雍正丁未，施貢生燧游粤，鈔歸，如獲珍寶。尚恨吴、粤迢隔，無能摹搨數本，俾鄉里共覩爲快耳。

江鴻文，歲貢暉之子。垂髫能書，雲翔寺額「白鶴來飛」四大字，其九齡時作。未弱冠，以詩受九重知，命入武英殿纂修。將得官矣，詿誤罷歸，不得志，浪跡峯泖間。久之没，其《感懷》詩曰：「九重宫闕隔雲霓，昔夢曾依浴殿西。青瑣幾人猶索米，玄都千樹莫留題。孤鴻出塞驚衰草，旅燕尋巢識舊棲。遥憶東山橋下路，秋風起處暮煙迷。」「單衣短褐話當初，潦倒空悲歲月虛。擊鼓誰云丞相怒，掃門自與舍人疏。陸沈漸覺秋波老，生死還依骨肉居。三十三年多夢夢，此生猶在黑甜餘。」此詩録入《國朝别裁集》中。

里人汪秀才士彪，詩文敏捷，爲張宮詹鵬翀所契。宮詹假歸來槎里，與秀才酣飲，口吟一聯云：「鱸膾秋風我意嬾，桃花春水子情深。」使事雅切，神韻悠然，宮詹亦自覺得意，連飲數觴，欲續成一律，終席不就，笑而置之，曰：「以此當『滿城風雨近重陽』可耳。」

童元藻，幼好音律，博考韻書，參稽辨别，作《中州真音》、《度曲準繩》二書。嘗偕友於重九日泊舟横雲山，興發，歌一闋，隔舟俱傾聽。翌日，有數老翁來訪曰：「某等以歌曲擅名，歷游郡邑，未遇對偶。今一聽陽春，覺不如遠甚。知君於韻學三折肱矣。」元藻亦以半世苦心，得遇鍾期，爲生平快事。惜數老不傳其姓氏。今元藻墓木已拱，兩書具在，誰爲誦習而表彰之？

雲翔寺大雄殿，爲蝙蝠所窟，淘其糞爲夜明砂，可療目疾。寺僧以之覓利，間有色白者。按《仙經》云：「千載後，體白如銀。」李白集載：「荆州玉泉寺山洞，有白蝙蝠大如鴉。」董含之《蓴鄉贅筆》云：「余寓白鶴寺，夜半有物飛撲入帳，視之瑩然，乃白蝙蝠也。」當不讓《仙經》及荆州者。

乾隆癸巳夏六月，西郊螢火，自張贈方伯墓右，南北三四里，望如火城，其光燭天。遠近觀者塞道。五日後，方滅，不知何兆。

熙增：

康熙初，有火工道人自遠方來，不著姓氏，寓廣福庵中。數年，忽來一異丐，肩負大石，日於市肆索錢；不與，則置石於櫃，數人舁之，不能舉。一日，道人坐所識酒家。丐至，索錢不得，欲下石。道人笑謂曰：「若不負石去，諺所謂自扳石頭自打脚跟也。」丐不顧，竟置石，行數武，道人投石於地，以足踢而滚之，剛及丐足，中石而踣。於是市人始識道人有武力。晚年，病且死，告僧徒曰：「我熊明卿，吴藩麾下裨將也。知事將敗，故隱姓名來此，得保首領足矣。」遂奄然而逝。

鎮東有陳家行，北有天恩橋，相距三十餘里。相傳，橋初建時，堪輿家言：「某月某日某時，見東方紅光燭天，始下樁。」届期，果然。蓋陳家行頓悟寺災也。神驗如此，殆不可解。此明嘉靖間事。

雲翔寺大雄殿，兩榮塑十八阿羅漢像。降龍尊者前，柱蟠一小金龍。寺僧晨起灑掃，見柱礎下有水，日日如之。乃夜宿殿中，以覘其異。至子刻，小龍蜿蜒動。僧知年久變幻，乃烙鐵釘釘之。此亦康熙初年事，今龍身鐵釘四五猶存。

大德萬壽寺後殿，供大士像，額銜紅寶石，圓徑寸。乾隆初，有匪徒夜往竊之。已施鑿矣，寺僧雪坡方禪定，忽患頭痛，恍見護法神以杵擬其額，心知有異，亟起視殿中，賊乃遁去。

雲翔寺天王殿中，有彌勒佛像，南向；韋護尊者像，北向。乾隆丙戌春，張上舍俊傒信堪輿家言「南方不利」，糾數十人，以盤車移置後殿。未幾，近寺民家不戒於火，延燒山門天王殿，四天王像俱燬，惟彌勒、韋護二像以移去獨存。（以上皆里中舊聞，非無徵不信者。已見熙所著《吹影編》，張志未之及，彙增於此，仍著年月，庶亦通而不變其例云）

我里不戒於火，恆在市闤，或延燒數十家。乾隆庚戌冬，里人延請張真人起隆至鎮，建醮七日以禳焉。時上海縣民家女，爲妖祟，見一白衣人吐舌入女口，女遂昏迷，來鎮牒求醮治。其女見白衣人踉蹌來，作皇急狀，自簷而上，怪遂絶。自禳後，迄今十餘年，里中無火災。

前明南翔八老會，唐叔達時升有詩紀之。國朝乾隆間八老會，錢竹汀大昕有記。嘉慶丙寅秋，朱秀堂掄英，復集八老於陶圃中：許雲浦國棟年八十七，張西園其義年八十四，胡東皋洪年八十，朱雲泉振聲、皇甫松岩暻年皆七十九，杜芳椒世紳年七十八，程樂只嘉德、吴雨蕉鳳升年皆七十七。秀堂紀其事，足徵我鄉皓首龐眉之盛云。

明唐時升：南翔里有八老人爲會，趙陸九十四，徐爵九十，陸淙八十五，徐勳、張樂俱八十四，董儒八十三，朱梓八十二，陸銶八十一。東阡西陌不一二里，而耄耋相望，日盃酒談笑，以相娱樂，誠太平盛事也。詩以紀之：「白鶴邨頭春日曉，香霧濛濛百花好。蒼顔素髮八老人，花前置酒相傾倒。笑説鄰翁學語時，追談邑子知名早。不知主客更勸酬，爭引曾玄互提抱。今年孟春甲子晴，占云麻麥俱豐成。坐中祭酒九十四，敬酬社翁旨且清。其間迭起拜更祝，但願脚健雙眸明。桂林從事八十一，只聞唤弟無呼兄。南邨翳翳桑榆日，出且持盃歸散帙。但課兒孫種黍苗，何知道士餐芝术？香山居士有遺編，九十不衰真地仙。公等康强逢聖世，能無旦暮歌皇天。願炊香飯釀秫酒，日奉杖履長周旋。正嘉遺事多訛謬，欲問鑾輿南幸年。」

國朝錢大昕《南翔續八老會記》：向讀唐叔達先生集有南翔八老會詩，歎爲枌榆盛事。乾隆癸卯秋，朱文學若洲邀里中耆舊八人，置酒猗園，復舉斯會。八人者，金良模蒙邨年八十有七，沈元麟雪岩年八十有六，金良瞢毅齋、陸景龍斐田年皆八十有四，江自超菊圃、王紳榛麓年皆八十有一，程偉不奇年八十，齊汝揆純夫年七十有七，皆蒼顔白髮，杖履優游。或即席賦詩，或臨流寓目，一時童冠與偕追隨末座，咸歎羡爲太平盛事，而諸老風度，亦與前乎此之趙、徐諸人後先輝暎焉。同人歌詠漸成卷帙，將繪圖以傳於後。會若洲謝世，未竟其事，而與會諸老亦幾同晨星之落落矣。今春，毅齋之子用儀，追念前徽，爰倩畫工，續成斯卷，庶幾老成典型，久而不忘。惜予衰病，久廢筆墨，不能作詩以繼唐先生之後也。

雲翔寺大雄殿廡，明時塑護法諸紳士，如莫少卿、周文襄公忱、任良佑氏像俱在。自後淨因堂及大德寺七佛閣，則繪像爲軸明四先生，迄今凡二十餘軸。每歲履端，寺僧啟誦《華嚴經》，以祝檀越，張像於佛之側。前賢謦欬，庶幾遇之，後之視今，猶今之視昔，當亦我儒之所許也。